看不見的 歐洲史

貴族 × 情慾 × 文化雜交

葉小辛——著

肉慾橫流、男歡女愛、嗜血殘暴、王親貴族互通雜交，成就一個想不到的歐洲。

- 自序 -
聽說沒出過人命的
都不叫真愛

聽說沒出過人命的都不叫真愛。

聽說第一本書的序都比較難寫。

是挺難的，我一直傷腦筋要怎麼湊字數好。畢竟，用一句話就能總結歐洲史的本質——讀書和聯姻是改變社會階層最快捷的方式。

剩下的字數，嗯，我們聊聊天？

要聊，就得深聊。所以，從我爺爺說起？

當年爺爺在私塾教書，家人給他安排婚姻，接受了新思想的他不願接受，據說「洞房那晚打傷了人」逃出來（我覺得這說法有點誇張，估計是結婚前）。

接著就流放到東帝汶去了。

他在當地找了份工作——給一個華人富商的女兒教書。其中大女兒後來成了我奶奶。

接著就是窮書生跟大小姐的套路了——兩人看對了眼。

　　富商跟當今的澳門賭王一樣，在婚姻上遵循大清律例，奶奶是大老婆生的，後面還有一堆弟弟妹妹。這門婚事有沒有受到阻止，我也沒問。反正結局就是，他們在當地結婚了，我兩個姑母都在那兒出生。

　　再然後，當地開始排華，爺爺奶奶帶著兒女弟妹回到祖國懷抱，兒孫成群。

　　小時候，最愛聽的就是爺爺奶奶的愛情故事。跟老爸老媽比起來，經歷過兵荒馬亂的感情，才更像真愛嘛。

　　那時候，我已經是個八卦獵奇者，對一切不肝腸寸斷，不曲折離奇，不感人肺腑的一概不感興趣。

　　在還沒長到可以看言情小說、少女漫畫的年紀，我連《安徒生童話》裡王子和公主的愛情都不放過，難道還會放過《世界五千年》裡自帶總裁光環的這大帝那大帝嗎？畢竟，童年讀物裡的亞歷山大還不是 Gay 友，凱撒大帝沒有通姦，拿破崙不會太矮，通通是花癡好物件。

　　但人總歸是要長大的。於是我慢慢知道了，哦，原來這位美少年是某帝王的情人呀；哦，原來那美男子喜歡人妻啊；哦，原來這位霸道總裁拋妻棄子呀。

還是兒童讀物的世界純淨美好。

可是，喂，怎麼回事？越是狗血離奇的，越是讓人欲罷不能啊。在沉悶無聊的紙堆中，我開始樂於發掘注釋裡的故事，抽絲剝繭，像寶藏一樣捧著那裡面的大八卦。

所以，你在《神曲》中深思中世紀的學問，我看的是中世紀的八卦，看誰叔嫂通姦，誰離間家族，誰殺了岳父。你埋首《羅馬帝國衰亡史》，凝神梳理朝代更迭，我卻關心波斯君主上馬時，腳下蹬的是不是羅馬皇帝的脖子；留意大主教半夜時分逃難到年輕貌美的修女家裡，而二人保持清白純真的關係。你看《佛羅倫斯史》時一心關注建城的歷史、美第奇家族如何初露頭角，我津津有味地讀著一個被俘虜的弱勢女人怎樣借刀殺人。但最最激動人心的，還是多年後我寫在這本書裡的這些事——誰為愛丟了王位，誰為情人而與公主「形婚」，誰為求婚東征西戰，誰的失貞傾覆王權，誰和誰為愛決鬥，誰的愛情點燃「一戰」戰火……

瞧，我一早說過的，沒點兵荒馬亂，哪好意思叫真愛啊。最好是出點人命，才夠曲折離奇，深情雋永，讓人難忘。而我年少時嚮往的，也是這種快意恩仇、策馬奔騰的愛情。

直到長大些，吃過苦，才發現自己的荒唐可笑。

都市男女，長夜痛哭，誰說那矯情的情就不真摯，就不血跡斑斑？最重要的是，酒冷後，眼淚也就乾得差不多了，收拾心情，重整河山。下一個路口，又能跟迎面相遇的人綻放微笑，開啟新生。這真是最好的時代了。沒有了君主，我們還有總裁啊；沒有灰姑娘，我們不缺女神啊。漫長的歐洲史上，多少年才

有一個高塔下徘徊數夜博得公爵回顧的心機女，生下的私生子還要經歷九死一生。現如今，只要勇猛精進，誰都可以近身霸道總裁。修成正果後，最兵荒馬亂的場景也不過是網路上的譏笑謾罵。灰姑娘不少，女神就更多了。

亂世故事多。

現世就很好。兵荒馬亂的真愛，還是留給男歡女愛的歐洲史吧。至於我，還是守護著自己庸俗平凡的愛情，一輩子。

Contents

Chapter 3

天使與魔鬼・痴男與怨女

◆ ◆ ◆

Chapter 4

命運之劍懸在頭頂

Chapter 5
歐羅巴的美人

◆　◆　◆

Chapter 6
情慾愛恨背後的歐洲簡史

Chapter 1

完美神話不好編

被嫌棄的公主的一生

　　對公主來說，這真是最好的時代——就連「妙麗」（艾瑪‧華森）也在回應自己跟哈利王子的戀情時擲地有聲地說：「要成為公主，不一定得嫁給王子，每個女孩都是公主。」

　　讀中學的時候，隔壁班有個女同學將報紙上威廉王子的照片剪下來，珍重地放在錢包裡。我聽朋友帶著譏諷的語氣轉述這事，差點沒笑岔氣兒。只是那一年，威廉還是擁有濃密金髮的王子。即使年少的我對已經失去實權的王室嗤之以鼻，但也不得不承認，稱謂是有價值的，「王子」、「公主」這樣的稱謂，透著歐羅巴的瑰奇，閃爍著金色的光芒。

　　當年的威廉王子，已經成為髮際線後移的丈夫與父親，擁有了自己的小公主。小公主名叫夏綠蒂‧伊莉莎白‧戴安娜，人們將會稱她為——夏綠蒂公主。

　　從查理斯和戴安娜開始，英國王室迎來太多能夠繼承王位的王子，人們盼望著公主的降生，就連身為爺爺的查理斯也說：「希望有個小孫女。」

　　在英國歷史上，人們首次翹首以待，只盼一位公主的誕生。

　　對於古代有著一夫一妻多妾制的中國來說，也許難以想像在基督教一夫一

妻制度下實行長子繼承制的歐洲，國君對於男性繼承人的渴求有多麼強烈。龐大的羅馬帝國衰落後，歐洲各國君主將土地分封給貴族，以便在征戰中獲得他們的支持。在這種封建制度中，領主林立，中央與地方、國王與教皇的權力此消彼長，所有人都在玩權力的遊戲。歐洲政府思維的基石，便是「並非所有東西都歸國王所有。」也包括女兒。

女兒，只是為了鞏固兒子能夠繼承自己王朝並延續千秋萬代的道具。從降生之日起，公主們就走上了宿命的軌道——嫁給外國王室，達成聯姻目的。儘管歷代的公主們，為了改變自己的命運，也曾嘗試拿起武器與男人們抗爭，但最終只是落得被嫌棄一生的下場。

十二世紀的英格蘭，亨利一世在位。

這個國家已經平靜了很久，一切安好。亨利的男性繼承人以中世紀君主的方式被培育著，並寄予厚望。除此之外，亨利一世還有個叫作瑪蒂爾達（Matilda）的女兒，跟其他公主一樣，亨利認為她的最大價值只在於婚姻。如果沒有後面的事情，她的一生，也就是不斷生兒育女的平靜人生。

但命運之神掀起了波濤——亨利一世的男性繼承人，瑪蒂爾達的哥哥，葬身海難。英格蘭朝堂之上，暗湧四起。為了延續統治，亨利一世命令下屬向他剩下的唯一血脈瑪蒂爾達公主效忠。這位國王，並不期待自己的女兒能夠成為英格蘭女王，他只是寄望於她日後誕下的男性繼承人來繼承他的血脈，他的王國。

一切都可以很順利——如果她是他所期望的樣子。

沒有人相信，女人可以治國。因為那個年代，君主是要出征的，女性根本不具備這個能力，所以那些曾經在亨利一世生前向他的女兒下跪宣誓效忠的人，

隨即擁護了公主的表兄斯蒂芬（Stephen）當上國王。

　　瑪蒂爾達才不是迪士尼動畫裡的公主，她的父兄已死，丈夫是個比自己年輕的漂亮少年，她沒有王子，只有自己。憑藉一己信念，她與篡位的表兄斯蒂芬進行了曠日持久的王位爭奪戰。在這個過程中，她一度接近那個王座，又再度被驅逐，她在海外漂泊，直到自己的兒子長大成人，到了能夠拿起武器的年齡，繼續她未完成的戰爭。

　　故事的結局是皆大歡喜的，瑪蒂爾達與斯蒂芬達成協議：斯蒂芬繼續擔任國王，但死後由自己的兒子亨利繼承。瑪蒂爾達的兒子登基，就此開創了金雀花王朝。

　　沒有路過的國王，沒有王子的親吻，瑪蒂爾達也沒有憑藉美貌為自己爭取任何東西。對於那個時代的公主而言，靠得住的除了自己的血脈，還是自己的血脈——兒子，這比王子可靠多了。

　　因為王子是會變心的動物啊。

　　在距離瑪蒂爾達三百多年歷史之後的兩位西班牙公主，天真爛漫待嫁之時，又怎會想到這些。胡安娜[1]和凱薩琳[2]姐妹：一個嫁給了俊美的奧地利大公腓力一世，一個後來嫁給了英格蘭國王亨利八世。初次見面之時，他們都只是公主與王子，那是兩段童話的開始，她們不知道，自己將要度過的，是被嫌棄的一生。

　　胡安娜受不了腓力的風流豔遇，逐漸開始喪失理智，精神失常。這對夫婦像是一雙手套的兩隻，美得形狀相似，但方向完全相反——他早已厭倦她，她卻對他日漸迷戀。

　　相比而言，胡安娜的妹妹凱薩琳在英國倒是過了數年平靜的王后生活，在公主時期所接受的教育，讓她成為高貴優雅的女人，得以輕鬆勝任王后這個角

色，只除卻為夫君生下一個兒子。於是，再高貴的白玫瑰，也被滿腹心機的紅玫瑰取代，在漫長而難堪的離婚案後，獨自凋零，只留下一個女兒。

那是另一個被父親所嫌棄的公主：瑪麗。許多年後，她成為英格蘭歷史上第一位正式加冕的女王。亨利八世將她的母親遺棄後，瑪麗被宣佈為私生女，好為日後的「弟弟」騰出位置。她看著母親抑鬱憔悴，鬱鬱而終；她看著小三上位的繼母，奪走了母親的一切，對自己冷漠苛毒；她看著這位繼母高傲地挺著肚子，宣稱自己懷的是個王子。

她就這樣看著，一直看下去，看到繼母生下另一個被嫌棄的公主伊莉莎白，看到繼母漸漸失寵，看到繼母被父親囚入倫敦塔，再推上斷頭臺。

那天的天氣，似乎特別好，而且她聽說，父親又有新歡了。

這一次，新的繼母為父王生下了盼望已久的男孩，而後不久就死去了。

瑪麗還在看，儘管她也不知道，自己在等待什麼，但她只是這樣一直看下去，看著父親一個接一個地娶妻，那些女人又一個接一個地死掉，直到最後，父親實在太老了，還沒來得及殺掉最後的妻子，就死去了。瑪麗還在看，看著那個信奉新教的弟弟愛德華[3]當上國王，看著他的身體日漸孱弱，她一直看著，直到弟弟終於死掉。

1. 卡斯蒂利亞女王胡安娜（西班牙語：Juana，1479—1555 年），人稱瘋女（La Loca），出生於托萊多，阿拉貢國王斐迪南二世和卡斯蒂利亞女王伊莎貝拉一世之次女。

2. 凱薩琳（Catherine of Aragon），本是西班牙公主，後為英格蘭國王亨利八世的第一任王后，瑪麗一世的母親。她一生經歷兩次婚姻，先嫁英格蘭王儲亞瑟王子，在其死後嫁給其弟亨利八世，兩段婚姻均被宣佈無效。與亨利八世的離婚案轟動一時，後世有無數劇作、小說、影視改編自這段歷史。

3. 愛德華六世（Edward VI，1537—1553 年），名叫愛德華‧都鐸，是都鐸王朝第三任君主，英格蘭與愛爾蘭的國王。英格蘭首位信奉新教的統治者。

　　她沒有等到登基的消息，因為弟弟早已將她跟另一個被嫌棄的妹妹伊莉莎白摒棄在繼承佇列之外。這一次，瑪麗沒有再看下去，她終於出手了。她終於成為了英格蘭女王（瑪麗一世，也就是傳說中的「血腥瑪麗」）。被嫌棄的日子，該過去了吧，她鬆了一口氣。只是她看得實在太久了，這一年，她已經三十七歲了。她發現自己走了一圈又一圈，再度來到了跟父母一樣的深淵前——她急切需要一個兒子。

　　經過五年的不斷嘗試，中間還有兩度假孕，她跟她的母親一樣，已經臨近更年期卻仍未給英格蘭生下男性繼承人。這一次，她被上帝遺棄了，一場疾病奪去了她的性命。在病榻上，她不得不宣佈，讓自己那個討厭的繼母生下的公主，繼承自己的王位。

　　那個曾經跟瑪麗一樣，默默躲在一旁，看著自己的父親娶妻、殺妻，弟弟登基、病逝，姐姐奪權、登基、結婚、生病的公主；在母親被推上斷頭臺，自己過了二十幾年被嫌棄的生活後，終於成為了女王。

　　人們稱她——伊莉莎白女王[4]。

　　想成為公主，不一定得嫁給王子——你可以是女王。只要你有足夠的勇氣和智慧，在被嫌棄的人生中，一直看著自己的敵人起落，直到人生的高潮終於來到自己腳下。伍迪‧艾倫（Woody Allen）說，大家看完《白雪公主》後都愛上了公主，他卻愛上了邪惡的王后。是的，每個邪惡的王后，都曾經是像白雪公主一樣被嫌棄的公主。

---

4. 伊莉莎白一世（1533—1603 年），名叫伊莉莎白‧都鐸，是都鐸王朝最後一位君主。

尼古拉斯·西利雅德《英國伊莉莎白女王一世肖像》。

好命豈獨灰姑娘

- 1 -

　　伊莉莎白（Elizabeth of York）快被那群記者煩死了——雖然從表面上看，她永遠是微笑著的。那是 1486 年，她剛嫁入都鐸王室不久，就為自己的丈夫亨利七世生下一個健康的男孩。一切看上去都很美好，除了那群狗仔隊。

　　他們最喜歡挖掘王室的八卦新聞，居然將這位年輕王后的家世挖了個底朝天，還在小報上，用聳人聽聞的大字標題寫著：《國王岳母曾是前王后？「灰姑娘」心機上位！》。

　　標題雖驚人，但內容倒是還原歷史——伊莉莎白的母親伊莉莎白（對，母女同名），人稱不列顛島最美的女人（the most beautiful woman in the Island of Britain）。

　　傳聞當年，身為寡婦的她帶著兩個幼子，在橡樹下，等待意氣風發的年輕國王愛德華。跟天底下其他男人一樣，國王對她動情後，毫不意外地問她：「約嗎？」就是這麼個人，伊莉莎白面對他的時候，輕描淡寫地說：「不，我不約。」灰姑娘就此心機上位。年輕健壯的國王從未被女人拒絕，一怒之下，意圖強犯。

伊莉莎白掏出匕首，以死相逼：「你可以試圖用強，但你永遠無法得到我。」很難說這個女人當時在想什麼。因為，即使對貴族而言，成為國王的情婦也是足夠榮耀的。用「綠茶婊」、「心機婊」來給她貼標籤很容易，但別忘了，她的賭注是國王的去和留。大部分人，無論男女，都不會有勇氣對唾手可得的榮華富貴放手。灰姑娘不也是耍了個小心機，故意留下了一隻水晶鞋？這個連水晶鞋都沒有，只有自己的女人，她賭贏了。

於是，這個出身不夠高貴，比國王年紀還大的灰姑娘，成為了英格蘭王后。現在的伊莉莎白王后，就是他們兩人的第一個孩子。

伊莉莎白將報紙放在膝蓋上，默想：這篇報導出來，又不知道有多少鄉村少女會被欺騙，以為只要容顏好心機深，就能當上王后了。

自幼在宮廷中長大，伊莉莎白看多了飛上枝頭變鳳凰的母親，怎樣引起其他大貴族的不滿，怎樣跟叔叔明爭暗鬥。她看到，任母親如何美麗又自信，父親還是在外面有了更年輕貌美的情婦。

她都看在眼裡。

包括父王離世後，叔叔理查三世[5]跟母親的明爭暗鬥，弟弟們被囚入倫敦塔，甚至傳聞被叔叔們弄死的事，她也都看在眼裡。

她知道，失去了兒子的母親，就等於失去了一切，而身為長女的自己，是母親手中的最後一張王牌。她知道，母親可不甘寂寞，她暗自幫小伊莉莎白跟一個叫亨利·都鐸的流亡者訂了親，因為，那個野心勃勃的人，隨時可以推翻「篡位」的理查叔叔成為英格蘭國王。

---

5. 理查三世（1452—1485 年），英格蘭國王，1483—1485 年在位。愛德華四世之弟，約克王朝的末代國王，也是金雀花王朝的最後一位國王。

　　這是母親作為灰姑娘的行事方法，她本來就一無所有，因此天性愛賭愛出風頭，風裡來雨裡去，打落牙齒和血吞，即使背地裡被人說「婊子」也毫不畏懼。但小伊莉莎白不一樣，她生來就擁有一切榮耀，她永遠會平衡各方勢力，永遠會隱忍地微笑。

　　所以，她向坐在王座上的親叔叔笑了笑——那是一個女人對男人的微笑。呵，她要將手中的牌留著，一半留給理查三世，一半留給亨利‧都鐸。

　　母親在賭，一旦輸了，將一無所有。

　　她也在賭，無論誰輸了，她都會贏。

　　亨利‧都鐸宣誓將迎娶小伊莉莎白後，進攻英格蘭，大勝。

　　小伊莉莎白就此當上了王后，毫無懸念。

-2-

　　此時此刻，即使那場戰役過去已久，記者們還在不依不饒：「王后，你跟自己的族人還有聯繫嗎？」

　　伊莉莎白心裡通透——哼，又是一個陷阱。你以為我會傻傻地告訴你們嗎？她又不是不知道，自己的丈夫是什麼人。

　　亨利‧都鐸可是開創了都鐸王朝的男人，不是會從後媽手上解救灰姑娘的王子。他是將伊莉莎白的族人趕盡殺絕，不讓任何有繼承權的人在他面前存活下去的腹黑男。

這種事情，連後世大文豪莎士比亞都不敢寫，狗仔隊居然還敢拐著彎問——是的，他們跟所有人一樣好奇：這個王后，怎麼可能跟殺掉自己血親的男人同床共枕，廝守一生？

伊莉莎白好整以暇，溫言軟語地對記者說：「我現在已經是都鐸家的人了。」

她深深瞭解自己的丈夫，她才不會像未經訓練的灰姑娘那樣說錯話。

她的丈夫，這個自小逃亡在外的王者，跟著叔叔長大，活在都是男人的世界裡，沒有家庭歸屬，沒有安全感。他天性猜忌，任亂石穿空，驚濤拍岸，捲起的千堆雪都悉數藏在心中，不吐露半句，他編織起了嚴密的情報網，所有小火花都由他一一明察。

更可怕的是，那一點點收緊的情報網逐漸顯示：某些叛亂的背後，支持者竟是伊莉莎白的母親，亨利的岳母。聰明的灰姑娘，也許已經察覺女婿是殺害自己兒子的兇手了。

於是，亨利七世將他的岳母「請」到了修道院，讓她在那裡度過餘生。灰姑娘這一生，心機用盡，也就如此落幕了。

最後，伊莉莎白用精美的糕點打發掉這些記者，結束了這場談話，但記者還是不明白：這場政治婚姻之中的男女，到底愛對方嗎？

後世的史學家相信，最起碼，他對自己的王后有著一腔深情——也許是愛情，也許是親情。

亨利七世的前半生都在流亡中度過，伊莉沙白給了他第一個安穩的家庭。這個比他小八歲的王室少女，金髮白膚，身材高挑，是個溫和的美人。她自幼便習慣在強勢母親的羽翼下成長，清楚自己要履行的政治婚姻和如棋子般的使

命。在嫁給猜忌多疑的男人後，即使要在比母親更強勢的婆婆跟前伏低，也是順手拈來的自然姿態。要知道，在英格蘭宮廷，王后的地位本該在國王母親之上。

而在那個連普通貴族都有情婦的年代，亨利七世除了王后就沒別的女人了。史料記載，兩人所愛的大兒子，儲君亞瑟突然病逝，亨利悲慟哭泣，伊莉莎白抱著他的腦袋溫柔撫慰，在他耳邊說：「我們還有健康的小亨利，他會繼承我們的國家。我們還年輕，我們還會有更多的孩子。」她所說的小亨利，日後成為英格蘭史上最重要的君主之一──亨利八世。而事實上，伊莉莎白很快又為亨利七世孕育了孩子，但她亦最終死於產後感染。

伊莉莎白去世後，亨利將自己幽閉在宮殿深處，下令除了自己母親外，其餘任何人都不得接近。隨後不久，他患了一場重病。亨利本來就不是一個喜慶歡愉的人，與伊莉莎白建立的家庭緩和了他常年緊繃的心弦。但那場大病過後，他像換了個人一樣，性情變得更加陰鬱，難以接近。在他的王后伊莉莎白死後，亨利七世個性也更為偏執乖戾。在他生命的最後幾年裡，他說要「按他之意讓他的臣民處在危險中」，於是臣民被迫簽署表忠誠的協定，還要無端被罰，或是莫名其妙地被拘捕，需要交錢才能夠獲釋。他在王國內布下間諜，四處竊聽資訊。英國的專制君主制，自他而始。

每年在伊莉莎白的忌日，亨利下令唱安魂曲，鳴鐘，燃燭。六年後他逝去。在此之前，儘管有過再次締結政治聯姻的想法，但他最終保持了獨身。

與母親相比，伊莉莎白得到了「善終」。

如果說，灰姑娘的思維模式是「To Be Seen Everywhere」（無處不在）的水晶鞋小聰明，那真公主的人生哲學就是「To Be Seen Nowhere」（無處可見）的隱忍大智慧。

連童話裡的男人都是渣男——對小美人魚說著甜言蜜語，卻從不打算娶她的王子；《野天鵝》裡聽信大主教的讒言，將自己妻子打入牢獄的國王。對比起《睡美人》裡有戀屍癖的王子，《灰姑娘》裡的王子的戀足癖已經算好的了。

這些童話裡的女主角，擁有美好結局的，無不有點小心機或者王室背景。唯一純真的小美人魚，只能淪為「在海邊撿到王子」的真公主的炮灰。

誰比誰更好命？金枝玉葉出身的伊莉莎白告訴你：不夠強大的人，沒資格玩灰姑娘的遊戲。

小辛 's Note：

狗仔隊是遊戲筆墨，歷史是史書上的歷史，但誰知道是真是假？約克的伊莉莎白，以溫和善良之姿現身史冊，她只經歷大事，並不製造大事。

但在她短暫的一生中，她似乎是幸運的。她的丈夫和她的兒子，幾乎將她的族人趕盡殺絕，但這絲毫不影響他們對她的愛，民眾對她的愛。

當親人的血流下來時，伊莉莎白正待在宮廷中，抬頭看流雲飛渡。她在想什麼？她是否察覺了丈夫跟失蹤弟弟的關係？她用怎樣的目光，將疑心重重的丈夫看成了一汪水？

我不相信在那個視陰謀與毒殺為家常便飯的年代，這樣一個女人，只靠善良二字便能行走江湖。要怎樣強大的心臟，才能承受與自己的殺弟仇人廝守一生，並為他生兒育女？

這不是幻想著嫁入王室，從此享盡榮華富貴的灰姑娘能夠從容面對的人生。

· ETATIS ·　　　　　　　　　　　· SVÆ · XLIX ·

霍爾班《亨利八世國王》。

被拋棄的女人

　　有時候看書看電影時，真有種淡淡的憂傷——現代人生活優渥，沒有經歷過刀口舔血、腳踏荊棘的日子，所有的苦痛都可以被時間治癒，再不濟，還有心理醫生呢。現代人創作出來的人物事件，也總像經過閹割的男子一樣，面白無鬚，體格勻稱，神態寡淡。後現代的佳作固然也讓人驚歎，但我總是想念古典文化中那些極端的人格，激烈的情感，史詩的情懷，與神同伴的人類，與心魔交戰的英雄，被情欲糾纏的女子，妄念初萌的少年。

　　那時候，人類還年幼，就連神祇也幼稚得很，缺乏道德約束。誰都可以撒歡兒似地亂來，犯下現代社會中最聳人聽聞的罪行。於是，亂倫在古希臘羅馬戲劇、神話和《聖經舊約》中已是沉悶的老生常談，只有更駭人的事，才能吸引人眼球，流傳至今。

　　還有什麼比一個被男人拋棄的女人親手殺掉她自己兒子更令人窒息的罪行呢？這是兩個被拋棄的女人的故事。一個發生在古希臘神話與戲劇的虛構中，一個發生在二十世紀紙醉金迷的現實裡。她曾經是她，但又不是她。

　　歷史上被拋棄的女人不少，但是古希臘神話裡的美狄亞（Medea）絕對是最令人難忘的一個——沒有人能夠輕易忘記一個將自己兄弟分屍，殺掉自己兒子的女人。這一切，還都是以愛之名。

當她還不知道愛情是什麼東西時，她不過是個會魔法的普通少女。直到一個叫作伊阿宋（拉丁文：Easun）的男子出現。

伊阿宋是一位王子。叔父篡奪王位後，將他放逐，又在他成年後，假意同意歸還王位，但前提條件是他首先要去取得無價之寶金羊毛。伊阿宋帶著希臘眾神，就此踏上了奔赴異國的冒險之旅。

這原本是一出波瀾壯闊的浪漫傳奇——金羊毛所在國家的公主美狄亞愛上了這個落難王子。為了幫他拿到金羊毛，她背叛了自己的國家，背叛了自己的父親，成功為伊阿宋拿到了金羊毛，並一同逃難。

為了奪回金羊毛，美狄亞的父王和兄弟親自去追。這時候，美狄亞性子裡駭人的一面得到了初次顯現。她為了幫愛人逃脫，使用魔法，將自己的親兄弟殺死，並砍成碎肉塊扔到海中。她的父王悲痛欲絕，將兒子的屍塊打撈收集起來——那應該是伊阿宋第一次見識到，這個美人竟有如此兇狠的一面。

後來他們成功逃脫，美狄亞跟隨伊阿宋回到了他的國家，但他的叔父自然不肯將王位歸還，伊阿宋也一籌莫展。還是剛烈的美狄亞有手段，她用計欺騙了這個篡位者的女兒：展示她通過砍碎一隻羊，放到鍋裡，然後將它復活成小羔羊的魔法。天真的女孩子信以為真，於是回家將自己年邁的父親剁成肉塊放鍋裡，以為這樣可以讓他年輕起來。但無論女孩怎麼煮，被剁成肉塊的父王當然沒有醒過來，女孩這才知道自己上了美狄亞的當，但一切都太晚了。

又一次，美狄亞以魔女的手段勝利了。這是伊阿宋第二次見識她癲狂的一面。

也許因為她那時候還很美很美，也許因為他還需要她，反正，在所有人都對這個魔女的殘忍行徑感到戰慄，並將她驅逐時，伊阿宋陪她一起遭受了流放。

在金羊毛的故事裡，伊阿宋完全是個英雄——他從流亡的少年成長為英俊勇敢的青年，他跟眾神後裔一同踏上冒險之旅，他通過千辛萬苦取得了金羊毛，他輕而易舉地得到了異國公主美狄亞的歡心。光榮勇敢的壯舉由他完成，血腥可怕的行徑由美狄亞去實施。直到故事的結局，他還是個知恩圖報的人，陪同這個為他犧牲了家國榮譽的破落公主一同被放逐。

這一流放，就是十年。他們有了自己的孩子，伊阿宋從健壯的青年變成了中年男人，美狄亞也從迷人的魔女變成了一心照顧孩子的全職母親。在這十年中，伊阿宋到底是怎麼想的？他必定心有不甘。夜深人靜時，他借著月光低頭看著熟睡中的老婆孩子，內心暗湧：自己所經歷的一切冒險，難道不是為了奪回王位嗎？他原本就該是個王者，就該領導一個國家，領導人民。但現在的他，在這裡做什麼呢？

這些想法，也許原本只是在某些晚上，在內心閃過——到科林斯（Corinth）國王賞識他，要將自己的女兒嫁給他。他隨即拋棄了那個已經無法再為自己帶來利益的妻子。

古希臘劇作家歐里庇德斯（Euripides）在他的劇作《美狄亞》裡這樣說：「她躺在地下，不進飲食，全身都浸在悲哀裡；自從她知道了她丈夫委屈了她，她便一直在流淚，憔悴下來，她的眼睛不肯向上望，她的臉也不肯離開地面。她就像石頭或海浪一樣，不肯聽朋友的勸慰。只有當她悲歎她的親愛的父親、她的祖國和她的家時，她才轉動那雪白的頸項，她原是為跟了那男人出走，才拋棄了她的家的；到如今，她受了人欺騙，在苦痛中——真可憐！才明白了在家有多麼好！」

被拋棄的女人，多麼可憐。

只是，美狄亞才不是一般的女人。這個曾經手刃親兄弟的女人，在表達自

己的苦楚時，大喊道：「哎呀呀！願天上雷火飛來，劈開我的頭顱！我活在世上還有什麼意思呢？」「讓我親眼看見他，看見他的新娘和他的家一同毀滅吧，他們竟敢首先害了我！」

她說到做到。

公主的父王也聽聞過美狄亞的可怕過往，他親口向美狄亞說：「我是害怕你陷害我的女兒，陷害到無法挽救。」

美狄亞多麼聰明，她落落大方地張口就說謊：「我只是怨恨我的丈夫，並不嫉妒你們幸福。」

老國王見過的人多了去了，他才不相信美狄亞。美狄亞苦苦哀求，讓她多留一天，老國王同意了。但他不知道美狄亞的真實想法——就在這一天裡面，我可以叫這三個仇人，老國王、老國王的女兒和我自己的丈夫，變作三具屍體。

美狄亞假意大方地向公主送出了結婚禮物：染了毒的金冠和袍子。公主穿上後隨即毒發，死狀恐怖，她嘴裡吐白沫，瞳仁向上翻，皮膚沒有了血色，她頭上戴著的金冠冒出了驚人的、毀滅的火焰……她被火燒傷，她的面容也已不像人，血與火一起從她頭上流了下來，她的肌肉正像松脂淚似的。

老國王抱著愛女的身體，他身上的衣服碰到公主身上的毒袍，粘在那精緻的袍子上，就像常春藤的卷鬚纏在桂樹上一樣，他每次使勁往上拖，那老朽的肌肉便從他的骨骼上分裂了下來，他終於也死了。

當僕人驚慌失措地跑來向美狄亞報告這個消息時，她滿意地說：「請不要心急，朋友，告訴我，他們是怎樣死的？如果他們死得很悲慘，你便能使我加倍的快樂。」

英國畫家依芙琳‧德‧莫干《被依阿宋拋棄的美狄亞》

　　我曾為福樓拜竟然能將包法利夫人那點小女人心理摸得如此透徹而拜倒，但歐里庇德斯這個站在歐洲文明開端的人，將一個為情愛而扭曲的女性「變態殺手」的心理塑造得這麼完美，連同犯罪現場和受害人的驚悚描寫，如同一齣經典文化片的跨時代腳本。我訪彷彿看到了美狄亞聽到情敵死時，臉上露出的詭異微笑。

　　這樣詭異的死亡，人們都知道跟美狄亞脫不了關係。伊阿宋氣急敗壞地跑到美狄亞那兒，卻驚駭地發現，自己的兩個兒子已經被美狄亞用劍殺死了。

　　其實在美狄亞聽到伊阿宋要拋棄自己的消息時，她悲慟憤恨，就曾對她跟伊阿宋所生的兩個兒子放出狠話——你們兩個該死的東西，是一個懷恨的母親生出來的，快和你們的父親一同死掉，一家人死得乾乾淨淨！

　　曾經愛得多深，才會恨到這種境地？

　　看到兒子慘死後的伊阿宋悲痛不已，只懇求美狄亞能夠讓他親吻一下孩子冰冷的身體，被復仇之火充斥內心的美狄亞拒絕了他的請求，帶著孩子的屍體，就此離開。

　　真是個悲劇故事——為男人付出一切的女人，最後慘遭拋棄。就像李碧華筆下的白蛇，她為丈夫做了太多，反倒在男人的自尊心上留下了陰影。伊阿宋對美狄亞說過：「你過分誇張了你給我的恩惠。」他不是能夠欣賞女人強大的男人，更何況，她讓所有男人都戰慄。男人的自尊心不願承認自己的妻子比自己強，不願承認他在妻子幫助下才向叔父報了仇，他堅持認為：「你所得到的利益反比你賜給我的恩惠大得多……首先，你從那野蠻地方來到希臘居住，知道怎樣在公道與律條之下生活，不再講求暴力；而且全希臘的人都聽說你很聰明，你才有了名聲！如果你依然住在大地的遙遠的邊界上，絕不會有人稱讚你。」

嘿嘿，如果不是我，你現在還是個蠻國公主，才不會來到我們這文明發達的希臘；如果不是我的冒險，你怎會有機會展現過人的智慧。

混蛋！我才不是為了希臘戶口和狗屁名聲才拋棄家國過來的！美狄亞心裡會這麼想吧。她所求的，不過是一段刻骨銘心的愛情。她怎麼知道，即使一個女人聰明到會魔法，能取得最珍貴的金羊毛，她也很難遇到真正愛自己的男人。

伊阿宋也沒有愛上那個倒楣公主，跟所有愛情悲劇的男主角一樣，他最愛的是自己。他對美狄亞解釋：「至於你罵我同公主結婚，我可以證明這件事情我做得聰明，但不是為了愛情。」他說，自己並不是厭棄了她。「我帶著這許多無法應付的災難來到這裡，除了娶國王的女兒外，我，一個流亡的人，還能夠發現什麼比這個更為有益的辦法呢？」

是啊，他也曾經是個壯志滿懷的英雄，也曾經與希臘神祇之子們稱兄道弟共同冒險，最後成功取得金羊毛。那金光閃爍的王座，原本是屬於他的，他離它這樣近，但為了這個女人，他放棄了王位，陪同她一起被放逐。

他也是犧牲了自己的夢想呀。現在機遇來到，未來再一次在他面前打開，他怎忍心錯過呢？他對美狄亞說：「再生出一些和你這兩個兒子做弟兄的，高貴的孩子，來保障我們的家庭。」

英雄也是會老的，作為流亡者，他深知這是最後的機會了。這樣對他的兩個兒子也有好處——正因為這樣，他才在新婚前夕，將兒子們帶到公主跟前，見公主不悅，他力勸公主接受自己的兒子。

真是英雄氣短。想當年他快意馳騁海上，有美人相伴時，從未想過有朝一日，要跟一個驕縱公主低眉順目地說話。但十年的流亡生活，柴米油鹽，已經磨平了他，他早已學會了這一套。他覺得一切原本可以很順利的。美狄亞這樣

愛他，他會跟她好好解釋，給她和孩子一大筆金錢，在國外好好生活。日後等他掌權了，一切都好說。

男人想問題就是這樣簡單，尤其像伊阿宋這樣有才華卻不得志的男人，對成功的渴望已經遮蓋了他的雙目，他忘了自己的妻子是多麼可怕的一個人。他不知道，愛的反面便是恨。當他發現時，一切都已經太晚。

伊阿宋和美狄亞，原本就不是一條船上的人。一個要權力，一個要愛情。她給不了他權力，他也給不了她愛情。於是他要通過其他女人獲得權力，她卻堅持要在他身上找到愛情。

像美狄亞這麼聰明的女子，卻始終不瞭解自己最愛的這個男人。他是英雄，他需要舞臺。她曾經給予他這樣多的幫助，卻也是讓他無法接近王座，開始流亡生涯的原因。即使他冷靜到將這絲埋怨潛藏入心底，但她卻十分不智地時時提醒他：是我救了你，是我給予了你恩惠，是我是我還是我。

她以為這樣可以將他牢牢拴住，卻沒想到將他越推越遠。

這個為愛而瘋狂的復仇女神，許多年後，在一個二十世紀的女子身上還魂了——瑪麗亞‧卡拉絲（Maria Callas）。這個在美國出生的希臘裔女高音歌劇演員，擁有令人豔羨的一切：美貌、事業、榮譽。但是她卻惆悵地說：「愛情比任何藝術成就都重要。」缺什麼想要什麼。只有得不到愛情的女人，才會這樣說吧？她不是沒有過愛情。在她傳奇一生中，最著名的戀情是她與希臘船王亞里士多德‧奧納西斯（Aristotle Onassis）那一段。這個富有的男人極具魅力，他曾經說過：「如果女人不存在，這世上的金錢還有什麼意義？」這讓女權主義者氣結。但正是這位船王先生，讓卡拉絲體會到了最濃烈的愛情。記者們開始拍攝到他倆在一起的照片，照片上的卡拉絲容光煥發，笑容甜蜜。

　　但美狄亞說過，比愛情更強烈的，是恨。這句話，當初在舞臺上演繹著的卡拉絲沒體會過，但當她聽到船王迎娶另一個女人的消息時，是否也感受著如同美狄亞對伊阿宋那般的濃烈之恨呢？

　　伊阿宋的新歡是個遠不如原配的公主（從劇中表現看來，那位公主實在沒體現出任何智慧）。其實只要你還貌美，只要你腦子還好使，就沒有過不去的坎兒，沒有忘不掉的男人。傳說中，殺掉兒子、離開丈夫後的美狄亞，最後還不是有了其他男人。

　　失戀的時候，我們都曾經以為非他不可。重整河山後，心上哪兒還有舊人影蹤？但卡拉絲不是美狄亞，船王先生也不是伊阿宋——他要迎娶的人雖不是擁有王室血統的公主，卻更像憑藉個人魅力和手段傾倒眾生的王后。她是美國總統甘迺迪的遺孀——賈桂琳‧甘迺迪（Jacqueline Kennedy）。1963 年，約翰‧甘迺迪（John F. Kennedy）在一次政治活動後遇刺，倒在了妻子身上，鮮血濺到賈桂琳裙子上。1968 年，在政壇上呼聲極高的肯尼迪的弟弟遇刺身亡。同年，賈桂琳帶著一雙兒女離開美國，嫁給了卡拉絲的戀人——希臘船王奧納西斯。有人分析，賈桂琳認為甘迺迪家族已經被盯上，只有嫁給一個足夠有能力的人，才能夠保護她的孩子。

　　人們認為，這是前第一夫人和希臘船王之間的一場交易，被犧牲掉的是可憐的卡拉絲。像極了美狄亞與伊阿宋。

　　卡拉絲曾經表示：早在大幕拉起前，一齣戲已經開始；在大幕降落後，它遠未結束。被情人拋棄了的美狄亞，陰魂不散，就此成為卡拉絲後半生的寫照。難怪她說：「我理解美狄亞，就像我認識自己：狂熱，看似平靜如水，實則強烈如火。」

　　在船王結婚的第二年，卡拉絲接受義大利導演帕索裡尼（Pier

PaoloPasolini）的邀請，在
電影版《美狄亞》中出演
「另一個自己」。帕索裡
尼的鏡頭就此代替了奧納
西斯的臉，承受卡拉絲像
刀子一般密密切切投射過
來的愛恨癲狂。從此，這
個不再古典的世界，擁有
了屬於我們這個時代的美
狄亞。

　　1977年，卡拉絲在巴
黎逝世，人們總愛說她死
於傷心過度。臨死前，她
是否會想起昔日她仍是有
夫之婦時，船王出現在她
家樓下，大聲唱歌，並告
訴她的丈夫：他要娶卡拉

瑪麗亞·卡拉絲在歌劇《美狄亞》中，扮演憤怒的美狄亞。

絲。或許她還會想起《美狄亞》中的一句話——「神明總是做出許多料想不到
的事情。凡是我們所期望的往往不能實現，而我們所期望不到的，神明卻有辦
法。」

「形婚」的王后

　　長大後重溫安徒生童話《野天鵝》，我一直疑惑：為什麼大主教一直看公主不順眼，非得在國王耳邊說她壞話？簡直跟宿世仇敵似的，還得置她於死地。終於某天，我腦洞大開：大主教跟國王……難道是……那種關係？

　　身為虔誠基督徒的安徒生當然不會有這樣的隱喻，但感謝後現代主義，賦予了我們詮釋的自由。

　　童話就是童話，國王雖然被大主教陰風陣陣的壞話說得搖搖晃晃，但還是跟公主幸福美滿地生活在一起。但歷史上，那些遭遇相似困境的女人呢？年少悵然，都得另覓情郎。但無奈王室家事即國事，這些閨房中的秘密，因為攪亂了政局，甚至引起王位之戰，最後都被歷史學家攤開來，在日光下曝曬。

　　如果伊莎貝拉王后（Isabella of France）活在現代，她的生活應該是這樣的：她年輕貌美，正是少女思春的年齡，身邊的丈夫跟她站在一起，算是金童玉女。媒體常常捕捉到他們在一起的恩愛畫面。但不久，有電視臺從宮廷管家那兒買到勁爆消息：國王是個 Gay！美麗的王后常常獨守春閨，無限惆悵。

　　這個宮廷管家馬上被炒了。但不久後，又有其他傳聞流出：嘿，還記得國王和王后的婚禮嗎？站在國王身旁那個高大英俊的年輕人，備受器重，在婚禮

上也被拍到他跟國王交頭接耳的畫面，那才是國王的愛人！

用現在的話說，伊莎貝拉是個不折不扣的「被『形婚』的女人」。

身為當時法蘭西王國的公主，儘管清楚以後自己面臨的會是政治婚姻，但遠嫁英國時，伊莎貝拉跟所有待嫁少女一樣，心裡暗暗希望跟丈夫愛德華二世（Edward II）琴瑟和鳴——當時英法兩國關係緊張，教皇希望這段聯姻能夠促成兩國友好。

皇家婚禮豪華莊嚴，十六歲的美麗新娘和二十四歲的英俊新郎看上去十分般配——除了在新郎身旁，始終站著一個跟他同齡的男子，與國王形態親昵。

伊莎貝拉很快知道，這個浮誇高傲、衣著華麗的男人叫皮爾斯・加弗斯頓（Piers Gaveston），還在老國王愛德華一世時期，他就已經跟尚是王儲的現任國王出雙入對。老國王對他們的關係深感不快，將他放逐。但幾個月後，老國王死了，愛德華二世登基，就趕緊將加弗斯頓召回來。現在，就連在婚禮上，這兩人亦形影不離。

不爽歸不爽，但伊莎貝拉那時候還是個初來乍到的外國人，沒有人脈，沒有資源，沒有話語權。她靜靜地觀察，坐視丈夫跟這個男人成雙成對，眼看丈夫賜予這個男人爵位，眼看丈夫將他自己的侄女嫁給他。這樣，他的情人也是王室成員了，這樣，他們就是「親人」了。當年，亞歷山大大帝也曾為親密戰友或情人赫菲斯提翁[6]，做過同樣的事。

晚上，她的丈夫也會跟她睡到一起，她像死魚一樣躺在那兒，直到後來她懷孕——這是她的主要「功能」之一。在這期間，加弗斯頓通過跟愛德華二世

---

6. 赫菲斯提翁（Hephaestion，約前 356—前 324 年），馬其頓貴族阿明托爾之子，因他是亞歷山大大帝的摯友而盛名於史，他是亞歷山大的輔佐大臣，也相傳他倆是情人關係。

的密切關係，已經影響到政治了，貴族反對聲四起。

日光之下無新事。當年，亞歷山大大帝所愛的赫菲斯提翁也遇到了相同境況。亞歷山大迅速卸載反對者的權力，讓他們告老還鄉。

愛德華二世怎會有亞歷山大的魄力？無奈之下，他將自己心愛的人放逐到愛爾蘭，後來又將他召回。這時候的愛德華，圍繞著改革的事，跟本國貴族發生了激烈的衝突。伊莎貝拉呢？她不是個無所事事曬太陽睡大覺的王后，在這敏感時期，她始終記得自己的使命，默默地支持丈夫，也嘗試跟驕傲的加弗斯頓維持關係。[7]

但這時候的她，孩子尚小，愛德華二世權力在手，她對政治的影響力微乎其微。愛德華也許是個完美的情人，卻是個蹩腳的治國者。他反對改革，跟貴族徹底撕破臉，甚至在這種敏感時期召回了加弗斯頓。

恨極愛德華的貴族捉住了他的情人，將加弗斯頓殺死。自己所愛的人死了，愛德華幾乎陷入瘋狂。

如果這是一部同性戀題材作品，伊莎貝拉只會是個可憐或可恨的炮灰角色。英國戲劇史上的「奇葩」克里斯多夫·馬婁[8]首次描寫了這兩人驚世駭俗的愛戀，伊莎貝拉在舞臺一隅，用灰色的眼眸遙遙看著他們，是孤清冷落的一抹影子（跟深受他影響的莎士比亞一樣，馬婁本人性取向可疑，為人神秘，只留下一張俊美的畫像）。

---

7. 在加弗斯頓回到宮廷後，伊莎貝拉、愛德華和他曾經有過「三人行」的和睦階段。加弗斯頓的反對者甚至認為，伊莎貝拉是加弗斯頓的盟友。通過這些記錄，我只能說，伊莎貝拉是個 EQ 非常高的人，只可惜後來的事情已經越過她的底線了。

8. 克里斯多夫·馬婁（Christopher Marlowe），伊莉莎白時期最偉大的劇作家，革新了中世紀的戲劇，為莎士比亞的創作鋪平了道路。代表作有《浮士德博士的悲劇》《愛德華二世》《迦太基女王狄多》。

加弗斯頓死了。伊莎貝拉以為，丈夫的目光終於會落到自己身上。為什麼不呢？在法國宮廷中，她就是以美貌與智慧聞名的。在加弗斯頓被流放的那些日子裡，愛德華明顯對她更為體貼溫柔。

但伊莎貝拉終於發現了自己的天真——愛德華身邊又出現了新的男人。她美麗聰明而忠誠，一路支持丈夫，為了他與加弗斯頓修好，為了他與英國貴族周旋，為了他與娘家法國說盡好話。

身段放低，好事做盡，但在丈夫眼中，這都毫無用處。一個人不愛你，就是不愛你。伊莎貝拉已為人婦人母，卻連一次戀愛都沒有過。她在英國的土地被收，她被愛德華的反對者視為眼中釘，她的孩子都不在她的身邊。這時候，英法兩國的關係越發緊張起來，伊莎貝拉以外交使者的身份回到了法國。

在那裡，她遇上了此生唯一的戀人——莫蒂默（Roger Mortimer）。

莫蒂默曾經是愛德華二世的忠實追隨者，但跟其他貴族一樣，後來他成為了這個昏庸國王的反對者。他跟叔叔一同被囚禁在倫敦塔內，他的叔叔死在獄中，他卻在石牆上鑿出洞，逃到屋頂，渡過泰晤士河，一直逃到法國。

大難不死，必有後福。他在法國，遇到了英國王后伊莎貝拉。

也許是充滿政治手腕的王后，在感情上還是雛鳥；也許是他們擁有共同的敵人——愛德華二世跟他的新男寵；也許只是兩個政治困境中的人走到了一起，堂堂英國王后，成為了他的情婦。在中世紀歐洲，貞潔是大事，但她什麼都顧不上，公然與他出雙入對。

不知道各位怎麼看待這個「不守婦道」的女人，但我想為她鼓掌。在最開始，她坦然接受命運的安排，即使只是一枚政治棋子，也努力履行棋子的職責，直到棋手日漸失控，整個棋盤即將崩壞。既然安守本分也無濟於事，何不自己

當棋手，力挽狂瀾！

　　儘管日後，那些言簡意賅的史書將她塑造成一個道德敗壞的女人，但她原本只是個受了委屈的媳婦，一個不被丈夫愛的妻子，一個默默支持國王的王后。有件事可以說明她的道德觀——她曾經將刺繡品送給自己兩位嫂嫂。有一次她發現，那刺繡品竟然在兩位武士的身上。她知道，自己的嫂嫂跟這兩人必定有姦情。她將此事告訴了父親，姦情曝光後，她的嫂嫂受到了懲罰，但「多管閒事」的伊莎貝拉也受到了壓力。

　　在認識莫蒂默前，伊莎貝拉的很多細節都體現出她的理智忍讓，但跟莫蒂默一起後，這個原本就極度聰明的女人，終於迸發了小宇宙。

　　一直被愛德華跟他那囂張的新男寵壓迫的委屈王后，準備逆襲了。

　　她為兒子安排了一樁婚事，用獲得的大筆嫁妝，在親家資助和法國王室的支持下，籌建了軍隊，向英國進發。

　　愛德華二世和他的男寵太不得人心了。伊莎貝拉王后和王儲登陸英國的消息一傳開，貴族們紛紛倒戈，愛德華的軍隊節節敗退。他的男寵很快被抓住並處死，愛德華則被囚禁起來。傳聞說，伊莎貝拉實在太恨自己的丈夫了，她命人用燒紅的烙鐵直搗愛德華的「菊花」，他陣陣慘叫，痛苦致死。這個被部分現代歷史學家認真洗白了的故事流傳極廣，跟多年後美國電影《勇敢的心》中安排的伊莎貝拉與威廉・華萊士的戀情一樣，並列為伊莎貝拉生平兩大奇聞（這兩大奇聞的評選人是我……）。

　　沒有了障礙，這對戀人成為了英國真正的執政者。但好日子只過了四年。四年後，伊莎貝拉的兒子愛德華三世[9]長大成人。

9. 愛德華三世（Edward III，1312—1377 年），英格蘭國王，1327 年到 1377 年在位，統治期間英國經歷了英法百年戰爭、黑死病等大事。其子「黑太子」為百年戰爭中的名將。

　　他面臨的情境，就跟當年嬴政初長成人後，面對母親趙姬與情人嫪毐把持朝政一樣。

　　跟嬴政一樣，愛德華三世在母親和情人沒有警戒的情況下，驟然出手。莫蒂默成了階下囚，伊莎貝拉失去人身自由。

　　大勢已去，大局初定。伊莎貝拉沒有愚蠢地反抗，她再次放低身段。這一次，是在自己親生兒子跟前；這一次，是為了自己的情人。

　　但誰讓愛德華三世更像他那頭腦清醒的母親，而非像那個讓個人私情影響判斷的父親，他不會讓威脅到自己政權的人存在，更何況，這個男人與母親那層關係……愛德華三世咬牙切齒，判處莫蒂默死刑。沒有經過任何審訊，他被直接絞死，垂掛著的屍身在公眾前展示了整整兩天。伊莎貝拉默默地派人為他收了屍。

　　從那以後，伊莎貝拉以「國王的母親」的身份活下去，生活波瀾不驚。她開始篤信宗教，閒時跟前來拜訪的兒子、媳婦聊天，也疼愛孫兒，尤其是後世被稱為「黑太子」的小小愛德華。也許她在這個孩子聰明果敢的眼神中，看到了自己的過去。沒有人關心她的感情生活，因為她是前任國王的王后，是現任國王的母親，她不該有任何感情。但有人留意到，在經常拜訪她的人當中，還包括了莫蒂默的女兒和孫子。

　　莫蒂默死後，他的遺孀向愛德華三世請求，要回了他的屍身，將他改葬到修道院，在她死後，她與丈夫埋葬在了一起。而伊莎貝拉死後，人們按照她生前的要求，將她丈夫愛德華二世的心臟與她一同埋葬。入殮時，她身上披著一件美麗的斗篷，那正是她十六歲那年婚禮上所穿著的那件。

　　那時候，她還沒認識莫蒂默，那傢伙跟其他英國貴族一樣，對國王忠誠侍

奉。她的身邊有年輕英俊的丈夫愛德華，而愛德華身邊有加弗斯頓。假如歷史為這四人留下合影，照片上的他們，無不年輕漂亮，意氣風發。他們覺得，世界正在他們面前展開，但他們對前方的驚濤駭浪，一無所知。

姐妹之戰

如果你的姐姐是第一夫人，你要做什麼才能夠搶走她的風頭呢？

如果當不上總統的話，還可以當王妃——甘迺迪總統夫人賈桂琳的妹妹李（Caroline Lee Bouvier Canfield Radziwill）就嫁給了波蘭王子。喔，不，對不起，我說錯了。這位波蘭先生雖然頂著「Prince」的頭銜，但不是王子，甚至連公爵都不是，所以這位「Princess」也不是王妃。

開頭就敗給姐姐了，真是鬱悶。

最早的時候，她倆是平分秋色的——妹妹得到母親的偏愛，姐姐更獲父親的歡心。母親說妹妹太胖，但也說姐姐不如妹妹漂亮。這場姐妹之戰就這樣，你來我往地暗湧著，倒也沒起過任何波瀾。

1951 年春天，二十二歲的賈桂琳和十八歲的李說服母親讓她們夏天到歐洲度假。那時候，兩姐妹都不知道，未來的她們會跟歐洲有這樣深的緣分——姐姐最終嫁給了希臘船王，妹妹嫁給了波蘭公侯。

在此之前，主修法國文學的賈桂琳已經在法國待過一年。當上美國第一夫人後，她出訪印度，當地人稱她為「美國的王后」。是的，在他們心目中，甘迺迪家族就是美國王室，優雅，高貴。這一切全因賈桂琳的魅力。

　　「二戰」後，歐美國家在和平環境下發展。戰爭中傷痕累累的歐洲國家，也在英國的威爾遜、法國的戴高樂、聯邦德國的勃蘭特等人的推動下，從戰時經濟向和平經濟發展，國民教育、社會福利同時發展。沒有受到戰爭破壞的美國，更是繁華熱鬧的溫柔鄉。看看那時期賈桂琳的照片，優雅美麗得一如「一戰」前的歐洲王族。甘迺迪家族和那段美國歷史已成傳奇，賈桂琳是那段傳奇裡的主角。她的妹妹李卻註定是她的註腳，儘管李才算是真正跟王族沾邊的那個。

　　1958 年，李在倫敦認識了波蘭貴族斯丹羅·拉齊維爾[10]。他身上有普魯士腓特烈·威廉一世、英國喬治一世和波蘭的約翰三世等人的血統。

　　拉齊維爾是古老且高貴的波蘭姓氏，由神聖羅馬帝國賜予 Prince[11] 這個稱號。六百年前，波蘭女王雅德維加（Jadwiga）嫁給立陶宛大公亞蓋洛[12]，由此形成了聯合王國。波蘭比立陶宛要發達先進，兩國王聯姻後，亞蓋洛國王隨王后皈依天主教，同時率領兩國聯軍徹底打敗了條頓騎士團，開創了延續兩百年的亞蓋洛王朝。

　　在亞蓋洛王朝末期，波蘭出現了一位美人，叫作芭芭拉·拉齊維爾[13]。這位年輕的寡婦迷住了王子西格蒙[14]的心。根據記載，王子以打獵為藉口，在當地與她在一起。人們私底下議論紛紛：「聽說王子今年有 223 天都在打獵？」

---

10. 斯丹羅·拉齊維爾（Stanislaw Radziwill），擁有波蘭貴族血統與頭銜，在英國流亡，房地產商人，於 1959 年與李結婚。

11. Prince 在英國特指王子、親王，在其他歐洲國家有不同含義，一般由皇帝或國王分封，指君主的男性近親，或是小國統治者，或者一個爵位。義大利馬基雅維利名著《君主論》的英文就是 The Prince。

12. 亞蓋洛（Jagiellon），波蘭國王、立陶宛大公。1377 年即位立陶宛大公，在娶波蘭女王後，於 1386 年即位波蘭國王，稱弗拉第斯拉夫二世，立陶宛併入波蘭，創立亞蓋洛王朝。

13. 芭芭拉·拉齊維爾（Barbara Radziwill，?—1551 年），波蘭王后兼立陶宛大公夫人，為西格蒙德第二任妻子。

14. 西格蒙德（Sigismund II Augustus，1520—1572 年），波蘭國王兼立陶宛大公，有三次婚姻，亞蓋洛王朝的最後一位男性君主，其統治時期建立起波蘭一立陶宛王國。

傳聞還說，王子為了跟她會面，偷偷修建了一條通向她住處的通道。

後來，這兩人秘密結婚。再後來，他向父母提出要跟這個女人結婚。朝野震動，貴族一片反對。最激烈的，莫過於王子的母親，她說：「這個女人是女巫，她用魔法和毒藥迷惑了王子的心！」

在這個時候，老國王死了，王子登基。但這場愛情並沒有因為他地位的提升而變得明朗起來，貴族們堅持要新國王放棄這個女人，否則他們會武力反抗。

當一個男人真心喜歡你時，他跨越千山萬水也會娶你。她終於還是成為了波蘭王后。

斯丹羅・拉齊維爾就來自這位美人的家族。這個家族在歷史上，出過主教、王后、總理、軍事指揮官、首相，他本人跟英國王室還是遠親。「二戰」後，這個顯赫家族遭受巨大的財產流失，斯丹羅家這一支移居到英國，成為了英國公民。在倫敦，他認識了李。

這位活潑虛榮的美人，當時剛結束了自己的第一段婚姻。她的姐姐嫁給了美國政壇冉冉上升的新星甘迺迪，人們相信他會成為未來的美國總統。沒等到姐姐成為第一夫人，李就將自己嫁給了這位沒落王族──沒落，但富有，而且再怎麼說，跟英女王還是親戚，這個身份足夠令她在社交圈子中揚眉吐氣，李多少有點沾沾自喜。

如果姐夫甘迺迪沒有當上美國總統的話，這場姐妹之戰就此跑到終點，也算圓滿。但姐姐成為了美國史上最美麗、最受歡迎的第一夫人，成為了全世界的寵兒。她像無冕女王般出訪印度，到英國與女王共赴晚宴，身邊都帶上了妹妹，但人們的焦點永遠停留在「美國王后」身上，「波蘭王妃」只是個點綴。

在甘迺迪家族傳奇中，李成為了面目模糊的背景，連花瓶都算不上。畢竟，

我們還有更稱職更迷人的花瓶——夢露。

李再一次跑到了姐姐前頭,是在姐夫遇刺後。姐姐不再光鮮地出現在人前,她也聽說了,死亡陰影籠罩在甘迺迪家族的頭頂上。她關心地打電話給姐姐,詢問她的情況。她們是姐妹,這些都是真情實意,種種微妙競爭終究不過是暗湧。

後來,李認識了富有魅力又多金的希臘船王。船王當時有女朋友——歌劇界女王卡拉絲(詳見本書〈被拋棄的女人〉)。但李從來不是個將道德納入考慮範圍的人——船王有女朋友,她自己還有丈夫呢!她肆無忌憚地跟船王調情,與他共同出入。跟丈夫吵架的時候,她一氣之下說出:「我會成為船王夫人!」歐洲老了,波蘭王族也只得如喪家犬般流亡在外,只有金錢才是王道——印有女王頭像的一枚枚金幣。無論是雅典淪陷,羅馬崩壞,威尼斯沉沒,倫敦霧迷,依舊散發著女神的光輝。

骨子裡到底流著真正王族的血,經歷過刀槍入肉毒藥入骨的歷史,斯丹羅‧拉齊維爾悠悠地說:「看著吧。」

然後,全世界都震驚地看到了船王與賈桂琳結婚的消息。

那之後,李再次離婚。後來,又嫁給了一個美國電影人。但終其一生,她依然頂著拉齊維爾這個高貴的姓氏,出入於歐洲美國的上流社交圈子。她嘗試當演員,但被人取笑演技蹩腳,最後好朋友杜魯門‧卡波特[15]跳出來為她打抱不平。

---

15. 杜魯門‧卡波特(Truman Capote,1924—1984 年),美國作家,著有多部經典文學作品,包括中篇小說《蒂凡尼的早餐》與《冷血》。

　　再後來，她那位波蘭王族前夫死了，船王死了，卡波特死了，她的姐姐死了。人們說，一個時代終結了。

　　直到俊美的小甘迺迪意外身亡，健忘的人們再度想起甘迺迪家的「詛咒」。甘迺迪家族的傳奇，再度熱鬧起來。沒有人討論李，也沒有太多人關注，李那位繼承了波蘭貴族「Prince」頭銜的兒子，在不久後也病死了。現在，她以社交名媛的身份出現在眾人面前，兒子死後不久，她出了一本書，裡面記述的都是上流社會在哪裡用餐、去哪裡度假、跟誰一起做了什麼事，內容跟標題高度一致──《幸福時光》。但更多的人似乎對數年前那本揭露她愛慕虛榮、貪圖富貴、自私刻薄的非官方傳記更津津樂道。即使在那本書裡，對她感興趣的人們看到更多的，竟也是關於她姐姐的一切──賈桂琳沒留下一分錢給妹妹，船王先認識了妹妹卻娶了姐姐……即使在她自己的傳記裡，她也是作為姐姐的背景而存在。

　　那本書的名字，就叫作《在她姐姐的陰影下》。

　　但那又如何？他們都死了，只有她還活著，美麗著，傳奇著。

神父的妻子

　　儘管她的丈夫是個家喻戶曉的人物，但她卻低調得很，甚至許多關注那段歷史的人，也並不知道她的存在。她是嫁給神職人員的女人。她的丈夫，是歐洲宗教改革的發起者——馬丁・路德[16]。

　　儘管我們從教科書上看過她丈夫的名字，還要被迫學他做的這些事情有什麼時代背景和特殊意義，但一本正經的教科書從來沒跟我們說過，他有老婆——走幽默路線的歷史讀物往往會開玩笑，說馬丁・路德是為了娶老婆才掀起宗教改革的。但作為一本有情懷的歷史讀物，我不會這樣說。來，讓我聲情並茂地告訴你，關於她的一切。

　　她叫凱薩琳・馮・博拉（Katharina von Bora），畫像上的她並不美，但故事裡的她卻很是動人。

　　跟那個年代的一些女孩子相似，她年紀很小的時候就被送入修道院。那正是文藝復興像煙霧一樣從義大利彌漫到西歐各國的時候。

---

16. 馬丁・路德（Martin Luther，1483—1546 年），16 世紀歐洲宗教改革宣導者，基督教新教路德宗創始人。

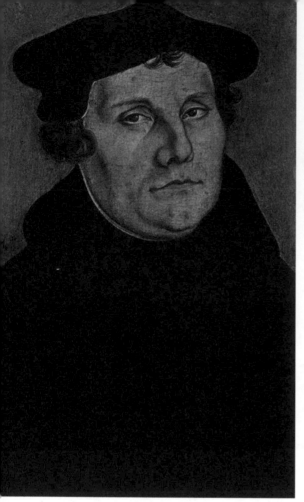

馬丁‧路德和他的修女妻子肖像。

　　不過，再年幼的小女孩也還是會長大。修道院的生活似乎並沒有讓她真正心靜如水。此時，修道院窗外的世界正在天翻地覆。神聖羅馬帝國的經濟發展得很快，工業尤其迅猛，但這個國家依然四分五裂，遠在義大利的羅馬天主教會又繼續斂財：教皇利奧十世（Pope Leo X）派人到這個國家兜售贖罪券，說不管是多麼深重的罪孽，只要買了贖罪券，都能夠升上天堂。路過修道院，向她們借水喝的人們，似乎也充滿了矛盾：他們時而對世情怨聲載道，時而又對前景充滿期望。

　　外面的世界到底是怎麼樣的呢？凱薩琳靠在修道院窗戶往外看，真是好奇呀！

　　十八歲那年，她聽說了一件事：一個叫馬丁‧路德的男人，將自己寫的《九十五條論綱》貼在大教堂大門上，人們好奇地上前圍觀，裡面的內容很快傳遍了整個國家。

　　跟後世誤會馬丁‧路德很血性很 Man 地「揭竿而起」，怒斥教皇的形象有點不太一樣。其實，他沒有反對天主教會什麼，只是針對贖罪券這個問題，提出了自己的神學思考。

　　但那是個信仰的年代。在漫長的中世紀裡，詮釋《聖經》的權力都掌握在擁有學識的僧侶手中，人們堅信，升上天堂的門只能由教會之人為他們推開。他們不懂拉丁文，連《聖經》都沒法看，又怎麼能聽到「上帝的話」呢？

　　馬丁‧路德卻說，不，你們只要相信上帝就好了呀。

　　凱薩琳還是第一次聽到這樣的說法，她著了迷。後來，她聽到了更多跟馬丁‧路德相關的消息，人們說，他又陸陸續續發表了許多東西。他指出教皇不是《聖經》的最終解釋人，每個人都可以直接跟上帝相通。

　　這個男人，真是有趣呢！他像個老學究一樣，用溫和的語氣一本正經地辯論著，但每個文字都變成了一把刺向羅馬教會的尖刀，讓教會招架不住，惱羞成怒，最後甚至宣佈將他開除教籍，逐出天主教會。

　　難道他不害怕嗎？多年前，神聖羅馬帝國的皇帝亨利四世，因為得罪了當時的教皇格裡高利七世，被宣佈逐出教會──這意味著他死後將無法升入天堂。亨利四世只得在雪地中跪了三天三夜，最後才得到鞋匠家庭出身的教皇的一個原諒之吻。而此時此刻，現任皇帝查理五世為了要跟法國抗衡，須得到教皇支

持，於是也反對馬丁‧路德的改革，還宣佈對他判刑。

　　也許馬丁‧路德也害怕，也許他不害怕。反正，他在路上被德意志的其他王侯連綁架帶保護地帶走，被安全地保護起來，專心地將《聖經》翻譯成德語。那些支持馬丁‧路德的人，也已經擁有了跟皇帝、教皇決一死戰的決心。

　　就連修道院裡的女孩子，也都蠢蠢欲動起來。「這裡的生活真的沒意思！」「學的東西太不合適了！」幾個人一商量，就決定逃跑。凱薩琳於是偷偷聯繫馬丁‧路德，希望他能夠協助自己。

　　然後，馬丁‧路德就派了兩個人過來協助她們。一個是議員，一個是經常運送物資給修道院的商人，身份設置都合理極了。在他們的幫助下，凱薩琳逃出了修道院。當時有人寫道：「一群女子剛到，每個人對婚姻的渴望比對生活的渴望來得更強烈。求上天賜予她們丈夫吧！」

　　在隨後的時間裡，這些修道院中的女子都紛紛出嫁，只剩下凱薩琳。人們覺得奇怪：追求者眾多的她，怎麼遲遲沒結婚？

　　據說，凱薩琳私下裡告訴馬丁‧路德的一個朋友：「如果我要結婚，物件只會是你，或者……馬丁‧路德本人。」（求馬丁‧路德朋友的心理陰影面積。）

　　另一個說法是：凱薩琳身為貴族，一心等待與她同屬一個階層的男子結婚。但隨著時間流逝，她和路德之間傳出了緋聞，只是兩人都否認自己的感情。對路德來說，情況很複雜，當時的天主教會想要殺他，一旦他結婚，他的妻子也會有生命危險。

　　但感情終究壓抑不住，馬丁‧路德還是和凱薩琳結了婚。在此之前，天主教的神職人員實行禁欲主義，是不能結婚的。但宗教改革後的新教，有很多教派允許神職人員結婚。馬丁‧路德對宗教改革的主張，不光在結婚這種世俗生

活上，還在其他方面製造了天主教與新教的分野。

　　他是深深愛著凱薩琳的，他叫她「親愛的凱蒂」。他在給一個年輕人的信中寫道：「親愛的孩子，不要為你愛慕一個女孩而羞恥。你，我的姑娘，也不要為你愛這個小夥子而羞恥。孩子，就讓它領你們進入婚姻的殿堂，不要淫亂，性和吃喝一樣，沒有什麼值得羞恥的。」

　　我們後世的這些心理學派，自然認為路德對天主教會的「攻擊」源自他內心的恐懼：對無法得到靈魂救贖的恐懼。在最開始的時候，他不過是個法律學生。某天電閃雷鳴狂風暴雨中，他害怕得呼喊：「聖安妮[17]救我！我會做一名僧侶的！」安然無恙後，他信守承諾，成為一名神職人員。

　　但內心深處，路德卻不喜歡當僧侶的日子。他曾經寫道：「儘管我無可責備地過著僧侶的生活，但我感到在神跟前卻是罪人之身，我的內心深處總被攪動，我無法相信天父會對我如此履行著的諾言感到欣慰。我並不愛這個總是懲罰罪人的公正的天父，相反，我恨他，我對神感到生氣。」

　　這樣一個充滿了人性活潑的掙扎，不甘心被清規戒律束縛，居然還會對神生悶氣的人，多年後，是否在那個試圖逃出修道院的女孩凱薩琳身上，見到了自己的影子？於是他做出了娶妻的驚世駭俗之舉。

　　最可恨的是，兩人偏偏還過得如此幸福。他們生兒育女，丈夫研究神學，妻子持家有道，直到死亡將他們分開。

---

17. 聖母瑪利亞的母親，耶穌的外祖母。

Chapter 2

霸 道 總 裁 的 柔 情

妹妹的腦殘粉絲

　　有這樣一些男人——相比起情人或者妻子，他們的名字，更多地跟妹妹出現在一起。有這樣一些女人——相比起父親甚至丈夫，她們更為兄長所寵愛。說的便是那些美麗聰明的妹妹，跟她們大名鼎鼎的哥哥們。

　　在「妹控」這個詞出現之前，這些妹妹的「腦殘粉絲」，往往被人戴上有「亂倫嫌疑」的有色眼鏡看待。於是，文藝復興時期的凱薩‧波吉亞（Cesare Borgia），與妹妹露克蕾西婭‧波吉亞（Lucrezia Borgia）的緋聞傳遍了整個義大利，兄妹間的偉大「感情」直到今天還被好事的小說家和編劇（或者寫八卦文章之人如我）津津樂道。可憐他戎馬征途一生，最被人惦記著的，還是這點事情。

　　只因為這個生前身後都負有盛名的男子，以好女色著稱，卻沒有留下什麼太重要的感情軼事。誰肯放過他？更沒有人相信，這個出身於骯髒家庭的人，會有什麼乾淨的歷史。於是，當有人傳出妹妹與他之間那點事時，人們立刻相信了——這「人們」，說的既是當年羅馬大街小巷的他們，也是隔著幾百年看著這些人的我們。

　　露克蕾西婭‧波吉亞是教皇亞歷山大六世的私生女，跟其他在歷史上留下名字的大部分貴族女子一樣，她以美貌與聰明而著稱，且精通義大利語、法語

和加泰羅尼亞語，個性討人喜歡。她的丈夫和情人不止一個，哥哥也不止一個。跟她傳緋聞的不光有她的哥哥們，甚至還有她的教皇父親。凱薩是這其中最受矚目的。

自古美人配英雄。百年來，人們的一廂情願都驚人相似。以《教父》一舉成名的義大利裔美國作家馬里奧‧普佐（Mario Puzo)，遺作《家族》（The Family）就是關於這一家的故事，看完後多少覺得當年的「黑手黨」比現在的更加霸氣——教皇爸爸認為，露克蕾西婭的貞潔必須獻給自己家人，才能不背叛自己的家族。於是他驚世駭俗地問兩個已成年的兒子：你們誰來？

小說不曲折離奇便沒人看，但歷史上的這些亂倫傳聞，實則出自政敵之口。

露克蕾西婭妹子有三段婚姻，跟當時的王室貴族女子一樣，都是出於父兄的政治聯盟考慮。在第一段婚姻後期，教皇為了締結更有價值的聯姻關係，強迫女婿離婚，但女婿不肯，並且對外聲稱自己妻子跟父親兄弟亂倫。教皇的手腕強硬，最後這位「主動公開自己戴綠帽子」的女婿乖乖聽話，還簽署了一份聲稱自己陽痿的聲明，讓妻子以處女身份出戶。但經過他此前造勢，露克蕾西婭的名聲已經敗壞，當時人們稱她為「教皇的女兒、情婦和兒媳」。

露克蕾西婭誕下過一個父親身份不明的兒子，歷史上稱為「羅馬之子」，關於孩子的父親，說法各異——但名單上，赫然就有教皇老爸跟哥哥凱薩。

時代的風向一變再變，當年被輿論認為是蕩婦、壞女人的露克蕾西婭，在女權主義勢力漸長的年代，被視為可憐的政治工具，父兄們的棋子。這洗白浪潮越演越烈，人們開始愛上了壞男人凱薩，於是這兩個被洗白的人，在新時代的獵奇目光中，開始在不同影視小說中，上演一齣出兄妹感情戲。

歷史上的他們，的確擁有感人的兄妹情誼。在凱薩死後，露克蕾西婭已經

嫁到了費拉拉公國，她將侄女——凱薩的一個私生女，養育下來，那個女孩子跟她同名，也叫露克蕾西婭‧波吉亞。

而歐洲史上另一個大名鼎鼎的哥哥拿破崙（Napoleon Bonaparte），也曾在妹妹那兒尋求精神上的慰藉。拿破崙有三個姐妹，人稱「王室三情婦」。其中只有一個，在拿破崙流放之時，始終陪伴在側。

她是波利娜‧波拿巴（Pauline Bonaparte），拿破崙最疼愛的妹妹，歐洲最負盛名的美人。

義大利雕塑家卡諾瓦的《斜躺的波利娜》半裸著身體，手持蘋果，象徵著這位拿破崙的妹妹有著與維納斯一樣的美貌。

　　在拿破崙被流放以後，波利娜為了支持拿破崙，主動賣掉自己的豪宅，到島上去陪伴拿破崙。為了照顧拿破崙已經破碎的尊嚴，她依然將他當作皇帝看待，向自己的哥哥行君主的禮儀。在拿破崙死後沒幾年，她也去世了。

　　他們的情誼如此深厚，即使當年法國漫畫諷刺他們兄妹二人通姦，波利娜也毫不在意。

　　跟露克蕾西婭妹子備受第三任丈夫寵愛不同，一生風流放蕩的波利娜，死前才與自己的丈夫和解──她在厄爾巴島與拿破崙度過了四個月的流放生活後，她的丈夫博蓋塞親王跟她提出離婚。這個時候的她，已經年近四十，早年放蕩的生活在她身上留下了痕跡。

　　孤獨的厄爾巴島，落難的英雄，遲暮的美人，好不淒清。

　　而當年，她是多麼的明媚迷人啊！這個美人，每天都要用熱牛奶洗浴，

　　脫光衣服後，由她強壯的黑人僕人將她抱起，放到浴盆中。

　　她還記得，那些朋友用扇子捂著嘴，神情奇怪地說：「將身體直接暴露給一個黑人，不太好吧？」

　　波利娜抬起腦袋，眼睛明亮，神態天真，反問道：「為什麼不合適？一個黑人不等於是一個男人。」

　　但傳言就是傳言。她為了維持自己的這一習俗，讓這黑人僕人娶了自己的一個白人女僕，好平息這些令人不快的聲音。

　　其實，這些聒噪的聲音她聽了不少，早已經麻木了。在她還是十幾歲的懵懂少女時，她已經學會了調情。哥哥拿破崙參謀部裡，有那麼多英俊的士官，

她跟他們中的不少人都有過風流軼事，哥哥知道後，自然是不快的。對於太過火的一些事，他還是暗中出手阻止——比如那個俊美又輕薄的參謀長阿爾芒‧卡努維爾，在跟波利娜打得火熱的時候，突然收到調令，要前往俄國。最後，他在莫斯科被殺。

就連自己要當雕塑的模特兒，也被人在背後風言風語。義大利雕塑家安東尼‧卡諾瓦為她雕塑了裸體像，人們說，雕刻家是看了她的裸體後，才開始創作的。當時，有人問她怎麼忍受得了，她說：「那裡根本不冷，工作室有爐火。」

她跟每個擁有驚人美貌的女子一樣，神態天真。

現在，在厄爾巴島上，波利娜默默地回想著過往，經歷過的男人，一個個在眼前浮現，每段戀愛都像一場戰爭，讓她遍體鱗傷。她忽然發現，自己跟哥哥變得那麼像——現在，也總愛默默地坐著。她知道，他也在懷緬過去戰場上的歲月，也在清點自己靈魂上的傷痕。

哥哥對她而言，比丈夫和情人還要重要。在他去世前，她為他四處聯絡，希望能找到救治他的醫生。而當拿破崙離去以後，她成為了一個失去了至親、美貌與青春的女人。當年，她曾經瞞著拿破崙與博蓋塞親王秘密結婚，最後又因感情衰退而離婚，甚至爭奪財產。

英雄已逝，美人一天比一天衰老。

現在，她想回到丈夫身邊了。

在她四十五歲離開人世時，她的丈夫博蓋塞親王守在了她身邊。據說，愛美的她手上還拿著一面鏡子，而她的臨終遺言是讓大家不要打開棺木看她，她只想留給人們最美的容顏。於是，義大利雕塑家安東尼‧卡諾瓦為她創作的裸體塑像再度重現於世。

　　對於拿破崙這位愛美的妹妹來說，這結局算是美好了。在拿破崙那些不讓人省心的兄弟姐妹中，波利娜以對哥哥的忠誠而聞名，她的美貌至今依然被供奉在羅馬城中，與這城市一樣，永遠流傳下去。

　　她生前愛慕英雄，在她身後，任他是什麼英雄，在她美麗而不老的胴體跟前，也無法移開眼睛。

　　而在遙遠的古老中國，人們常說，紅顏薄命。但這些美麗的妹妹，終因自己的美貌，得到了當世男子的寵愛與後世的傾慕憧憬。在她們所依賴的哥哥們死後，仍有無數男子願意照顧她們。

　　只可惜了《聖經》年代的那個美麗的妹妹——他瑪。她原本是最為哥哥們所愛的，只是這兩位哥哥的愛，一個純潔，一個污垢。後者的欲望，讓這個家族吻上了浩劫的刀鋒。

　　《聖經》中的大衛王有個兒子押沙龍（Absalom），他疼愛自己的妹妹他瑪。跟這兩兄妹同父異母的兄弟中，有一個叫暗嫩（Amnon）。

　　《撒母耳記》如是說：「大衛的兒子押沙龍有一個美貌的妹妹，名叫他瑪，大衛的兒子暗嫩愛她。」

　　這種愛，最後發展成了悲劇。

　　暗嫩苦於對他瑪的相思之苦而不可得，「憂急成病」。他的朋友問他：「王的兒子啊，為何一天比一天瘦弱呢？請你告訴我。」暗嫩回答說：「我愛我兄弟押沙龍的妹子他瑪。」這個朋友教他在床上裝病，並懇求父親讓妹妹準備食物給他，以此接近。暗嫩照做了，大衛來探病後，就按照他的意思，讓他瑪過來為暗嫩預備食物。

當他瑪進到房間後，暗嫩讓其他人都出去，然後強姦了她。

《聖經》的《撒母耳記》中，原文是這樣的——暗嫩對他瑪說：「你把食物拿進臥房，我好從你手裡接過來吃。」他瑪就把所作的餅拿進臥房，到他哥哥暗嫩那裡。他瑪拿著餅上前給他吃，他便拉住他瑪，說：「我妹妹，你來與我同寢。」

他瑪說：「我的哥哥，不要玷辱我。以色列人中不當這樣行，你不要作這醜事。你玷辱了我，我何以掩蓋我的羞恥呢？你在以色列中也成了愚妄人。你可以求王，他必禁止我歸你。」但暗嫩不肯聽她的話，因比她力大，就玷辱她，與她同寢。

在暗嫩強姦了他瑪後，這個被情欲沖昏腦袋的哥哥，馬上鐵石心腸下來，他叫自己的僕人將他瑪趕了出去。他瑪一路哭喊，跑到哥哥押沙龍家，押沙龍表面上安慰她，也不曾動聲色，內心卻已經在醞釀復仇了——既為了妹妹，也為了王位。後來，押沙龍命令自己的僕人，在耶路撒冷城外，將暗嫩殺死。

但是否所有「妹控」的哥哥，最後都沒有落得好下場呢？就連這挺身而出保護妹妹的押沙龍，也沒有躲過這一宿命。

押沙龍是著名的美男子，體形優美無瑕疵，擁有一頭漂亮的長髮，他這樣迷人，以至於人們說「押沙龍偷了以色列人的心」。他的魅力，對父親大衛的統治形成了威脅，父子之間出現了裂痕，這裂痕最終大得將人心都吞沒進去。

父子之間的戰爭爆發了。押沙龍在戰役中騎著騾子奔逃，但他那美麗的長髮卻被橡樹的枝葉纏繞，腦袋被卡住，身下的騾子棄他而去。大衛手下的將領將他殺死。押沙龍死後，大衛悲痛無比。

這些野心勃勃的「妹控」，終於還是死在了由自己野心鍛造成的地獄裡。

帶本漫畫去義大利

黑幫分子，就是我們想要成為，卻又害怕成為的人。——羅伯特·沃肖（Robert Warshow）

作為「世上第一個『黑手黨』家族」的核心成員，凱薩·波吉亞（Cesare Borgia）本該讓人雙膝發軟地跪倒，或憎恨或讚歎或躲閃，即使像《刺客信條：兄弟會》那個大 Boss 一樣，猖狂邪魅到臉譜化也好，反正不該是美劇《波吉亞家族》[1]中的聖母的樣子。

但編劇就是這樣，對自己喜愛的人物，就是忍不住在原型上，一筆又一筆地添塗。就跟歷史上每個暴君一樣，重重疊疊地掛了許多張黑臉，又在當朝被塗白再塗白。

哎呦，其實我們只想看卸妝後的那個人。但是，那個日本人畫的漫畫《凱薩·破壞與創造者》，竟然真敢潑凱薩 一臉卸妝油，真敢跟美國人歐洲人的電影電視小說都不一樣，連偉大的兄妹亂倫線都沒有。

---

1. 《波吉亞家族》（The Borgias）全三季，showtime 出品。

　　凱薩‧波吉亞，文藝復興時期的名人，教皇亞歷山大六世的私生子，馬基雅維利名著《君主論》的原型之一，墨索里尼等無數梟雄的偶像，人稱「毒藥公爵」，同年代人們眼中的英俊男子。他曾雇用達‧文西當自己的軍事建築師和工程師。在義大利四分五裂的年代，他憑藉背後的教權勢力與自己的萬丈雄心，征服了裡米尼、博洛尼亞、比薩等地。他像最狡點的冒險者，善於玩弄權術，他的鐵蹄令整個義大利顫抖。只可惜隨著教皇染病突然逝世，他的功名跟領地都像流沙一樣，轉眼就散了。

　　文藝復興時期的義大利，正處在一個政治動盪的時期。臨近的法國、西班牙正在壯大之中，而義大利仍處於四分五裂的城邦國家狀態，遭遇威脅。另外還有一個歷史書上經常出現的名字：神聖羅馬帝國。當時的神聖羅馬帝國，佔據了現在的德國、奧地利的大部分，它開始於教皇利奧三世封查理曼大帝（Charlemagne）為西羅馬皇帝的西元 800 年，直到一千年後拿破崙的鐵蹄踏破了它最後的領土，才得以告終。在凱薩的那個年代，這個國家正與法國爭奪義大利。

　　義大利呼喚著一個強而有力的人物，一個能夠結束這一局面的人物。

　　凱薩‧波吉亞應運而生。

　　可惜這個影視、小說和動漫的寵兒，總是從青年時期開始才進入觀眾讀者的視野。作者總愛反復描述他的心狠手辣，他的玩弄權術，他的蔑視宗教，他的風流放蕩，他的家族傳聞。

　　如果將他比作羅馬一樣的城市，請告訴我，他是怎樣建成的？

　　日本人惣領冬實則老老實實地從凱薩‧波吉亞的少年時代說起。

　　漫畫中，惣領冬實描繪了一個日後將會大名鼎鼎的少年，如何成長為我們

想要成為卻又害怕成為的人。他的父親是日後要成為教皇的紅衣主教，其殘忍與手段已具現代「黑手黨」的雛形；他的同學是來自美第奇等大家族的少年，日後將如他般將影響力從羅馬輻射到整個歐羅巴……這樣一個人，如果放在今日，也是金字塔尖的那一小撮。距離佛羅倫斯不遠的比薩，是凱薩念書的地方。這個出眾的角色，在這裡遇上同樣出色的人，與他們交往和衝突——彷彿整個十五世紀地中海政局的縮影。

惣領冬實安排了一個平民少年，用他的眼光打量這群人的世界，旁觀這個少年跟其他人的互動——美第奇家族、多明我會、馬基雅維利……如果這些名詞對普通人來說不會引起頭痛的話，那麼還有——她在漫畫裡，用大段大段的篇幅進行各種學術討論——教權和皇權的關係、但丁《神曲》與現世、宗教信仰的作用……

我膝蓋一軟。

不為裡面那個跟我年少時候很相像，擁有旺盛求知欲，最後卻長成我永遠無法成為的那個少年，只為這個作者和她背後的學術團隊。

井上雄彥在《灌籃高手》後曾經說過，從今以後，他不再畫商業化的東西，他會將時間用在自己想做的事情上，畫他想畫的作品。與此類似，惣領冬實從少女漫畫家起航，最為人知的作品，是曾經被大S（徐熙媛）跟她前男友真人化演過的《戰神》，大獲成功後，惣領冬實沒有繼續在商業化道路上走下去，轉身去畫不討好的題材，只是任性地因為：我喜歡。

然後，她成功了。

東京大學前校長（退休後在學習院大學擔任教授），有「馬基雅維利研究者第一人」之稱的佐佐木毅，看了漫畫後讚不絕口。

　　NHK 電視臺在《漫畫的現場》節目中介紹了這部作品。慢慢地，這部漫畫成了神作。蝴蝶效應一樣，越來越多不是惣領冬實粉絲，或者波吉亞家族粉絲的人

　　知道了這部作品，包括現在正被我置入行銷介紹的你們。

　　朋友問我，你是因為惣領冬實而喜歡上凱薩，還是因為凱薩而喜歡上惣領冬實？我說，我喜歡認真的人。無論是「不為凱薩，寧為虛無」那種政治家氣魄（不是所有人都是政治家，有人只是政客），還是對 十五世紀歐洲做了全方位細緻考察的漫畫團隊，都讓人敬佩。有時候，一個人喜歡另一個人，是因為在他身上看到了自己沒有成為的另一個自己。

　　朋友說，喔，但是，你還有機會，不是嗎？

　　嗯，小時候，我們都以為會成為亞歷山大大帝、凱薩這樣的人物，長大後在人生困境中壓迫輾轉，也就忘記了在最初，自己也曾想站在他們的位置，看一眼他們看過的風景。但是，我們還是能夠成為惣領冬實，一本正經地在漫畫裡討論著「西班牙國土收復運動」「皇權和教權誰重」這些事情。管他現代人關不關心呢！我只在乎這一輩子，任性地將時間浪費在自己想做的事情上。

　　在放下這套漫畫以後，我才第一次拿起了更為大名鼎鼎的《羅馬人的故事》（鹽野七生的作品）。即便它是日本人寫的，在我心底，早已消泯了國界。

　　這些羅馬人，不也是我們想要成為，卻又害怕成為的人嗎？

小辛 's Note：

發生在工業革命前的那些遙遠歷史，人們大多都不感興趣了，但總有一些東西除外，比如，都鐸家那些事兒；比如，教皇家那些事兒。在這些教皇裡面，最聲名遠播（儘管是惡名）的就是波吉亞家族。作為文藝復興時期最著名的「黑手黨」家族，權謀、暗殺、亂倫的烏雲始終圍繞著他們，而這些都恰好戳中了我們這個時代的興奮點。

被稱為「毒藥公爵」的凱薩・波吉亞，達・文西形容他擁有「寧靜的面孔和天使般清澈的雙眼」。當年，他以閃電戰來創造自己的版圖，臨近佛羅倫斯戰線時，當局派出馬基雅維利去跟他談判。飯桌上的會面，馬基雅維利為之傾倒不已，以對方為原型之一寫下了《君主論》，對後世政客影響至深。後來，達・文西和馬基雅維利在凱薩 1502 年的征戰中，始終陪伴在他身旁。

凱薩與妹妹之間的親密感情，原本起源於妹妹第一任丈夫的指控，是否真實，在歷史上依然存疑。但這無阻後世編劇前赴後繼的想像力，為這段感情投入一段段薪柴。（詳見本書〈妹妹的腦殘粉〉）

沒有人愛「黑手黨」，但今天看來不妨可以欣賞幾眼。他們漂亮、富有、聰慧、博學，而且，比明星們更真實。他們是我們想要成為的自己。

西方的征服者，東方的情人

　　西元前 323 年，少年巴高斯（Bagoas）站在巴比倫城牆上，遙遙看著金色拱頂的車子被六十四頭騾子拉著，緩緩向埃及駛去。眾多下屬跟隨，車子越行越遠。巴高斯下意識地跟了幾步，直到那輛車在視野裡消失成金色的細點，被地平線吞沒。

　　那是鍍金並鑲滿寶石的靈車，躺在上面的，是影響了這個世界的男子——馬其頓[2] 國王亞歷山大。他的身體已經冰冷，跟曾經雕塑成他的模樣的大理石一樣涼。在三十二歲這年，他閉上了眼睛，永遠追隨著自己所愛的人而去。

　　在他死後，這位波斯少年陸陸續續聽到了一些相關的消息，比如說，亞歷山大的第一任妻子洛葛仙妮娜（Roxane）做的第一件事，就是將他第二任妻子斯塔蒂拉（Stateira）殺死。但這些鬥爭，現在都跟他沒什麼關係了。

　　跟他認識亞歷山大之前一樣，他現在，又是一個人了，又什麼都不是了。

---

2. 在亞歷山大的年代，馬其頓人被希臘人視為野蠻人。儘管他們說著希臘語，但希臘人並不把他們視為希臘人，更不認為他們是希臘文明的正統繼承者。但這個民族人才輩出，亞歷山大的父親腓力（KingPhilip）將馬其頓發展成軍事國家。在一次神秘信仰祭典上，腓力遇到了年僅 14 歲的少女奧林匹亞（Olympia），對她一見鍾情。她就是亞歷山大的母親。由於腓力被暗殺，亞歷山大很年輕便繼承王位。

　　歷史上對他的記載，正是從他見到亞歷山大開始。

　　在歷史上，他妖媚地登場——「納巴贊內斯得到安全保證後，攜厚禮觀見亞歷山大，禮物中有美貌過人的閹人巴高斯，他正值青春年少，曾為大流士所寵，將來又為亞歷山大所愛。」

　　對於東方人而言，那是惡魔來到他們中間的歲月——在基督教還沒誕生的年代，他們還無法用撒旦這個詞套在亞歷山大的身上。這個叫亞歷山大的年輕人，在戰場上數度與波斯帝王大流士三世（Darius III）對陣，逼得對方一路逃奔。

　　那時候的歐洲，初生且青翠，而古老東方的亞洲，已經顯露疲態，一如大流士綴滿寶石的手指，華麗而沉重，經不起歐洲戰士的魯莽一握。

　　這一次，年輕的歐洲大獲全勝，亞歷山大攻克了小亞細亞的城市，用劍劈開通往埃及的道路。在美索不達米亞平原，大流士落荒而逃，他的臣民不再抵抗，他最親近的朋友密謀背叛他，並將他殺死。

　　大流士死後，亞歷山大下令善待他的家人，並且娶了他的女兒斯塔蒂拉為妻。——在此之前，他曾經娶過一位妻子，巴克特裡亞[3]女子洛葛仙妮娜[4]。在那個年代，這是被允許的，而亞歷山大，亦有政治上的考慮。

　　亞歷山大的婚禮，在後世藝術家筆下不斷被描繪著。他是個有政治策略的帝王，但也是美的追求者。他的妻子與情人，都是著名的美人（無論男女），

3. 在現在的阿富汗北部。亞歷山大東征，征服此處後，巴克特裡亞成為了希臘殖民地。中國典籍稱這個地方為「大夏」。多年以後，歷史上的「唐僧」玄奘西游時經過的西域諸國裡，就有這個地方。

4. 洛葛仙妮娜以美貌而聞名，史料說「除大流士王后外，比任何女子更美」。她的族人被俘後，她跟其他女子一同在宴會上表演舞蹈，被亞歷山大看中。到現在，阿富汗民間依然流傳著很多跟她有關的故事。有一個說她偷藏了一把刀在枕頭下，打算在新婚之夜刺死亞歷山大，為族人報仇雪恨。實際上，洛葛仙妮娜沒殺亞歷山大，還為他生下孩子，而且還將亞歷山大其他妻子殺了。

但好玩的是，那個時代的史學家都饒有興味地記錄著，亞歷山大以「節欲」作為美德。

當時，大流士的王后是有名的美人，而他們的女兒都很漂亮。亞歷山大沒有將她們當作自己的戰利品，與斯塔蒂拉的婚姻更多是出於政治考慮。古希臘的普魯塔克（Plutarch）這樣寫道：亞歷山大認為克制自己比征服敵人更具有帝王之風。亞歷山大曾經在一封信裡講到，他不曾見過大流士的太太，也不想見她，而且不許任何人在他面前講到她的美[5]。他說，睡眠和性交最能夠使他感到人遲早一死，而疲倦與快感，都是人類同一個弱點的自然結果。

但這個節制到近乎禁欲的年輕帝王，唯獨帶走了一件戰利品——大流士寵愛的巴高斯。

這件事廣為流傳：有一天，亞歷山大在喝了很多酒之後，去觀賞一場歌舞比賽。巴高斯在波斯宮廷長大，擅長歌舞。他在比賽中獲勝後，從舞臺那邊徑直走過來，直直地坐在亞歷山大身旁，身上還穿著剛才比賽時的華美舞蹈服，臉上、脖子上還滲著細密的汗珠。周圍的人趁機起哄，高聲喝彩，要求亞歷山大吻巴高斯。亞歷山大看了看身旁的巴高斯，最終在眾人面前摟過他，親吻了他。

那個時候，巴高斯的心裡是怎麼想的？是否感到甜蜜？大流士的寵眷深隆，但他宮中有這樣多珍奇玩物，這個閹人少年也不過其中之一。

真是奇怪，大流士死了也沒多久，但巴高斯對他的模樣已經有點模糊了，只記得那雙溫和無神的眼睛，還有他那日漸衰老的手碰觸在自己肌膚上的感覺，

---

5. 歷史上大流士那位美麗的王后死於難產。這時她跟其他波斯帝國王室成員一同，早已成為亞歷山大的俘虜，不在大流士身邊。她懷的孩子是誰的？一切耐人尋味。

以及從他身上散發出的縱欲過度的中年人的氣味，那是東方香料也無法掩蓋的。

這一位大流士以溫良留名，也曾一度振興波斯，但二十歲的亞歷山大，踏破鐵蹄，輕易地踩碎了他的版圖，也擾亂了巴高斯對大流士的那點眷戀。

少年的心，就這樣被年輕的英雄擾亂。但這怪不得他，我們都愛亞歷山大。

就連苛責的歷史學家，在歷朝歷代的英雄中，也獨獨偏愛他。

巴高斯經歷過大流士宮廷的奢華腐朽，也跟隨亞歷山大一路行軍，踏遍那個年代的最前線。作為亞歷山大最寵愛的人，他沒有引起其他人的嫉恨，反而受到了大家的歡迎和接納（那個年代的人們，包容度要比現在高），甚至，他的名字也被留在了史冊上。

身為一個被寵愛的美少年，沒有比他更好的結局了。

但為什麼，我隔著歷史的長河看向他，總覺得那是一張憂傷的側臉？也許因為，他自己比誰都清楚：再寵愛，也是寵，而不是愛。只有那個人，才佔據了亞歷山大的靈魂。

史書上有這樣一件事——「國王（亞歷山大）帶朋友赫菲斯提翁（Hephaestion）一起出巡，路上遇到幾位婦女。亞歷山大和赫菲斯提翁穿著同樣的服裝，但赫菲斯提翁更高大，更俊逸，西西岡比斯[6]誤將他當成國王，俯伏在他面前，他的蔑視使她惶惑不安，她又向亞歷山大拜倒下去，但是亞歷山大說：『不用擔心，母后，他也是亞歷山大。』他叫這位老太太母后，證明他懂得善待這些女人。」

6. 西西岡比斯（Queen Mother Sisygambis），大流士的母親。

　　對於亞歷山大來說，赫菲斯提翁就是他，他就是赫菲斯提翁。他們就像鏡子裡的兩面，映照彼此。赫菲斯提翁被稱為「國王的朋友中最親密的一位；與國王一同長大，分享他所有的秘密」。亞歷山大的老師亞里斯多德稱他們的關係是「兩具軀體裡的一個靈魂」，而赫菲斯提翁愛國王就像愛自己。

　　赫菲斯提翁出身貴族，他跟亞歷山大從小一起長大。亞歷山大熱愛《荷馬史詩》的故事，崇拜特洛伊戰爭中的英雄。傳說在特洛伊戰爭英雄阿喀琉斯的墓前，亞歷山大和赫菲斯提翁雙雙將頭髮剪短，脫掉身上的衣服，圍著墓塚奔跑。隨後，他們迎著從腳下平原刮來的凌厲的風，策馬駛入小山丘上的特洛伊城，進入古老的雅典娜廟，亞歷山大取下牆上的盾牌，將自己的掛上。

　　這是少年人對英雄的致敬。神廟中，油燈的光線昏暗，明滅不定地落在他臉上，表情深深淺淺。他在心裡默默對自己說，自己也要成為這樣的英雄。立下誓願的當時，陪伴在側的，只有赫菲斯提翁。

　　在亞歷山大日後東征的路上，他一直帶著這面盾牌。這面盾牌跟赫菲斯提翁一樣，都是他榮耀的見證。

　　也許是為了讓他跟自己更親密，以成為家人，亞歷山大還將自己妻子的妹妹賜給他當妻子。就這樣，身為貴族的赫菲斯提翁也成為了王室一員。他與亞歷山大，以這種微妙的方式，成為了親人。

　　親人，是一輩子的。

　　當時，他們兩人是這樣想的。

　　只是命運的星辰總是不按他們的想法去運轉。三十二歲那年秋天，赫菲斯提翁突發高熱，這場高燒整整持續了七天。聽聞他病情的亞歷山大奔赴回去，但當他趕到的時候，赫菲斯提翁已經離開。

　　亞歷山大整個人像被推入了深淵。這位英雄撲倒在赫菲斯提翁已經冰冷的身上，幾乎整整一日一夜。他的悲慟無法控制，最後不得不由下屬將他硬從赫菲斯提翁身邊拽開拖走。為了洩憤，他殺掉醫治赫菲斯提翁的醫神，將他釘上十字架，連醫神的神廟都被搗毀。為了紀念，他剪掉自己的頭髮。為了悼念，赫菲斯提翁的葬禮在他一手安排下，以最高規格舉行。就像亞歷山大摯愛的史詩英雄阿喀琉斯在派特洛克羅斯墳前，屠殺特洛伊少年們，以他們的鮮血祭祀亡魂一樣，他在攻擊科薩伊人時，屠殺了所有的男性，從小到大無一倖免，以追蹤獵取活人來減輕自己的哀痛，並以鮮血獻祭赫菲斯提翁的靈魂。

　　《荷馬史詩》中，阿喀琉斯說：「親愛伴侶，最仰慕之人，我的化身，已死。」現在，亞歷山大懂得了這番話的意思。

　　在赫菲斯提翁死去的八個月後，亞歷山大也離開了人世。是正常死亡，還是食物中毒，史學界仍無定論。還有不少人認為，他死於悲痛過度。

　　沒有人會否認，亞歷山大度過了最心碎的八個月。死亡，為他帶來了最終的安寧。在亞歷山大死後，人們為他建立的紀念碑上，雕刻著他與赫菲斯提翁的模樣。在紀念碑上，兩人臉容平靜，形如孿生子，身旁的幸運女神溫柔地守護著二人。[7]

　　赫菲斯提翁離開了，亞歷山大也離開了，但巴高斯的生活仍在繼續，只是歷史已經沒有了他的位置。他是被人作為寵物一樣，再次易手？還是得到了解脫與自由？無人得知。

　　跟巴高斯一樣，赫菲斯提翁亦是因為亞歷山大才被眾多歷史學家記錄。但

---

7. 關於他們的死，有各種傳聞（八卦），其中一個是這樣的：在亞歷山大從印度歸來時，有個馬其頓軍官去占卜，占卜者告訴他，赫菲斯提翁和亞歷山大都將不久於人世。

對亞歷山大來說，波斯少年可以有很多很多，還可以有希臘少年、巴比倫少年、埃及少年……就像他迎娶的各國女子一樣。

但赫菲斯提翁只有一個。他是另一個亞歷山大。他走了，亞歷山大也活不下去了。巴高斯搭乘平底的小艇，溯幼發拉底河而上。他雙手抱著膝蓋，在甲板上默然遠眺亞歷山大的靈車。此刻，他是否也想起了阿喀琉斯那句話——「親愛伴侶，最仰慕之人，我的化身，已死。」

小辛 's Note：

亞歷山大是我少年時代的偶像，他的各類故事不僅多，而且生動有趣，充滿了個人魅力。小時候，我印象最深刻的，是他馴服烈馬的故事，以及對父親腓力說：「你把這些地方都征服完了，那我以後還要幹什麼？」

再長大一些，看了更多關於他的資料，發現他身邊總出現有赫菲斯提翁的名字。再長大了一些看時，便忽然明白了他們之間的關係。

赫菲斯提翁死後，亞歷山大的行為是我所見過的歷史材料中，最憂傷的記載。跟人畜無害的波斯少年巴高斯比起來，赫菲斯提翁極度不受眾人歡迎——他是帝國內的第二號人物，在亞歷山大的兒子出生前，是最有可能繼承他的人。這個「君王的枕邊人」，是馬其頓守舊派軍官的眼中釘。亞歷山大為了解除這些軍官對赫菲斯提翁的威脅，付錢將老兵們送回家鄉，以防止聽到任何反對赫菲斯提翁的聲音。亞歷山大說：「別人因我是國王而愛我，赫菲斯提翁卻因我本人而愛我。」

有誰會自甘墮落呢，都是身不由己。

英國作家瑪麗‧雷諾（Mary Renault）在她的歷史小說《波斯少年》裡，推斷巴高斯應該屬貴族出身。我不禁猜想，假如他像赫菲斯提翁般正常成長，沒

有遭遇變故，終成一名將士，是否也能遇上相知相惜的愛人呢？

　　沒有平等，哪來的愛。被俘的閹人少年巴高斯如是，粟特女子洛葛仙妮娜如是，波斯公主斯塔蒂拉亦如是。最終亦不過是西方征服者與東方情人的支線故事，點綴著別人的史詩。

世上第一美男子的家事

　　在〈妹妹的腦殘粉絲〉那篇裡，講了押沙龍、暗嫩和他瑪之間的悲劇，按照現代人的觀念看來，這當然都是由於暗嫩的欲望、押沙龍的野心和他瑪的美貌而造成的，但是《聖經》上卻說，那都是因為大衛所犯下的罪行。

　　哎，當真枉費了我當初的一番相思。

　　年少時的花癡，把愛都獻給了米開朗琪羅所雕刻的大衛。那堅毅的線條，堅定的眼神，凝聚成我對完美男性的想像。長大後，有一次跟女性朋友聊天，她說起中學時候喜歡的男生時，眼睛裡似乎有星星：「他長得很像大衛……」我一聽就懂，不是大衛‧文西，不是大衛‧貝克漢姆，就是那個大衛。我跟她相視一笑，就此成為閨密。

　　再後來，我在佛羅倫斯美術學院見到了他的「真身」。真是近鄉情怯啊，那時候，我已經從《聖經》上知道了他的家事，而少女情懷已逝。

---

8. 當時的以色列還不是一個王國，只是猶太人的部落聯盟。

9. 掃羅（Soul），便雅憫支派的後人，父親叫基士（Kish），是個大能的勇士，所以在以色列甚有聲望。他是以色列猶太人進入王國時期的第一個王，西元前 1020—前 1000 年在位。他在位期間建立了一支強大的軍隊，與腓力士人作戰並取得了勝利。

他的家事……說來狗血。

西元前 1050 年，以色列[8]人被打敗，他們強烈呼喚一個強有力的王者出現。先知撒母耳為他們選擇了掃羅[9]，但事實證明，掃羅並不適合當國王。撒母耳將目光投向了大衛，這是個英俊迷人的年輕人（日後他的一眾兒女──押沙龍、他瑪、所羅門亦繼承了他的傑出基因），聰慧英勇，現在通行的《聖經》中還收錄有他寫的詩作。在大衛的故事中，最為眾人所知的是他擊敗了巨人歌利亞

林布蘭《大衛在掃羅面前演奏豎琴》。掃羅國王只有在聽大衛的琴聲時，瘋病才得以暫止，但心裡又想害死這個日後要頂替他為以色列王的青年。

一事，後世無數藝術品即以此為題材。

這世間怎容得下兩個王者。英雄少年的出現，讓掃羅坐立不安了，他不能再容忍他的存在。

但偏偏有這樣的人——他的魅力如此之大，讓敵人陣營也為之傾倒。不僅掃羅的女兒米甲愛他，就連他的兒子約拿單[10]也愛他——「約拿單的心與大衛的心，深相契合。約拿單愛大衛，如同愛自己的性命。」

誰不愛大衛呢？他是戰場上的英雄，是女子戀慕的物件，是春日的太陽，是黑夜的星辰。他這樣美好。

猜疑妒忌的掃羅，將女兒米甲作為利誘，要求大衛參加危險的戰爭，好置他於死地。頭頂主角光環的大衛勝出，還娶走了米甲。但掃羅還是沒醒悟過來，他不知道，上帝設定的主角不是自己，而是大衛。他再次設計害大衛，在米甲的幫助下，大衛跳窗逃跑。而約拿單偷偷去見大衛，與他立約：「你必作以色列的王，我也必作你的宰相。」要知道，約拿單是掃羅的王子，而大衛不過是個逃犯，但王子信誓旦旦地對俊美的逃犯說：你是國王我是相，你是風兒我是沙。

大衛一路逃脫，成為六百個強盜的首領。他還多次折返潛伏到入睡的掃羅王身邊。他就是要告訴自己的敵人：要殺掉你，是輕而易舉的事，但我偏偏不這樣。掃羅對大衛又驚又怕又恨。誰又不怕大衛呢？他是暗夜的驚雷，是染血的劍鋒，是神選中的男子，是命定的王者，他這樣強大。在大衛離開後，掃羅將女兒米甲嫁給了其他人。而身邊不乏愛慕女子的大衛，也娶了其他妻子。在這段時間，非利士人入侵，打敗掃羅——這不重要，最重要的是，他們殺掉了

10. 約拿單（Jonathan），《聖經舊約》中記載的一個人物，是以色列第一位由上帝耶和華膏立的國王掃羅的長子，他也是以色列歷史上第二位君王大衛的莫逆之交。後來他在戰爭中與父親一起陣亡。大衛為此哀痛萬分。

約拿單！

兒子死了，掃羅本人灰心喪氣，也隨之自殺。大衛知道了約拿單戰死的消息，悲痛不已，為他寫了一首哀傷的悼詩——「我兄約拿單哪，我為你悲傷！我甚喜歡你，你向我發的愛情奇妙非常，過於婦女的愛情。」

但這真的不妨礙大衛繼續體會「婦女的愛情」。

大衛的時代開始了，他成為南方部落猶太的王者。接下來他做的第一件事，就是攻打繼承了北方部落以色列的掃羅的另一個兒子（也就是他妻子米甲、好友約拿單的兄弟）。七年戰爭以大衛的勝利而告終，以色列和猶太在他手中統一。他成為王國[11]的創始人。登上王位的他，將米甲從她的現任丈夫手中要了過來。

是因為愛嗎？也許只是因為米甲是掃羅的女兒吧。與其說大衛看中了這個女人，不如說他看中了掃羅女婿的身份。歷史上，將前朝君主打敗後，娶其女兒以穩定人心的事情，實在太多了。

米甲實在可憐。她跟第二任丈夫生活多年，也許在這段婚姻中，她恍然醒悟：這才是愛情嘛！之前對大衛只是迷戀啊！於是心安理得地當著賢妻。

但大衛一紙王令下來，這個平靜的家庭就此被拆散。分別那天，她的丈夫流著眼淚，一路跟隨，直到別人叫他回去。

同樣是掃羅的兒女，同樣幫助過大衛，但在這個男人心目中，米甲遠不如她的兄弟約拿單。她的幸福不重要，自己的王國才重要。即使跟大衛的其他女人比，米甲也沒什麼存在感。

11.「王國」是《聖經》中的說法。史學家認為，彼時大衛的王國只是一個較大的部落聯盟。

亞比該[12]是大衛的第二個妻子，她的前夫是個兇暴無知的人，辱　大衛，大衛怒極，一心要殺他及其族人。亞比該知道後，馬上準備了食物美酒，哀求大衛放過她的丈夫，又向神祈求賜福給大衛，大衛於是作罷，但也從此將這個女人記在了心上。根據《聖經》的說法，耶和華對亞比該的丈夫實施懲罰，他便死了，死後大衛就娶了亞比該。

亞比該不過是個點綴。如果說，大衛不愛的米甲拯救了他的前半生，那麼，他所愛的拔示巴[13]則毀了他的一生英名。在他的人生中，最大的污點，便是為了得到拔示巴所做的事，這段強取豪奪的愛情，讓一代明君大衛王的家事變得狗血而悲劇。

當上君主已久的大衛王，已經開始沉湎於聲色了。有天晚上，大衛在宮殿屋頂上休息時，瞥見一個容貌極美的女人在沐浴。打聽後，他知道這個女人叫拔示巴，已經結婚，丈夫是大衛麾下的一個雇傭軍首領烏利亞（Uriahthe Hittite），當時正在戰場上。大衛趁烏利亞不在，召見了她，她投入了大衛的懷抱，還懷上他的孩子。大衛為了掩蓋她懷孕的事實，趕緊將烏利亞從戰場上召回，並命令他回家跟拔示巴同寢，烏利亞有骨氣地拒絕了。

跟有夫之婦同寢並且讓她懷孕，已經觸犯了姦淫之罪。但接下來，大衛做了一件更惹神怒的事——他命令烏利亞為他帶去一封信給他的指揮官。烏利亞服從命令，將信件帶到，但無辜的他並不知道，那封信上寫著：「把烏利亞安排到戰鬥最激烈的地方……使他有可能被殺。」這個娶了貌美不貞妻子的男子，就此戰死沙場。

---

12. 亞比該（現代希伯來語：Avig），《聖經》形容她為「聰明俊美的婦人」。曾為拿八妻子，拿八死後，成為了大衛的第二任妻子。為大衛生了次子——基利押。

13. 拔示巴（Bathsheba），原是別人的妻子，大衛與其通姦殺掉那人，導致了上帝的詛咒。拔示巴與大衛生的孩子就是著名的所羅門王。

神被觸怒了。

先知對大衛說：「刀劍必永不離開你的家。耶和華如此說，我必從你家中興起禍患攻擊你。我必在你眼前把你的妃嬪賜給別人，他在日光之下就與她們同寢。」

從此，大衛家裡就生起了禍端。他和拔示巴通姦而生的兒子出生後就夭折。他的兒子暗嫩強姦了自己的同父異母妹妹他瑪，押沙龍暗中復仇，命人刺死了暗嫩，然後自己從首都逃脫。大衛悲傷不已：他的女兒他瑪被姦污，兒子暗嫩被殺，而這些事情的兇手都是自己的兒女。耶和華所說的「我必從你家中興起禍患攻擊你」，已然應驗，但還不是全部。大衛還有他最心愛的兒子啊——押沙龍。

押沙龍，就像年輕時代的大衛那樣。當年，誰不愛大衛呢？現在的人們，也獨愛押沙龍。「以色列全地之中，無人像押沙龍那樣俊美，得人的稱讚。」但押沙龍的野心、欲望，也像足了他的父親，他殺掉暗嫩後出逃，幾年後再回來，父子和好，但這一切都掩蓋不住他的野心。誰能說，當日他殺掉暗嫩，沒有些許是為了權力的緣故？他在希伯崙建立自己的政權，與父王公然分庭抗禮。

戰爭爆發了。大衛出逃後，押沙龍佔領了王宮，為了彰示自己的王權，他在眾目睽睽下睡了大衛的嬪妃。耶和華說過的應驗了——「我必在你眼前把你的妃嬪賜給別人，他在日光之下就與她們同寢。」但當日大衛從先知口裡聽到這話時，怎會想到，這話說的是他最愛的兒子呢？後來，當押沙龍因一頭漂亮長髮被纏在樹上，逃亡不及而死，大衛聞訊後痛哭不已。

到此為止，大衛為了與拔示巴的姦情，已經付出了太多。他懺悔自己所做的一切，於是要建耶路撒冷為聖城，並想在那裡建一所聖殿獻給上帝。但是上帝不允許他這個有罪之人做這件事，即使他是統一猶太與以色列的第一人，即

林布蘭《浴後的拔示巴》。大衛王派人送信請拔示巴入宮，這幅畫描寫拔示巴接到信之後，正在沐浴潔身，
準備進宮。

使耶路撒冷在他手中成為了上帝之城，但他依然沒有獲得資格。

於是就有了我們知道的在西方流行的文化，甚至日本動漫裡聽到耳朵都快爛掉的「所羅門的寶藏」。

所羅門是大衛和拔示巴後來生的兒子。在押沙龍死後，又經過一番兄弟爭亂，所羅門繼承了大衛的王位。他花了七年時間建造了聖殿，聖殿華美無比，令人眩目。示巴女王慕名前來參觀，據說，這聰明漂亮的二人一見鍾情。示巴女王歸國途中生下了他們的孩子，孩子長大後，還特地到耶路撒冷去拜見自己生父所羅門王。

很狗血啊，不是嗎？

但這不正是從大衛開始的家族傳統嘛。

所羅門，這個由通姦男女結合成的夫妻在愛欲中孕育出來的孩子，當起國王來，似乎比父親還要順其自然，而他的後宮，也比父親的後宮來得更為充實——所羅門有妃七百，都是公主；還有嬪三百。在這些人當中，除了來自埃及的法老女兒外，還有摩押、亞捫、以東、西頓等許多外邦女子。他愛慕這些「稀奇古怪」的女人，而且跟其他猶太人的先知們不同，他不光信仰耶和華，還供奉那些「稀奇古怪」女人所崇拜的神祇。那些外邦女子來到耶路撒冷後，還崇拜著各自的神祇，而所羅門王寵愛她們，因此為她們在聖殿以外，還建造了一些用來祭祀她們所信仰之神的偏殿。

他最終跟自己的父親一樣，因為女人而觸怒了上帝。

在所羅門死後，這個被大衛統一的國家分崩離析，再度一分為二。

三百多年後，巴比倫國王尼布甲尼撒的鐵蹄踏碎了耶路撒冷的土地，焰火

像撒旦一樣瞬間吞沒了那個曾驚豔過示巴女王的聖殿，傾頹作廢墟。猶太人被押送到巴比倫，史稱「巴比倫之囚」。後世的猶太人重拾河山，在原地再建起一座「第二聖殿」。幾百年後，輪回的歷史將嗜血的羅馬人送到了這座上帝之城，聖殿又化作火光閃閃的廢墟，留下的只有一堵牆。

就是今天我們所說的「哭牆」（Wailing Wall）。

在猶太人被羅馬士兵驅逐時，在他們被迫流浪在歐洲土地上時，在他們慘遭屠殺滅絕時，上帝之城耶路撒冷的這面哭牆，在日光中、星夜下默然矗立，無聲召喚著他們的靈魂，那是他們恆久的精神家園。

猶太教是基督教的「緣起」，但它並不承認耶穌是救世主——問問在哭牆跟前虔誠念誦典籍的猶太教徒，他會告訴你，「猶太救世主彌賽亞降臨之前，哭牆會流淚。」

在基督教創立之初，猶太教教會根本無法容忍耶穌口中的上帝跟他們的耶和華並存。它們就像兩隻手套，形狀相似，方向卻完全相反。基督教借著希臘語的東風，在歐洲土地上散播，而猶太律法卻埋藏在希伯來語艱深晦澀的字裡行間。

一同被埋藏的，還有所羅門的寶藏。《聖經》中記載著所羅門王令人眩目的珍寶，全被他存放在聖殿裡。在「巴比倫之囚」後，象徵神之所在的聖物「耶和華約櫃」，以及所羅門的寶藏，就此一同消失於歷史的記載中。

昔日，先知摩西在西奈山上傾聽上帝傳授的十誡，當他下山時，身上背了兩塊十誡石板，約櫃就是放置十誡石板的櫃子，它在哪裡，神就在哪裡。自從它消失後，失落的約櫃就成為了世界之謎。因為《聖經》中記載了它的各種超自然能力，現代還有人懷疑它是外星的產物。關於約櫃的流行文化非常多，還

涉及到所羅門跟示巴女王的小八卦——傳說正是他們的兒子將約櫃偷出來，運到了女王的國家。到了今天，考古學家和冒險家們還在為了約櫃和所羅門的寶藏而奮鬥不息。

祝他們好運。

小辛 's Note：

大衛這一家子的八卦既多又狗血。跟善良的先知比，大衛跟他的妻子、情人、兒子和女兒都似乎顯得更有血有肉。

從《聖經》精簡的語句中，我在大衛這個個性複雜的人物身上，揣測著各種歷史的本來面目——也許，他是最早的馬基雅維利主義者。隔著歷史長河那頭的耶路撒冷晨霧，我暗想，他是否曾有意無意地挑動過約拿單、米甲的心，好保證自己的安全？他的前半生波折而順遂，如有神助直上青雲（不對，他的確有神助。一介凡人掃羅又怎可能打得贏他呢？），後半生卻因一個女人而急轉直下，眾叛親離，女兒、妃子被姦污，兒子死了，王國起了紛爭。

人生兜兜轉轉，怎會至此？在他年輕的時候，他分明連人心上的波瀾，都能呼喚起風雨來的呀！當晚年的大衛站在摩利亞山上，俯瞰自己一手創建的王國時，前程往事如心潮起伏。他忽然想起年輕時，年輕的王子約拿單曾對自己說：「你心裡所求的，我必為你成就。」這一輩子，他收穫了權力、財富、美人、兒女，但是對他最好的那個人，

原來早已經不在了。

蠻族也柔情

　　歐洲王室的人最擅長做什麼？微笑、招手、被拍照。

　　作為已經基本消失了的貴族階層的首席代表，他們的一舉一動，基本等同於禮儀教科書。英劇《唐頓莊園》反映了「一戰」期間英國上層階級的日常生活，其製作一如既往地考究，有禮儀顧問和歷史專家進行專業指導，在大眾中大受好評，卻被真正的貴族稱為「不得要領」「錯漏百出」。英國王妃凱特未出嫁時，某次跟隨母親參加王室的一個活動，穿著、舉止自然處處小心，卻被媒體拍到嚼口香糖，無奈負分。就連跟王室相處日久的凱特，在遇到真正大場面——自己結婚典禮上，也要由丈夫在耳邊輕聲提醒，以免當場出錯。

　　瑞典女王儲維多利亞公主[14]的丈夫，是個小地方出身的健身教練，跟公主戀愛時，連英語都講不流利（瑞典人英語普遍很好），遭王室白眼，就連公主生日，國王都明確聲稱不願意邀請他。為了通過王室考驗，他苦學禮儀、外語，請專人矯正口音，這才得到承認，修成正果。[15]

---

14. 瑞典跟英國、丹麥、西班牙、荷蘭、比利時等國一樣，為君主立憲制，國王沒有政治權力。維多利亞公主是瑞典國王的長女，在她出生兩年後，瑞典公佈了新的王位繼承法，宣佈國王的第一個孩子，不論男女都可以繼承王位。

　　但這些王族也不是天生高貴，誰不是從馬背上（或是海盜船上）得的天下呢？

　　希特勒口中高貴的「日爾曼人」（Germanic），這個詞最初從羅馬人嘴裡說出來，嘴唇一張一合之際，略帶不屑——那是指文明程度不如羅馬的部落「蠻族」。凱薩在《高盧戰記》裡曾經提及他們，高大強壯，金髮碧眼。最後，他們成為了羅馬帝國的掘墓人。

　　現在的瑞典王室是純正法國血統，祖先是拿破崙手下的親信。但這世上，哪有永遠的盟友，來到瑞典後，他加入了反法聯盟，與拿破崙決裂。至於永遠處於八卦中心的是當今英國王室，最早時，更是起源於北歐的，呃……海盜[16]。然後他們的祖先，是個來自法國的，呃……私生子。

　　一切都源自一個制革匠女兒的心機之舉。

　　那一年，年輕的諾曼第公爵在自己堡壘塔樓上低頭俯視，見到了平民女子艾爾蕾[17]。艾爾蕾抬頭見到了他，提起裙子下擺向他行禮。傳說，她行禮的時候，

15. 現代王室的主要成員基本承擔外交作用，瑞典女王及其伴侶在外交事務中代表國家形象，對禮儀學識有一定要求。我個人很喜歡這一對，全國上下的冷嘲熱諷、王室的冷眼鄙視、愛情與國家之間的兩難選擇，他們都挺過來了。結婚典禮上，王儲的丈夫在致辭中說：「從前，有個年輕人，也許他並不像格林童話的開始那樣是一隻青蛙，但他也絕對不是一個王子。我們的第一個吻並沒有能改變這點。他的轉變少不了統治了王國多年的睿智的國王和王后的支持。」他們結婚當天，王儲丈夫出身的那個小地方人人歡呼雀躍，成為慶典的海洋。

16. 西元八一九世紀，歐洲不斷被殘暴的北歐海盜侵擾，這裡面最著名的一個人叫作羅洛（Rollo）。他原本是挪威貴族的兒子，因整天公開掠奪、炫耀戰果，引起金髮王哈拉爾德（關於此人八卦，詳見本書〈烈女〉）的不滿，將他驅逐。羅洛成為海盜首領，所向披靡，對法蘭克王國等地造成嚴重威脅，衰弱的法蘭克王國加洛林王朝無法與他抗衡，只能默認其存在。後來，法王查理三世將他封為諾曼第公爵，賞賜封地，這塊土地即成為諾曼第公國。羅洛改信基督教，娶了一位法蘭克的貴族女子。征服者威廉就是羅洛的後人，即北歐人後裔。

17. 艾爾蕾（Harlette），又叫 Herleva，征服者威廉的生母，出身低下。與她相關的最早文字記載在她死後多年才出現，且版本細節有所出入，但諾曼第當地至今仍流傳她的故事。

將裙子提起的高度，比尋常禮節要更高。傳說沒有告訴我們，她是恰好路過那裡，還是守候已久，姑且算是後者吧，誰知道為了這個一輩子一次的機會，她在那裡等候多久了呢？

這個平民少女唇紅齒白，媚眼如絲，立刻亂了公爵的心，下令打開後門，馬上將她送到城堡上來。

這個未來偉大君主的母親，儘管現在還是個少女──還是個來自低等階層的少女，卻已經擁有不同尋常女子的氣魄。她抬起眼眸，飛快看了堡壘上的公爵一眼，然後對來人說，我不要自己走進去，我要這城堡正門打開，而我騎在馬背上，由人們一路護送。

這個要求高傲且不合規矩。喂，是你勾引我的好不好，現在卻跟我玩「Hard to get」（欲擒故縱）？但平時沒玩過這模式，習慣了被女人投懷送抱的公爵明顯很感興趣，一口答應，而且將她的自尊自信記在了心上（管她是否刻意為之）。翻譯成現代人的語言，那就是「很好，你已經成功引起我的注意了」。

艾爾蕾也是一點不急。她沒聽過「饑餓行銷」這說法，但她的聰明天性讓她知道自己應該這樣做，她才不要當一個馬上將自己洗得乾乾淨淨，往男人床上送去的女人呢。幾天後，她穿上家裡能找到的最好的裙子，坐在一匹高頭白馬上，從打開的正門進入城堡，從容而驕傲。兩旁都是注視的目光，而這個公國的首領，正在堡壘的房間裡焦急地等待著她。

這個出身卑賤的女人，以高傲的姿態，為自己爭取來公爵情婦的身份，並為他生下唯一的兒子──威廉。這個女人牢牢捉住了公爵的心，他再也沒有過其他情婦。他甚至還想過娶她，但巨大的社會階層差異橫亙在前。為了讓她過上更好的生活，公爵親自為她安排了一場婚姻，將她嫁給自己手下的貴族親信，生下三個孩子。[18]

看，艾爾蕾用美貌、聰慧和生育能力，為自己換來了那個時代的平民女子所能擁有的最好生活。種撞破牆壁也要進入更好世界的勁頭，通過血液，遺傳到未來的英國國王——威廉身上。艾爾蕾這個法國女人，就像日後她的若干女性同胞一樣，改變了英國史。（而歐洲大陸另一端，一個德國女人也將改變俄國史。）

諾曼第公爵沒有其他兒子了，就威廉一個，但他是個私生子，按照基督教世界的規矩，私生子是不能繼承王位的。不過，威廉的父親也很 Man，強迫貴族大臣接受自己兒子。這個由身份低下平民生下的孩子威廉，就這樣搖身一變，成為諾曼第公爵。他繼承爵位那一年，才七歲。

那個時代的七歲孩子，跟我們這個時代的不一樣。

由平民生下的孩子威廉，就像人類因為由女人生下而永遠背負著「雜種」的罪名一樣，他沒有母親家族的庇護，其他諾曼第貴族都不服這個七歲的小孩，都想把這「雜種」弄死，取而代之。他好幾個監護人和老師都被殺死。有次刺客潛入他睡房，要行刺他，卻誤將他身旁的同齡孩子殺死。譏諷與暗殺，將威廉餵養成了膽大心細、心狠手辣的青年，他借助法蘭西王室支持，滅掉了從小到大針對自己的反對派，順便又利用鄰國的內部矛盾，擴充了自己的領土。

為了鞏固政權，他還需要一個真正牢固的聯盟——妻子。

他看中了法國國王羅貝爾二世（Robert II）的外孫女瑪蒂爾達（Matilda of Flanders），而她跟英國有著直接的血緣關係。

---

18. 另外一個版本是，另一個貴族在堡壘上看到艾爾蕾，她提起裙子吸引了他，成為他的情婦。後來諾曼第公爵發現了她，想得到她，她則表示，自己必須騎馬從正門進入。

　　英國最早期的居民，是從歐洲大陸進入不列顛諸島的凱爾特人，他們中的一部分定居在現在英格蘭的南部和東部，另一些佔領了愛爾蘭、蘇格蘭。[19]

　　但這些「蠻族」即使再驍勇善戰，最終還是抵不過羅馬人的強大隊伍

　　後來，羅馬人進入不列顛，佔領了英格蘭。由於他們沒有進入蘇格蘭和愛爾蘭，那些古老王國得以倖存。隨著羅馬帝國衰亡，羅馬人離開英格蘭，英國歷史又陷入一片迷霧。當時識字的人沒多少，貴族、國王都是文盲，只有僧侶受過教育，才有能力記載歷史，但他們記下來的歷史又常常被盎格魯人、撒克遜人、丹麥人破壞。無論是丹麥人、盎格魯人、撒克遜人，還是後來統治英國的諾曼人，都是日爾曼人——凱薩口中的「蠻族」。

　　現在我們所熟悉的英國，在威廉還是少年的時候，還是許多獨立的小王國，其文明發展程度也遠不能和義大利等國家相比，而且他們還不斷受到丹麥、挪威人的入侵。九世紀時，有個叫作威塞克斯（Wessex）的地方出了個阿爾弗列德大帝（Alfred the Great）。這位國王儘管被稱為「大帝」[20]，以中國人標準來評判，基本上也就是小王國首領，但他算得上文治武功——他在外擊退丹麥入侵，擴大領土，在內推行法制，建立學校。他甚至與丹麥人建立友好關係，聯姻同盟，向他們傳播基督教。

---

19. 美國波士頓有很多愛爾蘭移民和不少凱爾特人，NBA 中的凱爾特人隊因此得名。題外話：19 世紀中期，愛爾蘭因土豆病災導致饑荒，大量人口移民美國，美國迎來第一次移民大浪潮。隨後，愛爾蘭黑幫在紐約、芝加哥、波士頓等大城市興起，電影《紐約黑幫》便以此為題材。

20. 對中國人來說，歐洲史一個令人頭痛的地方就是名字高度重複。其實他們自己也頭痛……為了區分，採用一、二、三、四……世的方式（不過同樣一個亨利四世，誰知道是神聖羅馬帝國、法國、英國那位，還是西班牙卡斯蒂利亞那位嗎）。綽號當然更為方便，比如胡安娜本人是「瘋女」，她丈夫腓力是「美男子」，此外還有「征服者」威廉、「懺悔者」愛德華、「矮子」丕平、「獅心王」查理、「紅鬍子」腓特烈、「聖徒」奧拉夫等等。個人覺得，最讚的外號應該是「大帝」這樣的了。

　　現在，那個叫瑪蒂爾達的女孩子，正是這位阿爾弗列德大帝的後人。對於覬覦英國王位的威廉來說，這個少女的身份最合適不過了。儘管聽說她身材矮小，不過沒關係，只要能生孩子就可以——看，蠻族的思維就是這麼直接。自己是諾曼第公爵，她一定不會拒絕自己。

　　沒想到，自信滿滿的威廉派人向她提親時，瑪蒂爾達直截了當地一口回絕：「我血統高貴，不能夠跟一個私生子結婚。」她也聽說過威廉是個殘暴野蠻的人，她才不會跟這種人結婚呢，何況她已經有了心上人。拒絕之後，瑪蒂爾達就忘記了這件事。她不知道，自己也已經「成功地引起注意了」。

　　威廉是什麼人？他可是從小就在譏諷中長大，成為現在心狠手辣的諾曼第公爵，終於掌權了，他可不容許自己再被人嘲諷出身。

　　那天，瑪蒂爾達在僕人護送下，騎馬去教堂，半路上突然衝出一個年輕人，他策馬攔下她，欺到她身旁後一把抓住她髮辮，將她整個兒從馬背拽到地上，然後揚長而去。她瞠目結舌，身旁的僕人認出來了：「那不是諾曼第公爵嗎……」

　　正是威廉。遺傳了維京海盜血統的他，聽到瑪蒂爾達的答覆便怒不可遏，直接策馬從諾曼第一路奔來。跟所有「成功引起注意」的女主角一樣，瑪蒂爾達居然狗血地被威廉迷住了，答應跟他結婚。[21]

　　所以說，任何時候都要維護自己的尊嚴。

　　時間到了 1066 年，這是一個在現代英國，只要上過學的人都會知道發生什麼事的年份。

21.另一個版本是，威廉奔到瑪蒂爾達父親家，抓住她髮辮將她拽到地上，她老爸生氣地阻止。在這個版本中，瑪蒂爾達同樣被這很 Man 的行為打動了，表示願意跟他結婚。

　　那一年，遠在英國的懺悔者愛德華（Edward the Confessor）死了。根據威廉方面的說法，說是當年他訪英時，愛德華曾經答應過日後由他（威廉與愛 德華有血緣關係）繼位。然而威廉的對手，另一個王位競爭者哈樂德（Harold）卻近水樓臺，搶先加冕為王。

　　威廉一怒之下，向英國發動了進攻，於是英國史上第一場著名戰役赫斯廷斯戰役（Battle of Hastings）就此打響。

　　他用了整整九個月去準備，從無到有地建造出一支船隊。瑪蒂爾達用自己的錢為他籌措，為他裝備了一艘戰艦。威廉對妻子無比信任（在他成長過程中，他信任的女人，亦只有他的母親而已），在離開諾曼第時，將攝政權交給她。在她攝政期間，她沒收了一個男人的財產和土地，將他投入監獄——有人說，那正是當初她的心上人，那個人曾經將她拒絕。

　　看，她和威廉多麼相像，殺伐決斷，睚眥必報。自戀的人，果然只會愛上另一個自己。

　　征戰中的威廉，根據後世的記錄，他跟教皇亞歷山大二世提出要求，而教皇給予他聖十字旗作為支持。也許上帝真的站在他這邊了，他運氣不錯，橫渡英吉利海峽的計畫被大風阻隔，一阻隔就是八個月。一開始，等待天氣適航的威廉肯定不會認為自己好運，他肯定覺得倒楣透了。但他耐心等待，一直等到哈樂德跟挪威人交戰幾天後才跨海而來，向他開戰。

　　威廉勝出了，那一年聖誕，他在威斯敏斯特教堂[22]加冕為英格蘭國王。兩年後，瑪蒂爾達在這裡加冕成為了英格蘭王后。她總共為威廉生下九個孩子，

---

22. 這座教堂是由「懺悔者」愛德華建立的，但建成不久他就死了。威廉為了顯示其統治的正統性，宣佈在這裡加冕為王，他也是首位在威斯敏斯特加冕的國王。除了個別幾位君主外，英國君主的加冕禮都在那裡舉行，包括現在的英女王伊莉莎白二世。

其中有兩個成為英格蘭國王。史書上說，他們是相親相愛的一對。

　　誰也不知道這種政治婚姻能有多真摯，但出身更低的威廉畢竟是將血統高貴的瑪蒂爾達馴服了，就像二十年前，他那平民母親將身為公爵的父親馴服一樣。

　　在男歡女愛這種事情上，原始荷爾蒙比什麼都來得更直接。王室禮儀推演了千百年，那點人性始終不變。

皇冠換來的愛情

　　許多年後，希歐多爾（Theodore）在夜空下的修道院門前，遇到一個自稱來自未來的陌生人，她說，她在寫一本書，講述歐洲史上的那些男歡女愛故事，於是找上門來。

　　希歐多爾問陌生人：「你想知道些什麼呢？」

　　陌生人趕緊按下錄音筆。以下，是希歐多爾的自述——

　　我聽一些會預言的巫師說過，後世的一些歐洲君主也曾經因為離婚而弄得滿城風雨。你來自未來，應該比我清楚得多吧？但是，真的有人像君士坦丁這樣可憐嗎？因為要娶我，他付出了一個王國的代價……

　　（良久的停頓。）

　　我們那時候都太年輕，如果我像現在這個年紀，我一定告訴他，有多大能力，就做多大事情。那時候的他，權力都還掌握在那個女人——他母親的手裡，哪裡還有資本做點自己想做的事呢？不過，那時我們都不清楚這些。

　　他的母親伊琳娜女皇 23，沒錯，你們後世的人，尊稱她為「聖徒」。十四歲那年，我擔任她的侍從女官，那一年，她已經以攝政皇太后和共治皇帝的身

份統治這個國家十年了，卻還沒有將權力交還給業已成年的兒子的意思。皇帝聚集起支持自己的力量，終於逼她將權力交了出來。不過，女皇畢竟還是女皇，在朝中多年，培植了多少黨羽啊，這些人在皇帝耳邊吹風，最後皇帝還是將女皇請回宮中，一起統治。

在後來無數長夜裡，我默默細想，這也許是皇帝走錯的第一步。

又也許，他走錯的第一步，是從見到我開始的？

那一年，皇帝二十四歲，已經有了妻子和兩個女兒，之後，他在女皇身邊，見到了我。當然，也有人說，那是女皇刻意安排的陰謀，為的是破壞皇帝的婚姻，讓他不得人心。也有人認為，皇帝是想要一個兒子。其實……（希歐多爾的聲音突然變得很輕，聽不到她說什麼。）

反正，我成為了皇帝的情婦。後來，皇帝跟他的妻子瑪麗婭離婚，她和兩個女兒被送到了修道院。再後來，我成為了皇后，被封為「奧古斯塔」[24]，這是他的前妻瑪麗婭不曾擁有的。

人們說，皇帝從未那樣快活過。

但婚禮那天，我在伊琳娜女皇嘴角看到一抹詭異的笑，心裡有種不祥的預感。

果然，這場婚禮掀起了巨大的風波，這對於來自另一個年代的你們來說，

---

23. 伊琳娜（Irene，752—803 年，綽號「雅典的」），拜占庭帝國（或東羅馬帝國）伊蘇裡亞王朝（或譯敘利亞王朝）皇帝利奧四世的皇后，皇帝君士坦丁六世的生母，是拜占庭帝國和歐洲歷史上第一位女皇，也是伊蘇里亞王朝末代皇帝。

24.「奧古斯塔」（Augusta），皇家的尊貴封號，一般授予皇后或皇族裡高貴的女子。

也許覺得難以想像吧。是這樣的，因為我曾經是皇帝的情婦，而瑪麗婭仍活著，他們說，這犯了通姦罪。我以為我會享受到皇后的榮耀，但沒有，

即使是在原來的宮廷鬥爭中站在皇帝身邊的人，此刻也都在這件事上保持緘默。

在一開始那兩年，我跟皇帝都想法兒努力跟他們建立良好關係，但他們拒絕了。我們怎麼會想不到呢？只要有女皇在，皇帝做什麼都不會太順利。後來，當皇帝領兵攻打阿拉伯時，他的部下在女皇的挑撥之下，反叛了。

女皇重新掌權。

她命人將皇帝的雙眼刺瞎，然後剝奪了他的權力。後來皇帝他⋯⋯就死了⋯⋯

（陌生人很想問她，後來是指多久後，因為歷史上有不同的記載，既有說十天的，也有說十年的，但看她那副憂傷的神情，陌生人決定，還是不要打擾她的好。）

我就這樣一直陪在他的身邊，偶爾聽到宮中傳來的消息：女皇又再度是那個女皇了，但是她崇拜聖像的行為也導致她不得人心，身旁的人又在勾心鬥角爭權奪利。後來在一次政變中，女皇被推翻了，流放了，我也再沒聽到過她的消息。

（陌生人心想：女皇後來在島上死掉啦。）

不過，我的君士坦丁才是皇帝。羅馬教皇一直不承認伊琳娜是皇帝，在她被推翻的前兩年，我聽說，梵蒂岡教會封查理曼為羅馬人的皇帝。真是奇怪，我們才是真正的羅馬帝國呀。

　　什麼？你說那是神聖羅馬帝國的開端？我不懂你說的話。不，我真的不知道後面的事情了，我也不關心，因為世人也已經不再關心我這個前皇后的下落了。我一直孤獨地住在這裡，眼看著這個地方變成了現在的修道院，又經過了一些變化。不過這又有什麼所謂呢？

　　他們不再關心我，我也不再關心這個世界。

　　小辛 's Note：

　　拜占庭，是後來人們給這個帝國的名字。在西邊的羅馬被日爾曼人控制後，拜占庭的這群東邊的人以羅馬帝國自居。這個帝國的皇帝，認為自己與奧古斯都、君士坦丁等大帝一脈相承，薪火相繼。

　　希歐多爾正是東羅馬帝國君士坦丁六世的第二任皇后。

　　在這段穿越時空的「訪談」中，她的聲音微弱到聽不到的地方，正是我對這段歷史存疑的地方。史料說，希歐多爾成為君士坦丁六世的情婦，是伊琳娜皇后有意撮合，暗中搞鬼。我當然不懷疑這一點，但是在這件事中，希歐多爾到底是怎麼想的？是甘於成為女皇的棋子，還是順勢而為，「好風頻借力，送我上青雲」？或者被年輕君主君士坦丁征服了少女心？

　　起碼從後面發生的事來看，君士坦丁是真心愛她，她對他也有情義。這本來可以成為一段佳話，只可惜她的男人在政治的風暴中，沒有能力為她提供足夠寬大堅實的羽翼，而他跟她一起生下的男性繼承人也早夭了。

　　倒是他跟前妻的其中一個女兒，後來嫁給了米哈伊爾二世[25]，一個出身農民家庭，從軍人爬到皇帝位置的野心家。君士坦丁的女兒被父親放逐後，一直

25. 米哈伊爾二世（Michael II），拜占庭帝國皇帝，820—829 年在位，阿莫里阿王朝的首位君主。

待在修道院。米哈伊爾為了鞏固自己的權力，想跟前公主結婚，於是派人直接到修道院將她帶回宮中。這從宗教角度看，可是犯了大忌諱，所以遭到了東正教會的非議，但米哈伊爾是個鐵腕人物，無論教會的人怎樣看輕他的出身，反對他的婚姻，他依舊我行我素。君士坦丁的女兒當上皇后以後，也在政治上做了令人刮目相看的事。

　　君士坦丁六世沒做到的事情，他的女婿做到了。

（左圖）描繪拜占庭宮廷裡的情景。

Chapter 3

天使與魔鬼・痴男與怨女

姑娘，請珍惜你的好感

　　我是從什麼時候開始，意識到女人要小心翼翼對待自己感情的？是從看完
《張學良口述歷史》開始。

　　一個八九十歲的老人，在回憶昔日崢嶸時，仍然對過去的每個女人歷歷細
數，仍然語氣驕傲地說：「我從來不追女人的，很少，沒有。可以說一兩個女
人我追過，其他的我沒追過。都是女人追我。」又說，「我的孫子、孫女好多呢，
那些亂七八糟的，都是我太太把我放縱的。」

　　真替于鳳至憋屈。（當然，她憋屈的事情多了去了。）也難為了老人家，
這許多年的事了，哪個女人向他拋過媚眼，向他噓寒問暖過，主動示好過，甚
至她們的丈夫的反應，他都一一記得清楚。這些「追求」過他的女人中，就有
墨索里尼的女兒。

　　艾達（Edda Mussolini），是墨索里尼這位義大利法西斯頭目的孩子。據說
在她年輕的時候，因為人們都懼怕墨索里尼，所以沒有太多人敢跟她約會。後
來她認識了齊阿諾（Galeazzo Ciano）伯爵並與之結婚，有四千多名賓客參加了
他們的盛大婚禮。

　　身為納粹分子的齊阿諾伯爵，擁有貴族頭銜，後來成為「二戰」期間義大

利政壇的風雲人物。當時,他被任命為義大利派駐上海的領事,後來又成為義大利外交部長。艾達跟隨丈夫到了中國——就是在這個國家,她認識了張學良。

張學良是這麼說的——

「我跟墨索里尼小姐,我倆是好朋友……那時,我正是北方負責人,她到北京來,我招呼她、招待她,就這樣認識的。我陪她出去玩玩,到處看看,吃吃飯,就這樣。當時沒其他特殊關係,我也沒想到她會喜歡上我。

是這樣子,她有一個秘書,是一個女的,一個義大利小姐,這個小姐告訴我,我才知道。不過她真是對我很好,臨走她告訴我兩句話,那時候我有嗜好(煙癮)。她說,我希望你呀,把嗜好戒掉,積極抗日。就這兩句話。

「這個秘書小姐後來告訴我,她說,你這個人 ,簡直是不同凡人!

「她走的時候,我派我的車送她到天津口。後來去上海的時候,秘書小姐說她在車上大哭一場,我說她哭什麼?她說哭你不理她,你怎麼一點也不理會她,她喜歡上你了。我說她喜歡上我有什麼用呢?她說她是真的,你不理她,她難過了,大哭呀。

「我和她是屬於應酬招待,都是一種禮貌上的,人家說了我才知道的,那麼這是一段。

「後來我辭退,也到了上海,去戒針的時候見到她。給我戒針的美國大夫米勒告訴我說,每天早晨都有一個外國女人的打電話來,問你的情況,問你戒針怎麼樣,身體好不好。哦,我一想,一定是她——墨索里尼小姐。

「所以,我後來就跟她到義大利去了,她也是拿專車把我接進去的。到了義大利,後來就待不了了,人家那麼客氣,對我那樣好。所以,後來我就走開了。

「我和她沒有關係，完全是好朋友，我對她客氣得很。」

這一段彼此之間「客氣得很」的關係，從來只有男方的版本。真相如何，

女方到底怎麼想的，都已經被湮沒在歷史中了。但也有一些東西留存了下來——比如，艾達和她丈夫齊阿諾的傳奇。對中國少帥的「好感」只是一段插曲，若干年後，無論是舊羅馬帝國的野心還是異國春情，都成了一場空夢。當墨索里尼對法宣戰時，齊阿諾在日記中寫道：「我很傷心，非常傷心。冒險開始了。天佑義大利！」齊阿諾反德之心愈盛，對老丈人的戰爭計畫亦存疑。

1943 年，他成為義大利納粹內部反墨索里尼勢力一分子，向墨索里尼發動了政變。政變失敗後，被墨索里尼囚禁。儘管艾達苦苦哀求，但在希特勒的壓力下，墨索里尼還是將自己的女婿綁在了椅子上，執行了死刑。他留在世上最後的話是「義大利萬歲」！

執刑前夕，艾達裝扮成一個懷孕的農婦偷偷逃亡瑞士，她將丈夫戰時的日記藏在裙子裡，一起帶走。這本日記成為 1939—1943 年間納粹統治的歷史文獻。1945 年，逃亡途中的墨索里尼被俘虜後槍決，並被暴屍。他的屍體被倒吊在米蘭廣場。

這位羅馬的女兒，就此失去了她的兩位親人。[1]

從瑞士回到義大利後，艾達被逮捕，並由於「協助納粹」的罪名被判兩年牢獄。但是，她的故事還遠沒有完。

當日，艾達在逃亡時，被遊擊隊活捉，並關押在西西里島附近的利帕裡島

---

1. 多年後，艾達跟齊阿諾的其中一個孩子寫了一本書，名字就叫《當外公殺了父親》。

上。這個遊擊隊的領導人是一個出身於反納粹家庭的義大利共產黨人。活捉了墨索里尼的女兒後，他親自為艾達錄口供。就在錄口供的過程中，艾達對他逐漸產生了感情。

對方將她形容為「看起來像是翅膀被絞了的受傷燕子」，與此同時，他又深深感受到自己共產黨人的身份與這份感情的衝突，但是他無法就這樣離開這只「受傷的燕子」。對艾達來說，她也對這份跨越了政治衝突、身份背景差異的感情十分遲疑。但她的骨子裡是個義大利女人，熱烈的血液流淌在她的身體裡。當她獲准回到羅馬與自己的孩子待在一起後，她終於在信中熱情地向他說：「到我身邊來吧，別放棄上帝給予你的歡樂。」

只是那個時候，對方已經認識了後來的妻子。在日後漫長的人生中，艾達與他只再見過一次面。

但這個男人不曾將他們之間的關係對外公開，而是將兩人之間往來的三十六封書信、照片和頭髮藏在了衣櫃裡。直到他去世後，這些被他的兒子所發現。2009 年，一位義大利作家以這些書信為藍本，寫了一本書，這段關係才為世人所知。

他的兒子意味深長地說：「我父親非常清楚，他和艾達之間的愛情充滿了矛盾——他是一名遊擊隊首領，而她卻是墨索里尼的女兒。」

小辛 's Note：

給朋友看了一下這篇八卦文。

朋友臉色蒼白，言辭激動：「太可怕了！什麼都沒發生，甚至連曖昧的話都沒說過一句，也足夠讓一個男人在八九十高齡時掏出來供眾人分享，字裡行間都是：看！她的父親是墨索里尼！這樣一個女人，她！喜！歡！我！最後還

以『我跟她沒關係』作為結尾！」

　　這讓我想起了戴安娜王妃。在她死後，她的騎術教練兼情人將她的書信待價而沽，並且為了獲得高價，不惜提前披露「火爆」部分。而她的其他「真愛」也不時接受媒體採訪，將她的故事「分享」給大眾。

　　種種情景，真是眼熟。誰沒愛錯過一兩個人呢？只要清醒過來就好。劫後餘生的日子，會越來越精彩。就是怕對方不肯成全，還在念叨——相信我，他絕不是在懷念你的好。

　　姑娘，請珍惜你每個萌芽的好感，直到確定他是會將你的信件與頭髮珍藏在衣櫃裡的男人，而不是會跟外人大談你如何苦苦愛戀他的那種男人。

連環殺手的美麗與哀愁

　　本篇要講的這段男歡女愛，連「野史」都算不上，更多的是一廂情願——作為旁觀者的一廂情願。

　　大抵人們是見不得男人堆裡的女性，可能因為不像個女人的樣子。於是繼西方人為花木蘭身邊平添個李將軍後，貞德（Joan of Arc）背後的戰友，在東方人的意淫中成為了她的暗戀者。跟「出門看伙伴，伙伴皆驚惶」的喜劇場面相比，貞德背後的男人要幽暗陰森得多——在正史裡與她並肩揮劍的戰友，日後被封為法蘭西元帥，退隱後成為奸殺幾百名少男的變態殺手，童話「藍鬍子」的原型——吉爾斯·德·萊斯（Gilles de Rais）。

　　1427 年那年，元帥還只是個 二十四歲的貴族青年，熱血澎湃，手中持劍，投身那個日後被我們稱之為「英法百年戰爭」的戰場。眼看著祖國節節敗退，卻一籌莫展。他就像一艘沒有舵的船，敏感、失落而憤怒，但也只能在茫茫海面上漂泊著。像那個時代的人一樣，他向上帝祈禱，但永遠不知道奇跡什麼時候出現。

　　那一天，當他策馬回到營地時，發現所有人都在竊竊私語，有的興奮，有的不屑，有的狂怒。他將馬牽到河邊喝水，日光映在河面上盈盈閃閃。河邊不遠處站著一個身穿鎧甲的短髮少年，身形纖細，眼神堅毅，水面的光反映在「他」

的鎧甲上，像鍍上了一層金子。

後來他才知道，這少年原來是叫貞德的少女。

貞德在奧爾良之役裡橫空出世，改變了法國的命運，也對吉爾斯影響深遠。英國人累積半年的勝勢，被年僅十七歲的鄉村少女貞德以九天時間徹底逆轉。

對宗教虔誠至狂熱的少女，聲稱聽到了來自上帝的聲音，聲稱見到了聖米迦勒、聖凱薩琳和聖瑪桂萊德，聲稱受到神啟要帶領法國對抗英國。這個在今天已經成為一半傳說、一半聖人的少女，當日還只是個皮膚下細細跳動著脈搏，走路太急會喘不過氣，張嘴便是奧爾良口音的普通人，肩並肩地與吉爾斯共同作戰。

他是她的副將，而她的戰鬥才能和宗教情懷，又深深影響著他。跟那些左手放在《聖經》上，右手握劍殺人的同時代人相比，貞德博愛一如基督——她會為了受傷的戰俘流淚祈禱。據說，吉爾斯在跟其他戰友交流時，曾經提到自己為貞德這一行為大受感動。

然而歷史上的劇情卻急轉直下。1431 年，貞德被宗教審判庭判為魔女，綁在火刑柱上燒死。那一年，吉爾斯二十七歲，距離他繼承祖父那個充滿罪惡的城堡還有一年。

他不明白，為什麼一個虔誠信奉上帝的人，會遭遇如此厄運？吉爾斯在精神上遭到了沉重打擊。隨後不久，他退出了軍旅與政壇生活，在城堡裡過上了半隱居的日子。

此時此刻的吉爾斯，擁有一切——祖父為他挑選的貴族妻子，年幼的女兒，高貴的出身，巨額的財富，顯赫的戰功，崇高的地位。他甚至被允許在自己的紋章上，使用法國王室標誌的百合花。然而他卻對上帝轉過身子，伸手擁抱了

撒旦。

他開始沉迷於黑巫術，而城堡附近開始有越來越多的農家少年失蹤。直到1437 年他被捕時，人們震驚地在他的城堡裡發現四十多具少年殘肢。在庭審上，人們更是大為震驚地發現，這些少年被誘騙到城堡後，全部都被提供給吉爾斯淫樂，事後則由他本人或僕人用殘忍的方式殺害。由於大部分屍體已經被燒，因此受害者人數無法估計，據估計總人數在八十到兩百人之間，有人甚至考證達到了 六百人。

最後，等待他的是支起的柴堆——那灼熱的火焰也曾焚燒過貞德的軀體。

前者多年後被梵蒂岡封為聖女，他則永遠留名於連環殺人犯的名錄上，而且是最聳人聽聞的性罪犯。

這些性罪犯，不是渾身汗味，粗暴殺人後提起褲子就跑的人，而是像開膛手傑克跟他的同類。來聽聽吉爾斯當年在庭上的供詞——「我犯下的這些罪行和過失，只是單純為了自己的邪惡樂趣和邪惡快感，沒有其他目的，沒有其他意圖，沒有人慫恿，只是為了滿足自己的幻想。」

再看看「一戰」後，德國性罪犯連環殺手哈曼被逮後的自述——「我需要分五六次將骨頭運出去，倒進廁所或者河裡。清理完內臟後，我會切掉他們的生殖器，將它剁碎。我討厭這麼做，但我身不由己——我對此的癡迷比恐懼更強大。」

比照一下他倆對遇害少年令人髮指的性行為與殺戮行為，跟其他成千上萬的連環殺手一樣，他們就像是鏡子裡映出的鏡像，反復疊加，無比相似。

現代犯罪學資料顯示，69% 連環殺手家人有酗酒問題，50% 的父母一方有犯罪記錄，42% 童年時期被虐待，47% 在十二歲前失去父親，35% 曾目睹父母

一身戎裝，雄赳赳、氣昂昂的聖女貞德。

性交，71% 童年極度孤獨。[2] 身為工業革命時期前，歐洲史上最著名的兩大性罪犯之一[3]，吉爾斯除了童年喪父外，僅存的資料顯示，他的童年並不快樂。

佛洛伊德說，人類社會的一切活動，都基於性衝動心理。這句話在性罪犯身上得到了完美詮釋。

但讓我感興趣的，並非這些獵奇之事，而是他與貞德的關係。這個虔誠的教徒，這個堅持用火刑淨化自己罪孽，如願上了天堂的男子，貞德之死，跟他突如其來的劇變是否有關係？

如果那個年代已經有佛洛伊德的信徒，他們一定會對這兩個人感興趣。一個只有神性、沒有性別的女人，始終以男性裝扮出現在軍隊中。在那個年代，《聖經》上規定女子不得著男裝。

我們沒法知道，她的這一舉動是為了在嗜血與性壓抑的男性軍隊中保護自己，還是源自別的微妙心理。至於吉爾斯，後世學者從十五世紀僅存的一點點資料中，找尋他早年喪父，在控制欲強烈的祖父高壓下成長，缺乏愛的經歷對他一生人格造成的巨大影響。而軍旅生涯讓他初嘗殺戮快感，然而貞德的神性光輝與道德準則又在另一頭牽引著他。

對吉爾斯和他的同時代人而言，貞德是一切。她是英雄，她是天使，她是預兆，她是教徒，她是貞潔，她是神跡。她的道德教條是如此苛刻，嚴令禁止女性進入法國軍隊，甚至還一度將軍妓用劍背敲打趕走。在男人的世界裡，她

2. 資料引自《理智向左，瘋狂向右──連環殺手的怪誕行為學》，加拿大人彼得‧佛倫斯基著，江蘇文藝出版社。

3. 另外一個是吸血鬼原型，匈牙利的伊莉莎白‧巴托里（Elizabeth Bathory）夫人，她為保持青春，給少女放血，以鮮血沐浴，三年內虐待死六百人。

緊緊守衛著自己的貞節，這使她挺過了日後充滿恥辱的審判檢驗，而她最終被
驗證為處女。

貞德是性愛的絕緣體。這讓那些稱她為女巫的人，喪失了將其定罪的可能
性──女巫必定是與魔鬼交媾的人。她不是女巫，她甚至連女人都不是。

我真的不知道，中世紀的人對這種無性別有何觀感。對於一個信徒而言，
貞德的聖女身份又意味著什麼。當然，她在法國是聖女，在英國則被視為女巫，
只是在我們這個性氾濫的年代，禁欲的中性美，倒成了上帝留給索多瑪世界最
隱秘而誘人的念想。

我邪惡地想，如果貞德長著盧・貝松電影裡的那張臉，這個沒有性別與情
欲的人，在成為聖女之前，是否是同時吸引男、女同性戀者的秘密焰火。

小辛 's Note：

跟巴托里夫人僅以殺戮與吸血留名不同，吉爾斯在歷史上的身份要複雜得
多。他就像基督教史中的塞巴斯蒂安，既是純潔的殉教者，又是誘人的同性戀
對象。但塞巴斯蒂安是完美而和諧的，吉爾斯卻完全分裂。

他一分為二。一個他，是貞德身邊的戰友，是法蘭西的民族英雄，被貞德
的精神所鼓舞，被貞德的神性所感動。

一個他，是城堡深處的惡魔，與巴托里夫人、開膛手傑克、十二宮殺手，
一起永遠載入冥暗的名冊中。性犯罪心理學說，性罪犯的內心深處，都存在深
刻的性問題。擁有妻女與權勢財富的吉爾斯啊，你是哪一種？

通姦者上天堂，吃人者下地獄

1285 年冬天的一個禮拜日，細雨冰冷，呵氣成霧。

佛羅倫斯的黃金時代在後頭，聖母百花大教堂還沒建起來；世上最帥的男人、大衛的雕像還沒誕生；美第奇家族還沒在歷史星光大道上按下第一個手印；後世國產言情偶像劇中「霸道總裁」們大行其道，但他們信奉的馬基雅維利主義自然還沒影兒。實際上，尼可羅‧馬基雅維利（Niccolo Machiavelli）的父母都還沒出生⋯⋯

但這座城市，已通過紡織品生產與貿易，積累了大量財富。在這裡，男人女人衣著華麗，眼神張揚，姿態熱烈。

城市與黨派間的衝突與戰爭，黑死病的威脅貼身緊逼。再富有的貴族、再美的妓女，不知何時就會成為墓誌銘上的一行字。生命流逝太快，人們仰仗的只有上帝。

去，上教堂去。那裡有來自羅馬、威尼斯等地的時尚，有源於托斯卡納其他城市的八卦，有無法在人前張揚的隱秘同性情誼。眼睛對上，再移開，永遠不被察覺。

　　這一年，但丁‧阿利吉耶裡（Dante Alighieri）二十歲。阿爾諾河的老橋上人來人往，他與湧向教堂的人們逆向而行，聽到他們竊竊私語，眼眉間都興奮。他疑惑，但很快，他從手工作坊老闆娘那裡打聽到了人們在談論什麼。

　　這一年，出了件轟動世人的案件——

　　十年前，貴族出身的少女弗蘭切斯卡[4]由於政治原因嫁給了跛腳的喬瓦尼（Giovanni），但是她卻愛上了自己的小叔子保羅（Paolo）。據說保羅長相英俊，曾經為其貌不揚的兄長代行婚禮，事後弗蘭切斯卡才發現。儘管保羅也結婚了，但這兩場婚姻，並沒有阻止兩人之間的愛情繼續萌發。叔嫂二人的私情在暗地裡維持了十年，直到這對戀人被怒火中燒的跛腳丈夫捉姦，當場殺死。

　　跟我們這個時代一樣，佛羅倫斯市民對「別人家的事情」總保持著關注，尤其是涉及到桃色、亂倫與謀殺時。

　　如果當時有社交網路，那麼這個桃色事件只會成為兩三天的熱門。但是那個年代及許多許多年後，人們對這件事的熱情卻遲遲沒有完全消退。於是，苦戀女神而不得的但丁，將這個轟動全國的新聞事件寫入了他的長詩中，使這件事從歷史上無數個叔嫂通姦八卦中流傳下來，成為藝術家的心頭好。在後世的藝術中，無論是兩位主人公單獨在一起，還是被丈夫在房間外偷看，兩人都是親吻著的，而弗蘭切斯卡的膝蓋上，永遠放著一本翻開的書。

　　《神曲》「淫欲者的地獄」中，但丁安排埃及豔后克裡奧佩特拉、海倫跟這對苦命戀人一起，在寒風中被吹個不停，哀淒無比，悲號不斷，「正是 那些肉欲橫流的幽靈，在此經受如此痛苦的酷刑，因為他們放縱情欲，喪失理性」。

---

4. 弗蘭切斯卡（Francesca da Rimini），但丁時代義大利裡米尼的貴族，因叔嫂通姦被丈夫所殺。這一愛情悲劇成為後世無數作品的靈感來源。

布格羅創作的這幅作品，畫的是但丁和羅馬詩人維吉爾 (Virgil)，在地獄中看見下地獄的人們互相撕咬的情景。

但顯然但丁沒有對他們表示鄙視，而是流露出了同情。

也因此，弗蘭切斯卡在詩中對但丁講述了他們的故事——

> 有一天，我們一道閱讀朗斯洛消遣，
> 我們看到他如何被愛糾纏；
> 當時只有我們二人，而我們也並無任何疑慮之感。
> 我們一起閱讀這部著作，
> 這使我們情不自禁多次含情相望，面容也為之失色；
> 但是，其中只有一段令我們無法解脫。
> 就在我們閱讀時，那被他渴求的、嫣然含笑的嘴唇
> 終於得到這如此難得的情人的親吻，
> 正是此人，我與他永遠不會離分，
> 他的嘴親吻我，渾身抖個不停。[5]

只要以愛情之名，通姦者即使下了但丁的地獄，也能在後世藝術中升入美妙的天堂。

上帝保佑。但願四年後，那個吃人者也有這樣的運氣。

那是 1289 年的春天，主角是人稱「食人貴族」的烏戈利諾（Ugolino）伯爵。

身為佛羅倫斯吉伯林黨首領，烏戈利諾伯爵因為鬥爭失敗在七八十歲高齡時，連同兩個兒子、兩個孫子被囚禁在塔中，活活被餓死。很長一段時間後，人們打開塔門，驚駭地在烏戈利諾伯爵兒孫的屍體上，發現了啃咬的痕跡。此後，人們竊竊私語，開始討論烏戈利諾伯爵吃人的可能性。後來，但丁在《神曲》

---

5. 本文引用的《神曲》均由黃文捷翻譯，廣州：花城出版社，2000 年。

中，將這位伯爵放在地獄裡，並借他之口說出下面的話——

他們以為我這樣做是想吃東西，便立即紛紛起立，說道：「父親，倘若你要把我們吃掉，這會使我們的痛苦大大減少：你曾把這些可憐的血肉給我們穿上，現在就索性把它們剝掉。」

詩中，烏戈利諾眼睜睜地看著他的兒孫們相繼死去，悲痛不已。直到最後，「饑餓終於壓倒了悲傷」。比起是否吃掉自己兒孫血肉這一爭議更為悲情的是，幾百年來伯爵一直背負著罪名。直到 2002 年，一位義大利學者對烏戈利諾的遺骨進行 DNA 檢測，否定了這一說法，「食人貴族」的汙名終於洗脫。唰——天堂透出一道光來，天使朝「吃人者」微笑。2008 年，另一位學者又推翻了前者，認為記載烏戈利諾及其家族葬地的文件是偽造的。唰！——天堂的門又關上了。

小辛 's Note：

可惜，真是可惜。在但丁的年代，佛羅倫斯還沒綻放她最美的光華。城市與黨派間衝突不斷，唯有通姦、吃人與同性戀的軼事，點綴著佛羅倫斯市民的生活。《神曲》問世後，佛羅倫斯市民的業餘生活更豐富多彩了。一部但丁《神曲》詩，半部歐洲八卦史。生於基督前的異教徒名人，如荷馬和蘇格拉底；身陷色欲地獄的，除了文中跟但丁同時代的叔嫂通姦者，還有特洛伊的海倫和帕里斯、埃及豔后；「暴君」如亞歷山大大帝、匈奴王阿提拉、買賣聖職的教皇尼古拉三世；背叛耶穌的猶大；背叛上帝的撒旦……

在地獄裡的，不光是名人，還有但丁的敵人。

佛羅倫斯的政治史相當複雜。整個十三世紀都見證著它在教皇派（圭爾夫黨）與神聖羅馬帝國派（吉伯林黨）的鬥爭。馬基雅維利在《佛羅倫斯史》中記載了這段歷史，而我們的大詩人但丁，正是這段鬥爭的犧牲者。

十三世紀末，圭爾夫黨派（Guelph）內部分裂，並且爆發內戰，其中一派被打敗，其成員被放逐，房屋被毀，財產充公——這其中就包括但丁。他跟其他人一樣，永世不得踏入佛羅倫斯人控制的區域，否則將會被送上死神之吻。

但丁內心苦悶無比，他在《神曲》中，也提到了流放之苦——

「然後你必將體味到吃人家的麵包心裡是如何辛酸，在人家的樓梯上上去下來，走的時候是多麼艱難。」

於是，他在寫作《神曲》時，毫不留情地將他的敵人安排在地獄中接受酷刑的折磨。這些與但丁同時代的人物，因著亂倫、同性戀、吃人等罪行，本該只是轟動一時的社會新聞，卻因為《神曲》而被保存在了時間裡。一同留在時光裡的，還有我們對「別人家的事」永恆不變的熱情。

格雷家的女兒

雖然這本書的主題是「男歡女愛」，但寫著寫著未免要發牢騷——歷史上的勝利者，哪有什麼歡愛，唯利益而已。那些廣為流傳的「不愛江山愛美人」的故事，背後也是一樁樁利益。

倒是失敗者的故事，更耐人尋味。比如說，格雷家的女兒就比都鐸家的女兒要可愛得多。

可愛，更可憐。

1537 年十月，英國宮廷沉浸在一片歡欣之中。在換妻殺妻後，亨利八世終於迎來了他夢寐以求的「男丁」——小王子愛德華・都鐸（Edward Tudor）。

此時，在都鐸的親戚格雷家，生下了一個小女孩，叫作簡・格雷（Jane Grey）。不知道命運星辰到底是如何交替運作的，以至於前者徹底改變了後者的一生。

在那個女兒不受重視的年代，簡跟她的兩個妹妹從未受到關愛。不過，她的母親還是為這幾個女孩子提供了最好的生活環境、最好的教育、最好的一切，她們甚至被送到宮中，跟隨王后生活。而亨利八世的兩個女兒，真正的金枝玉

葉瑪麗和伊莉莎白，卻過得比這些貴族還要拮据，甚至難堪。

　　亨利八世去世，十歲的愛德華登基。幼主在位，朝中事多。其中一件事，就跟男歡女愛有點關係，雖然說到底還是利益——亨利八世的最後一任妻子凱薩琳・珀爾（Catherine Parr），婚前跟湯瑪斯・西摩（Thomas Seymour）有過一段情，但曖昧了一段時間，她就被大 Boss 國王亨利娶走了。

　　湯瑪斯這個人很有魅力，也很有想法，眼看自家弟弟權勢比自己更大，他內心不甘之時，開始施展個人魅力四處行動。他大肆追求前國王的女兒瑪麗和伊莉莎白，以及此時已是前任王后凱薩琳。最後，不曾忘卻他的凱薩琳接受了他的求婚。隨著凱薩琳嫁給了湯瑪斯，跟隨凱薩琳生活的簡也住進了湯瑪斯家裡。

　　這個時期的簡，應該是最幸福快樂的。凱薩琳是個充滿智慧的女子，真心愛護這個小女孩。父母無法給她的溫柔，她在凱薩琳身上得到了。人們發現，這個總是埋頭看書的小女孩，臉上漸漸展開了笑容。

　　在這種環境下長大的簡，漸漸成為宮廷中最有學問涵養的女子。她跟同齡的愛德華國王擁有相同的品味，接受相似的高級教育，有共同話題。

　　身為在英國王位繼承人中排名第五的簡，從不被人注意的小可憐，漸漸成為了人們關注的核心。人們再也不敢看低她，再也不敢輕視這個黃毛丫頭。野心家湯瑪斯在她身上發現了另一個巨大價值——他想讓她嫁給愛德華國王。

　　根據亨利八世的遺願，他希望兒子娶一個外國公主。但是宮廷中人都清楚，如果愛德華要在英國娶妻，那麼他的妻子很有可能是跟他同齡又一同成長的簡・格雷。

　　簡的年紀還小，對這些事還不太清楚，她只是發現那些原本對她冷漠輕視

的人，開始對她笑，笑容裡還有討好的意味。當她長大一些，聽到了各種傳聞，她才明白過來：人們都將她視為未來王后。

只是愛德華從來沒有表態要娶她。他才十三四歲，國內爆發暴動，政事繁雜，舅舅們將他當小孩子玩弄，他都看在眼裡。新教與天主教之爭不曾停歇，他那位大姐姐瑪麗就是個虔誠的天主教徒，因此即使他心知自己身體羸弱，也從來沒想過要將她列為自己的繼承人。他不娶妻不是為了自己，而是為了這個國家，在他心目中，最合適的妻子人選，應該是蘇格蘭的瑪麗女王這種女人。

簡沒管那麼多，她跟凱薩琳在一起生活，平靜愉快，但生活很快對她露出了猙獰的面孔：愛護她的凱薩琳死於生育，簡不得不回到父母家中。

現在，簡已經十五歲了，還沒獲得少年國王的婚約。她的父母越發覺得，女兒成為英國王后的可能性已經很低了，她就是個負累。年輕的簡嘗到了世態炎涼的滋味，她回到家中，沒有看到父母的一個好臉色。

她的父母也是神奇的人，不給女兒好臉色，還努力將她推到少年國王跟前。有記載說，當時簡去探望後來的瑪麗一世，瑪麗送給她一件華麗的天鵝絨裙子。簡不願意穿著過分華麗，但她的父母卻強迫她穿上這衣服，期望用她的美貌去打動愛德華六世。

儘管簡的婚事失去了方向，但她是都鐸家的後人（她是亨利七世的曾外孫女），特殊的身份又讓野心勃勃的諾森伯蘭公爵（Duke of Northumberland）盯上了她。他安排簡跟自己的兒子吉爾福德（Guildford Dudley）結婚，暗中想讓簡‧格雷成為愛德華的繼承人——這時候的愛德華身體已經很虛弱了，隨時會撒手人寰。簡不願意嫁給毫無感情基礎的吉爾福德。她的爸媽才不管，抓起她就是一頓打，然後直接替她答應了婚事。

1553 年，簡跟吉爾福德舉行了盛大婚禮。

六個星期後，愛德華六世去世。英國宮廷開始風起雲湧，各路人馬暗中湧動。簡那充滿野心的公公，怕真正的金枝玉葉瑪麗公主會先發制人，於是隱瞞愛德華的死訊，暗中命人快馬加鞭將簡帶來。

被突然帶走的簡根本不知道發生了什麼事，她一路走去，只見到人們紛紛向她行禮。她開始意識到發生了什麼，她渾身發抖。她聽到自己公公的聲音，他在宣佈自己成為英國女王。

簡癱倒在地上。沒有一個人上前扶起她，她躺在自己的影子裡啜泣，身下只有冰冷的地板。好一會兒，她才慢慢站起來，眼睛通紅地說：「這個王冠不屬於我，它屬於瑪麗。」

她是「女王」了，但沒有一個人將她的話當回事。

她從來就沒有為自己爭取過話語權。在人們視她為未來王后般討好時沒有，現在頭戴王冠時也沒有。

瑪麗很快聽到了國王弟弟死去的消息，她帶領自己的支持者進入倫敦。原本就覺得簡不該坐上王位的議會，很快宣佈瑪麗為真正的女王，是為瑪麗一世。「篡位者」簡跟丈夫、父親、公公一起被抓。她的父親和公公迅速放棄新教信仰，改信天主教，但後者還是被處死，前者在幾天後釋放，但他不曾想過要將女兒救出來，連一封信都沒有寫給她。

倒是她的敵人，新鮮出爐的瑪麗女王，在後世雖以「血腥瑪麗」而聞名，卻遠非她父親那種心狠手辣之輩。別人施加的仇怨，她埋在心底，但困境時伸出的手，她也認得。比如，在她的母親凱薩琳王后離婚案中，堅持站在她們母女身後的，就有父親的妹妹瑪麗‧都鐸——簡的外祖母。瑪麗記得這些事情，

也知道簡由始至終只是個無辜的傀儡，她答應放過她。

本來簡可以就此躲過一劫，但她有個不令人省心的父親。

簡的父親出獄後，也不顧自己的女兒仍在獄中，參加了叛亂。這場很快被平息的暴亂，就像魔鬼在簡背後伸出的一隻手，將簡推到深淵之上。

深淵之上，瑪麗一世還想拉她一把，她說：放棄你的信仰，我便也放你一條生路。

簡拒絕了。

她從來不柔弱無能，她只是不想離政治太近。

臨死前，簡親自挑選了當天要穿的裙子，挑選最後陪伴她的人——其中一個是她的妹妹凱薩琳。她沒有寫信給自己的丈夫，也拒絕了丈夫要見自己一面的請求。她努力保持平靜優雅，一如在過去十幾年裡她所做的那樣。

當她的丈夫被行刑時，她聽到窗外的聲音，於是往外面看去：她看到他的腦袋掉下來，看到裝著他屍體的車經過窗下，這一次，她喊著丈夫的名字，終於哭了出來。她很快就永遠閉上了眼睛。因此，她永遠不可能知道，後來人們在關押她丈夫的牢房牆壁上，發現了她的名字—— Jane（簡）。人們相信，這是她丈夫刻上去的。

簡是王權之爭中，徹頭徹尾的悲劇人物。悲劇不是因為她離權力太近，而是比她離權力更近的人，比她更努力地反抗命運。

簡跟她的妹妹們像公主一樣長大，光從衣食住行和教育程度來看，她們比身為真正公主的瑪麗和伊莉莎白還要好。曾經是亨利八世掌上明珠的瑪麗公主，

在母親離婚後，被父親勒令服侍妹妹伊莉莎白，後來母親生病了，亨利八世卻不批准她去探望。她實在太過渴望有個溫暖的家，以至於後來會冒天下之大不韙，跟西班牙國王結婚，為了要跟他生個孩子，她成為了全英國的笑話。伊莉莎白則因為童年沒多少衣服，成為女王後變本加厲地熱愛華服，服裝上都是珠寶（她的畫像是最好的反映），卻讓自己的戰艦在缺少糧食的情況下出發去對抗西班牙無敵艦隊（但英國還是贏了）。

格雷家的姐妹擁有最好的一切，卻不如都鐸家的女兒那樣成功。

但這種從歷史人物故事衍生出來的「雞湯」，永遠只能是結果導向論。我們都算計不過命運——假如愛德華沒有早逝，也許簡某天會成為王后。那她身上那些最終置她於死地的特徵——善良、純真、虔誠，會成為被史學家歌頌的美德。多麼典型的「雞湯」啊！

倒是妹妹凱薩琳‧格雷的人生，能夠成為一碗反「雞湯」的猛藥。她將鮮美的愛情熬成一碗苦藥，告誡天下女人：在不幸的女人面前，你的幸福就是最大的敵意。

如果那個不幸的女人是女王，那麼，你的幸福就會成為你最大的不幸。

凱薩琳是格雷家最美的女兒，長著都鐸家遺傳的紅褐色頭髮，雪白肌膚。如果姐姐沒有當上「九日女王」被砍頭，父親沒有被處叛國罪，她也就是個尋常的貴族。可是發生過的這些事情，讓她過著痛苦的日子。所幸的是，瑪麗一世對她們向來不錯，她在瑪麗朝中擁有自由和平靜的生活，然後，她遇上了愛德華‧西摩——湯瑪斯‧西摩的兒子。

在我的排行榜上，這兩人的愛情在我心目中能夠在歐洲史上進入前五之列。他們擁有同樣的經歷，父親都以叛徒身份被斬首，為此年少的二人飽受社會歧

視。他們同樣孤獨而敏感，他們同樣年輕而美麗。這兩人一相遇，很快就墜入了愛河。他們想到了結婚，但身為罪臣之後，他們都有點擔心，不過凱薩琳想，不要緊，瑪麗女王對他們很是寬容，他們的婚姻會受到祝福的。

但連瑪麗一世本人，都沒有受到祝福，她死了，繼承者是伊莉莎白。前面說過，格雷家是瑪麗‧都鐸的後人，她在當年的離婚案中，堅定地站在自己嫂子那邊，鄙視小三安妮‧博林。現在，安妮‧博林的女兒當上了女王，她討厭格雷一家。

這對年輕的戀人於是暗中準備婚禮：准新娘去請神父，准新郎準備戒指。他們算好了日子，某天伊莉莎白女王外出打獵，原本在宮中陪同的凱薩琳找了個藉口留下，然後匆匆趕去結婚。她將時間安排得這樣緊湊，舉行完結婚儀式後，就趕緊回到宮中。有細心的人留意到她嘴角甜蜜的微笑，但沒人知道為什麼。這對小夫妻十分謹慎，偶爾晚上偷偷溜出來，但從不一起過夜。他們知道這段婚姻見不得光，但他們太愛對方了，寧願冒險。

不久後，伊莉莎白一世安排愛德華去法國。這時候，凱薩琳發現自己懷孕了，她怕極了，跟愛德華商量，兩人都認為應該跟女王坦白並請求原諒，但凱薩琳實在太害怕，也不確定自己是否懷孕[6]，決定還是不跟女王坦白。愛德華臨出發赴法前，留下文書，說明如果他發生了什麼，土地和財富都歸凱薩琳所有。

愛德華出發赴法國了。而隨著日子推進，凱薩琳發現，自己真的懷孕了。她趕緊寫信給愛德華，但信件卻被人扣下了。

常有史書用「愚蠢」來形容凱薩琳，似乎只要是她單獨一人做的事，總會

6. 怪只能怪他們不會「把喜脈」，當年歐洲人判定懷孕，只能憑藉月經狀況、孕吐、肚子變大這些情形。瑪麗一世就出現過兩次——停經、嘔吐、肚子變大，最後失望地發現只是假孕。

格雷女王是英國的「九日女王」，最後被瑪莉‧都鐸斬首。

英國歷史上第一位女王瑪莉‧都鐸女王。

出漏子。但也許因為她這段愛情在歷史上罕見的純粹，又也許因為她的迷糊跟我們身邊的好多女生太相像，我總覺得，也許每個「愚蠢」的女人都是幸福的，因為她一直有所依賴。在家裡，她有姐姐簡・格雷擔負起父母的所有期望，承受住名利場中人的所有欲望；在青春期，她有疼愛她的丈夫，還跟自己的小姑是閨密。她是男人心目中的女神，不是眾人眼中的女王。她不像絕境逢生的瑪麗、伊莉莎白那樣，什麼都沒有，一切都要靠自己。

收不到愛德華的回信，絕望的凱薩琳做了「愚蠢」的舉動——她找到伊莉莎白女王的情人，羅伯特・杜德利（Robert Dudley），跟他說了整件事，期望他為女王吹點枕邊風。

羅伯特是什麼人？

還記得簡・格雷丈夫的姓氏嗎？對，杜德利（Dudley）。也就是說，女王情人羅伯特跟凱薩琳的姐夫是同胞兄弟。當年杜德利家族遭受滅頂之災，羅伯特經歷過這一切，他自小就知道，什麼叫作「置身事外」。

他聽完整件事，沒有給予凱薩琳任何承諾。第二天，他就將這件事告訴了女王。（職場遇到這種人，千萬小心。）

女王陛下火冒三丈。

那正是她最不快樂、最糾結的時候，她一直在愛情與家國之間猶豫：如果要結婚生下繼承人，她只願跟自己摯愛的羅伯特；但是，姐姐瑪麗的婚姻為國家帶來的混亂，她可是記憶猶新的。在多番掙扎後，她決定犧牲自己的幸福，永遠不結婚，不當母親。

但這不代表，她能夠心平氣和地看著別人結婚生子。

　　凱薩琳這件事徹底激怒了她。她從法國召回愛德華，派人將兩人囚禁起來審訊。審訊問題十分尷尬：什麼誰先上床啦、誰將手放在哪裡啦，諸如此類。當然還有比較正經的問題，比如關於他們的秘密婚禮。兩人堅持他們的婚禮是合乎儀式的，有神父見證的，但這個神父是凱薩琳負責找的，迷糊的她，沒有那人的聯繫方式，不記得他的名字，更不知道怎樣可以再次找到他。

　　這種事情，對她來說，也不是第一次發生了。在此之前，要證明她跟愛德華關係的時候，她就已經將愛德華要留給她財產的書信弄丟了。

　　不知道這種事情，女王是否清楚。如果清楚，她是否更加氣結：就這樣一個沒有腦子的女孩兒，為什麼能夠得到男人死心塌地的愛情呢？

　　至於格雷家的小女兒瑪麗，缺乏姐姐們的美貌，但為愛「愚蠢」這點倒是絲毫不變。她沒有吸取姐姐凱薩琳的教訓，在沒有懇求女王批准的情況下，便私自跟宮中門衛結婚。伊莉莎白一如既往地大怒，一如既往地隔離他們，但小瑪麗卻是十分善良，多次請求，提出要照顧丈夫在上一任婚姻裡的孩子。

　　她和姐姐簡、凱薩琳，都得到了都鐸家的女人所缺少的東西——愛與誠。

　　在審訊期間，凱薩琳在倫敦塔內生下了一個男嬰，然後，這兩人繼續被囚禁下去，直到另一件事再次激怒女王——凱薩琳又懷孕了。因為這兩人的事感動了一個獄警，他便不時「忘記」鎖門，好讓這對苦命戀人相聚。

　　凱薩琳又產下一個男嬰。

　　這一次，她和愛德華、兩個孩子，被永久隔離，終生不得見面。二十七歲那年，她因病去世。臨終前，她再次請求伊莉莎白一世的原諒，請求她放過她的兩個孩子，請求她寬恕愛德華：「我知道自己的死亡對他而言將是多麼沉重。」她摘下手上的結婚戒指，請人帶給他。

凱薩琳的死，終於緩解了伊莉莎白的憤怒。

她所無法接受的，既是王者權威的被冒犯，也是另一個女人的幸福。她擁有愛她的英俊丈夫，擁有兩個可愛的孩子，甚至還有人提議讓她繼承伊麗莎白之後的英國王位。阿拉貢的凱薩琳、安妮‧博林、瑪麗一世、伊莉莎白一世，她們都沒能得到這世間女子最尋常平凡的幸福──男人從一而終的愛。這個「愚蠢」的女人，她怎配擁有這樣多？

凱薩琳死後，伊莉莎白便赦免了愛德華的罪。他又是自由身了，只是她的死為他帶來的傷痛，卻伴隨終生。後來，他相繼娶了兩個妻子，只是一直沒有其他孩子。終其一生，他都在為他的兩個孩子爭取頭銜──他跟凱薩琳的婚姻被視為不合法，兩個孩子只能被視為私生子，嘗盡白眼。

伊莉莎白一世死後三年，當年為他們舉行婚禮的神父被找到了。這時候，距離愛德華和凱薩琳的秘密婚禮，已經過去五十年了。[7]

殘酷年代的女兒，經不起富著養。都鐸家的女兒，縱是公主，在豌豆上也睡得沉，在泥濘中也走得穩，在長夜裡也耐得住寂寞，被命運擠壓得動彈不得時，默默積攢能量，直到命運一個不留神，眼如電光，手腳麻利，趕緊翻身。

沒有經歷過宮鬥，怎能成為女王？

不過，如果私下裡問我個人意見，我覺得還是格雷家的女兒可愛得多。絕情絕愛這種事情，也只適合女王了。女王，也不是人人都想當的。

---

7. 兩個孩子的合法身份終於得到了認可。長子的後人中，有一個叫伊莉莎白（Elizabeth Angela Marguerite Bowes-Lyon）的女孩子，後來嫁給了英國國王喬治六世。她的大女兒，是為今天的英國女王，伊莉莎白二世。

大叔與蘿莉

　　如果國王願意娶我，並且讓我永久擁有天下的一切，那麼對我來說，更珍貴更榮耀的不是成為他的王后，而是成為你的情婦。——海洛薇茲（Heloisa）寫給戀人的信。

　　那年，她剛好十七歲。巴黎傍晚的風吹拂著她的臉，光潔的臉因青春而紅潤動人。舅舅富爾伯特（Fulbert）在她面前大手一揮，說自己跟鼎鼎大名的神學家皮埃爾・亞伯拉德（Pierre Abelard）已談好，讓他當她的老師：「你跟其他女孩兒不一樣，你是全家的驕傲。只有最好的老師，才能夠教你更多東西。」他又低頭瞄了自家外甥女一眼，壓低聲音：「當然，這還是運用了我巴黎聖母院大教士的身份為你安排的，你要好好珍惜。」她默默點頭，暗自期待。對於這位老師，她是早已聽說過的：他名動歐羅巴，在邏輯學方面更是聲名顯赫，人稱「巴黎的驕傲」。全國各地數千人被他吸引來到巴黎，只為見他一面，向他求知。

　　那年，亞伯拉德三十八歲。儘管無數學生為其魅力學識所折服，但他只是過著自己清規戒律的生活。富爾伯特將他領入自己華麗的家宅，房間暖烘烘的，他一進去，就看到一雙熠熠生輝的眼眸，好奇地打量自己。身旁的人仍自喋喋不休：「我的外甥女精通拉丁語、希臘語和希伯來語，在全法國都有名……只

有你才能夠教她更多……」亞伯拉德走到她跟前，放下懷裡的書本，低頭問她：
「你叫什麼名字？」窗外的風吹進來，把他的衣服吹出「撲哧撲哧」的響聲，
好不令人心煩。

「海洛薇茲，我叫海洛薇茲。」

跟所有大叔與蘿莉故事類似，蘿莉是純真的，大叔是腹黑的。亞伯拉德說
服了自己的同事──海洛薇茲的舅舅，讓自己到他們家去教學。這位舅舅對這個
大神學家極度信任，將自己外甥女的教育、風紀全盤交托，甚至還說了「不聽
話好好學習就教育一下她」之類的話，亞伯拉德後來在自傳中寫：「這傢伙心
思簡單，就算他將一隻溫馴的綿羊送給饑餓的野狼託管，我也不會覺得疑惑。」

這隻風度翩翩、魅力四射的豹狼，輕而易舉地捕獲了小綿羊。

中間的過程無從想像，又或者說，每個戀愛過的人都能夠輕易體會。反正，
兩個同樣聰明的腦袋，曾經多麼寂寞，此刻終於相遇。等待相遇的過程太久，
他們迫不及待地討論，交流，學習，爭執，又和好，然後擁抱，最後親吻。

許多年後，亞伯拉德就著修道院昏暗的燭光，在紙上慢慢寫著給友人的書
信。[8] 他在信中回憶他與海洛薇茲的一切──

「學習的過程中，我們沉浸在愛情的快樂中……我們親吻的次數比理智的
話語還多，我們將手放在對方胸襟的時候比放在書上的時候還多……我們對這
種愉悅毫無經驗，相互的親吻多於箴言的解釋，我的手往往不是放在書上，而
是伸向她的胸脯。我們不看書本，只是相互凝視對方的眸子。我們貪婪享受愛
的各個階段，挖空心思變換著花樣豐富著我們的愛。在此以前，我們從未品嘗

---

8. 收錄在《劫餘錄》（Historia Calamitatum）一書中，又譯為《受難史》。

過這種歡樂，這時卻懷著烈火般的傾慕和激情，不知饜足地享受它，從不感到厭倦……」

筆尖輕觸紙張，發出「沙沙沙」的微弱聲響，他瘋狂地想念房間裡的對望、親吻、觸碰，她呼吸的甜美，她指尖的溫度，窗外馬車經過的聲音，遠處傳來的教堂鐘聲。

他們的情感如此灼熱，旁人開始竊竊私語，這聲音傳到了舅舅富爾伯特那裡。而此時，海洛薇茲發現自己懷孕了。亞伯拉德將她送到自己姐姐家，她在那裡生下一個男嬰，交由姐姐照顧。而亞伯拉德親自上門向富爾伯特請求原諒，並提出要娶海洛薇茲為妻，但為了不影響他的神學事業，他要求秘密結婚。這場會面以富爾伯特的應承和親吻結束。

這個聲譽隆盛的神學家，向這位少女提出了結婚的請求。但出乎意料的是，少女激烈反對，這個聰明無比的女子，從世俗和學術角度說服她的戀人，婚姻對他的學術和事業毫無助益。如果她無知一點自私一點，是否會過得更幸福？這時候，為了挽回家族聲譽，女方家人開始散佈兩人結婚的消息，海洛薇茲立馬跳出來指責他們說謊。舅舅惱羞成怒，不斷去找外甥女的麻煩。亞伯拉德偷偷將她送到修道院裡，讓她穿上修女的打扮，防止被家人騷擾。這一切都很好，只除卻不明真相的海洛薇茲家人。他們聽到的版本是：有人在修道院見到海洛薇茲，一身修女裝扮。他們相信的版本是：亞伯拉德拒絕結婚，並且強迫海洛薇茲當修女。

一天晚上，亞伯拉德正在自己的秘密房間裡熟睡，突然聽到外面一陣騷亂，接著，他的房間被闖入，一群男子圍在他跟前，領頭的是怒氣衝衝的富爾伯特。他們不能將他殺死，因為殺掉這個名動天下的大學者，會讓他們遭到亞伯拉德家鄉人的報復，但富爾伯特使用的，是一個對男人來說最為痛苦可怕的刑罰。

就在那個小房間裡，他們用粗糙的刀具，將他就地閹割。

當天，富爾伯特賄賂了亞伯拉德的僕人才得以闖入他的秘密房間。很多偉大人物的悲慘際遇，往往只因為小人物的背叛。比如猶大之於耶穌，比如這個故事中，被富爾伯特賄賂的僕人之於亞伯拉德。但是跟提倡寬恕的耶穌不同，亞伯拉德卻在篇幅不長的這件事中，特地交代那個出賣他的僕人的結果——

「完成這件事後，他們揚長而去，但有兩個人被當場捉住，承受失去眼睛和生殖器官的痛苦。其中一個，就是剛才提到的那個僕人，此人在仍服侍於我時，已出於貪婪而背叛了我。」

歷史總是好像離我們很遠，因為我們習慣將過去的人當作神壇上的勳章，忘記了他們跟我們一樣，也有小心機。細看過兩人存留於世的文字後，我發現亞伯拉德不再是我印象中那個完美無缺的聖人，神秘兮兮的受害者。在知道「東窗事發」後，他心裡算計著女孩子的舅舅不敢殺他，因為自己家鄉的人會報復，於是才前往懇求原諒，最後以求婚來達成諒解。但他也沒有放鬆警惕，於是在家的時候睡在秘密房間裡。在僕人背叛自己後，他絕不寬恕，以牙還牙，還在自傳中重重記下一筆。但這些無損他的形象，反而讓我更喜歡他，更同情他了。

在這悲劇發生後，亞伯拉德出於被閹割的恥辱而遁入修道院。海洛薇茲也進入了女修道院。他在修道院中寫書信記錄下那段痛苦的經歷，這封信偶然落到了海洛薇茲手中，她於是提筆給昔日戀人寫去書信，「既然我一定得放棄與你重逢的幸福，那就請你給我至少寫幾行示愛的話語吧。」

昔日的戀人，再度以書信進行交流。在書信中，海洛薇茲依然熱情地回憶著他們過去的溫存時光，她對他的愛。她說，人世間歡樂中的歡樂，我嘗得太多太多。她青春的肉體還不願意平息這欲望之火。憑藉她的聰明才智，她在女修道院中順遂如意，人們稱頌她的貞潔，她卻說：「其實他們還未看透這虛偽

的女人。」他教給了她人世間的快樂，而她只想跟有情人做快樂事，而不是入修道院啊！

　　亞伯拉德的回信卻拘謹得多，引經據典，謹慎行事。他是她俗世快樂的引路人，但現在，這個引路人已經徹底馴服於上帝腳下。回憶往事，他自省道：「你也清楚，我們因我那不可遏制的欲火而墜入多麼無恥的境地。」「當你表示不願意，當你以你纖弱之軀進行反抗，當你──一個柔弱的女人──請求我讓步的時候，我甚至經常威脅你、毆打你、迫你就範。我的欲火將我與你熔化在一起，我不再想到上帝，我忘記了我那更善良的自我，我深深地陷入了那可悲的肉欲享受……」

　　最後他說：「那真是太污濁了，現在我提起那些事便臉紅。」

　　然後他讚美上帝說：「他的僕人沒有能力過貞潔的生活時，他便擔心『女人誘惑智者』，這是無比智慧的所羅門說過的話。」

　　身為誘惑者的男人已經放下了，並將此視為恥辱，而被誘惑、被脅迫的女人，仍在回味。通往小禮拜堂的長長過道兩旁燭光搖曳，及地的玫瑰窗透出炫目的光，教士佈道的聲音沉沉，修女們匍匐低首，將身影沉沒在大彌撒的榮光中，她卻在心底胡思亂想地追憶，感到自己的感官被誘惑。「不論我到哪個地方，那一幅幅誘人的畫面都在我面前浮動，它們讓我難以安眠。」他見多識廣，逃出來容易；她涉世未深，泥足已經深陷，靈魂再難自拔。

　　於是，她只能輕聲歎息──

　　我曾犯過罪，我只能哀歎，這罪已成為過去。

　　十二世紀的禁欲戀情都已過去了。

速食時代的愛情，快來快去，愛與欲隨時被滿足，又極迅速消退。就連似是而非的心聲，都有情歌替我們一一說出，我們哪裡有機會犯下這麼美麗的罪？於是也只能到他們的墓前，獻上一束花。

小辛 's Note：

很早以前我就知道他們兩人的故事。為了寫這篇文，將《劫餘錄》找來看，有點意外地發現，這個曾經在我心目中「歐洲史男歡女愛排行榜第一位」（怎麼會有這麼奇怪的榜……）故事的男主角，並不如我想像中一般愛得義無反顧，拋卻一切。

小女生才會唱「愛真的需要勇氣，來面對流言蜚語」，有身份有地位的男人自有顧慮。

男主角向對方舅舅提出要娶他的外甥女，但為了不影響自己的事業，需要秘密結婚——看，多麼典型的大叔思維：我愛你，甚至願意娶你，只是這絕對不能夠影響我的前程。而這女孩子也早熟得可以，全然替對方考慮，不僅不要秘密婚姻，連婚姻都不要。為此，她力陳世俗婚姻之於他的無力。如果我是大叔，我必定愛極了這麼懂事的蘿莉。

不同的時代，相似的故事。每段關係穩定、情感深厚的大叔與蘿莉關係背後，都有個精於計算的大叔，與富有犧牲精神的蘿莉。

點燃「一戰」的愛情

「全歐洲的燈光都要滅了。」

1914 年，英國和德國正式開戰前的那個夜晚，英國外交大臣格雷（Edward Grey）眺望窗外，發出一聲長歎。倫敦之夜，點點燈火與天上月色交相輝映，他卻說，「我們這一輩子是看不到它再亮起來了。」

第一次世界大戰打響，歐洲的燈光滅了。後來，它又亮了，然後再滅，再亮。

歐洲美麗如昔，但是飽受戰爭摧殘的人們說，歐洲已經優雅地老去。

福樓拜[9]的代表作《包法利夫人》中有這麼一段，女主角艾瑪的丈夫受到侯爵的邀請，參加宴會。在宴會上，艾瑪注意到一個老人。「彎腰駝背，伏在盛得滿滿的一盤菜上，餐巾像小孩的圍嘴一樣，在背後打了結，他一面吃，一面讓湯汁從嘴裡漏出來」的窘態後，又介紹到，這個老人「是侯爵的老岳父……做過瑪麗·安托瓦內特王后的情人。」

---

9. 福樓拜（Gustave Flaubert），十九世紀法國作家，代表作品有《包法利夫人》《情感教育》《布瓦爾和佩庫歇》。

　　福樓拜這樣寫艾瑪對他的好奇：「艾瑪的視線不斷地從菜盤移向這個耷拉著嘴唇的老頭子，彷彿瞧見一件不同一般的莊嚴的『東西』。他在宮殿裡待過，在后妃床上睡過！」艾瑪好奇的是一個逝去的舊時代，那個被法國大革命徹底打碎的世界。她緊緊盯著那個老頭，要從他那張皺巴巴的臉上看出國王、王后、王子、公主、騎士的世界。

　　但這只是一個預演。距離法國大革命一百二十五年後，從塞拉耶佛傳出的槍聲，使歐洲貴族的花朵徹底凋零。

　　讓我先從當年名氣比誰都大、據說是「歐洲史上最美的王后」的茜茜公主說起。奧匈帝國王后茜茜公主為丈夫生下繼承人魯道夫，但這唯一的兒子長大後，竟然殉情而死。這個龐大的帝國失去了繼承人，茜茜公主的丈夫只得讓自己弟弟的兒子，弗朗茨‧斐迪南[10]，成為帝國皇儲。

　　這位皇儲先生，就是我們從小到大在歷史教科書上看到「奧匈帝國皇儲斐迪南大公夫婦被塞爾維亞族青年槍殺。這次事件使奧匈帝國向塞爾維亞宣戰，成為了第一次世界大戰的導火線」的那位。

　　誰知道最後會引發一場世界大戰呢。一開始，他不過是為了讓自己的妻子蘇菲‧肖特克（Sophie Chotek）享受一下身為皇儲妻子應有的待遇，讓她開心一下。但兩人這次露面，竟成為貴族時代愛情的絕響。

---

10. 弗朗茨‧斐迪南（Archduke Franz Ferdinand of Austria，1863─1914 年），奧匈帝國皇儲，弗蘭茨‧約瑟夫一世皇帝之弟卡爾‧路德維希大公之子。皇帝獨子皇太子魯道夫於 1889 年精神病自殺後成為皇位繼承人。因他主張通過兼併塞爾維亞王國將奧匈帝國由奧地利、匈牙利組成的二元帝國擴展為由奧地利、匈牙利與南斯拉夫組成的三元帝國，所以 1914 年與其庶妻「霍恩貝格女公爵蘇菲」視察時為奧匈帝國波黑省的首府塞拉耶佛時，被塞爾維亞民族主義者普林西普刺殺身亡。「塞拉耶佛事件」成為第一次世界大戰的導火線。

溫特哈特《伊莉莎白皇后》。身
為奧匈帝國皇后的茜茜公主，是
當時歐洲的第一美女。

　　這愛情最開始的時候，是多麼美好。他還是年輕的皇儲，而她不過是侍候人的女官。

　　那些天，奧地利大公夫人伊莎貝拉家裡忙碌得很，因為年輕的奧匈皇儲斐迪南（Franz Ferdinand）要來拜訪。她下令家裡的八個女兒好好打扮，務必要在皇儲面前露出最動人一面。她心中認定，皇儲是前來追求自己女兒的。

　　但誰知道，皇儲看中的竟是大公夫人身邊的女官[11]蘇菲。

　　斐迪南身為哈布斯堡王室中人，他的妻子必須出身歐洲王室，更何況他是未來的一國之君。儘管蘇菲出身貴族，但她的出身階層較低，跟斐迪南有雲泥之別。宮廷一片譁然，貴族們認為，斐迪南身為皇儲，應該履行他的職責，跟其他歐洲國家的公主聯姻。斐迪南和蘇菲的愛情，步履維艱。

　　不要以為只有普通人才需要貴人，大人物一樣需要。

　　當時，身為帝國皇后的茜茜公主因為受到兒子自殺打擊，已經不怎麼管宮廷中的事了。當時代替她管事的，是斐迪南皇儲的繼母，眼看斐迪南跟蘇菲的愛情遭到一片反對，她跳出來給予支持。當時，她親自將蘇菲接到自己屋裡住，還代表蘇菲跟皇帝交涉。

　　在這位「貴人」的鼎力相助下，斐迪南跟蘇菲終於成婚。不過，灰姑娘的故事並不是以嫁給王子作為美好結局，對她們來說，故事剛剛開始。

11.Lady-in-waiting，翻譯過來是侍女或女官，專門服務於王后、公主等人，但跟亞洲國家的「侍女」不同，這些人由貴族女子擔當。因為她們經常在國王跟前露臉，所以歐洲史上，由侍女進而成為國王情婦，甚至修成正果為王后的，不在少數。

　　歷史上也有其他灰姑娘成功嫁入皇室，最後成功讓那些貴族閉嘴的（起碼是當面閉嘴，背地裡的管不著）。這些要不就是灰姑娘本身強勢，要不就是她老公強勢，尤其在中世紀，以武力論英雄，誰的刀劍好使戰馬腿快，誰說的話就更有分量。但斐迪南和蘇菲不同，時代過去了，他們處在一個完全以出身論英雄的年代，斐迪南也還不是皇帝，只是要看皇帝臉色行事的皇儲。

　　當日，為了爭取娶到蘇菲，斐迪南做出了極大的讓步。1900 年 6 月 28 日，他簽署了檔，聲明日後當他成為奧匈帝國皇帝時，妻子蘇菲不能相應地獲得王后、皇后、大公夫人的身份，而他們未來的孩子也無法繼承帝國皇位。

　　兩天後，這對戀人終於如願舉行了婚禮。在他們的婚禮上，皇儲的伯父、茜茜公主的丈夫、帝國的皇帝沒有現身，其他貴族也無一出現，包括斐迪南自己的親兄弟。唯一參禮的王室中人，只有斐迪南那位繼母和她的女兒。此後，斐迪南皇儲跟皇帝的關係從未好過。

　　婚後，蘇菲也沒有得到皇儲妃的相應封爵。奧匈帝國裡的其他貴族女子，爵位、階層竟都在她之上。人們依然將她視為那個出身低下的侍女，沒有人把這位皇儲妻子當回事，更沒有人向她行禮，這尷尬的身份，微妙的局面，一下就是十幾年。由於他們屬於貴賤通婚，因此雖身為堂堂皇儲，斐迪南跟蘇菲的孩子竟然被剝奪了皇位繼承權，甚至就連一般的國事外出，或者在公眾場合露面，蘇菲都不能以皇儲妃的身份陪同在丈夫身側。

　　可憐的蘇菲，從來就沒有享受過一個皇儲妻子應有的待遇。

　　但她有一個足夠愛她的丈夫。

　　1914 年，斐迪南大公受邀參加波士尼亞的閱兵儀式，儀式在 6 月 28 日舉行——那正是十四年前他為了娶她為妻，簽署檔做出讓步的日子，是他們宣誓成

婚的日子，意義重大。儘管事前他就清楚，以帝國代表到這個幾年前被吞併、浸染著仇恨的地方，將會十分危險，但這也是唯一一次機會，蘇菲可以以夫人的身份陪伴在側，向民眾招手，接受人們的注視甚至歡呼。

他們不知道，後世會以另外一種方式銘記這個特殊的日子。

那天沒什麼先兆，天氣很好，兩人檢閱完後，心情愉悅地乘坐敞篷汽車進入塞拉耶佛。車子經過市中心時，一個暗殺者沖出來向車上的二人投擲炸彈，卻被彈到另一輛車上，這輛車上的人受了傷，兩人逃過一劫。斐迪南和蘇菲繼續參加市政廳的活動，活動結束後，斐迪南堅持要去醫院探望傷患。

跟「死神來了」一樣，逃過的那一劫，還是要在後面的時候還給他們。

車子駛向醫院時，沒人告訴他們的司機，路線已經發生變化。當司機發現走錯路時，他只得轉頭改行一條小路──未來的兇手正在那條街上。兇手看到皇儲夫婦的汽車經過時，馬上奔出來，掏出手槍，瞄準斐迪南和蘇菲，扣下扳機──

子彈首先穿過蘇菲的腹部，而後擊中斐迪南的頸部。儘管自己也中了彈，但斐迪南仍用盡力氣對大出血的妻子喊道：「蘇菲！蘇菲！親愛的！別死！為了我們的孩子活下去！」但蘇菲因為出血過多，在送往醫院途中就死了。意識模糊的斐迪南也很快跟著妻子去了。那天，是 1914 年 6 月 28 日。

當天傍晚，德皇威廉二世下令德國海軍降半旗以示哀悼。英王喬治五世和沙皇尼古拉二世也相繼宣佈為斐迪南大公致哀。（正是這幾人所代表的國家，在「一戰」中打得不可開交。）

但死亡並沒有為蘇菲帶來尊重與榮耀。

在他們的葬禮上，蘇菲的棺木比斐迪南的要低十八英寸，在其身上放了一雙手套，以象徵她曾經是侍從女官的身份。隨後，按照斐迪南生前的意願，兩人棺木被移到皇家別墅阿特坦城堡（Artstetten Castle）的教堂地下室中長眠——只因蘇菲的身份無法進入皇家墓室。

那年七月，斐迪南和蘇菲結婚十四周年。28 日，奧匈帝國向塞爾維亞宣戰，隨後其他國家紛紛加入戰場。貴族子弟親吻未婚妻的臉頰，微笑道別，他們爭先恐後上戰場以求像騎士一樣戰鬥，像先輩一樣立功，都生怕還來不及參戰，戰爭就結束了。當時的人們普遍認為，他們四個月就能夠從戰場上歸來，在溫暖的壁爐旁過上聖誕，沒想到這場戰爭一打就是四年，成為人類史上首場「世界級」大戰。戰場跨海越洋，從印度、歐洲直到北美，壕溝、重炮、坦克、飛機、潛水艇紛紛登場。

從此，歐洲的燈光全滅了。這個世界不再以歐洲為中心，牛津、劍橋的子弟紛紛成為白骨，貴族文明在戰火中灰飛煙滅。那些離開妻子、未婚妻奔赴戰場的貴族青年，跟窮人的孩子一樣，埋在灰白色的墓碑下。

不過對這篇文章的主角來說，他倆的人生已經走完，故事已經結束。在歷史長河中，他們的故事，只是茜茜公主的美麗傳奇或是慘烈「一戰」的註腳，但這完全無阻它成為我心目中「歐洲史上男歡女愛排行榜」的首位。

「別死！為了我們的孩子活下去！」是歐洲史上最美的情話。

配角的愛與恨

　　即使是對歐洲史不十分熟悉的人，也都會知道亞歷山大東征、文藝復興、宗教改革、法國大革命這些事件，也都知道拿破崙、路易十六、普希金這些人物。還有其他人，他們也跟上述這些人物一樣，活過，然後死去。只是前者被記住，後者卻只在史冊上露了個半臉──

　　清晨的凡爾賽宮，花園的草木上還帶著露珠，他曾經在外面窺探過她的身影。倫敦的長街黑暗，兩個巡夜人並肩前行，談論著昨夜被砍頭的安妮王后。莫斯科的貴族少女喝過下午茶，從慢悠悠的老僕人那兒聽聞普希金的死訊，失聲痛哭。

　　那些慢悠悠的時光裡，有一些人曾經愛過，恨過，無動於衷過，但他們只是帶露水的薔薇，風一過，水珠就落，又一陣風過去，連薔薇也謝了。我想在沙地上描繪這些薔薇，然後等著風吹，看著沙散。無論主角還是配角，歷史為我們安排的宿命，不正如此嗎？

費森

　　1810 年 6 月 10 日清晨，瑞典貴族費森[12]在鏡中最後看了自己一眼，便出門去參加王儲的葬禮。儘管人們暗中傳言，他參與了暗殺王儲的計畫，但他並

不理會這些流言，依然出行。難道這一輩子，圍繞他的流言還少嗎？他上了一輛六匹白馬駕駛的鍍金白色馬車，前往目的地。

當馬車駛向城中時，沿途人群開始追逐馬車，大聲咒　，朝裡面扔石頭。車夫準備轉頭，但人群的動作更為迅速，他們一擁而上包圍了馬車，將五十六歲的費森從車廂裡拽了下來。

拳頭與石頭將費森砸得頭破血流，他奮力反抗，在一片混亂中，他看到本該上前守護他的侍衛卻站在遠處看熱鬧。費森知道，這些人打算袖手旁觀。他的腦海中，也許閃過了當年路易十六說過的一句話——

我被這個世界拋棄了。

他掙扎起來，朝最近的一扇門奔過去，但人群朝他擁去，他再次被拖到外面的廣場上，被打得頭破血流。

眼前的視野跟他的意識一樣開始模糊泛白，耳邊，暴民的興奮喊似乎在遠去，幻化成舞會的樂聲。漸漸地，他聽到了法語，是許多人在說法語，人們竊竊私語，「看，他居然敢跟她一塊兒跳舞呢……」

那是他十八歲那年，在巴黎。他在德國和義大利學習後，來到了法國，當時歐洲的中心。

在那場假面舞會上，一個戴著黑色天鵝絨面具的高挑女子主動邀請他跳舞。樂聲中，二人起舞，他注視她面具下的雙眼，好奇面具下是怎樣的一副面孔。直到他開始納悶，因為人們都在注視著他們，且不自覺地與他們保持一定距離，

---

12. 費森（Hans Axel von Fersen，1755—1810 年），瑞典貴族軍官，瑞典上議院成員，外交家，政治家，與法國斷頭王后瑪麗為好友。

還用扇子捂著嘴竊竊私語。

　　突然，有人朝那個女子喊：「儲
妃！」那女子回過頭去，摘下面具，
周圍的人紛紛行禮。費森怔住了。
那女子像被揭穿身份的灰姑娘一樣，
急匆匆地離開。

　　這是兩人的第一次見面，電光
火石間，鴻蒙初開的情感。

　　後來，那個女子成為了法國王
后。

瑞典貴族費森伯爵，為瑪麗王后傾情一生。

　　她和費森之間是否存在超乎精神之上的關係，一直是後世人們猜測的焦點。
啊，就讓他們去猜吧。他如此小心謹慎，努力壓抑自己不要摘取法蘭西宮廷這
朵最高貴的玫瑰。他曾經寫道：「我永遠不可能娶妻。我深愛的女子也深愛著
我，可是我卻不可能成為她的丈夫。」而人們也都看得出來瑪麗王后對他與別
人不同：她會為了一點小事而向他道歉，又要求他身穿瑞典軍服入宮，不理會
是否合乎禮儀，只想看他身著軍裝的模樣。當費森前往美國參加獨立戰爭前夕，
誰都看得出來王后眼底的憂傷。

　　也許離開了法國宮廷，反倒讓他意識到，誰是自己最愛的人。四年後回到
法國，人們發現，費森和王后走得更近了。有他倆在的地方，空氣彷彿都在灼
熱燃燒，「嘶嘶」響著，薔薇都被灼燒掉。

　　日光很刺眼……舞會上的樂聲和法語，又模糊起來，費森回到了現實，聞
到了血腥味。多熟悉的味道呀……法國大革命的那段恐怖歲月裡，巴黎的大街

小巷都是這個味道。那真是噩夢般的日子……他依稀又聽到了踢踢踏踏的馬蹄聲，是她嗎？是她坐在馬車上，偷偷出宮嗎？她多麼率真又愚蠢，即使逃亡，也不忘帶上最美的禮服。她是天生的公主，命中註定的王后。

在她被送上斷頭臺後，他曾經多少次在睡夢中驚醒，痛哭自己失去的一切，懊悔自己做錯的事情。大革命的浪潮突如其來，這從未發生過，他協助路易十六跟瑪麗逃出巴黎。為了讓心愛的人享受更舒適的環境，他舉債為她安排了最好的行程，最舒適的馬車。正是這豪華張揚的馬車伫列，引起了沿路民眾的側目與懷疑，成為了讓她落入深淵的第一雙無形之手。路易十六一家被活捉了。

這個瑞典人，為了解救法國王后一家而大量借債，四處奔走。即使在這種情形下，她仍然禁不住相思，私下給他寫信。無法相見的痛苦扼住了費森，他偷偷前往巴黎，只為見她一面，即使明知這趟旅程危險──只要他的身份一敗露，將會馬上被判處死刑，但他顧不上那麼多了，臨行前，他為她寫下書信：「我的生命只是為了你。」

費森伯爵的策畫下，1791 年 6 月 21 日夜裡，瑪麗王后帶著六歲的王子和十三歲的公主，藏在馬車的後座逃離巴黎。圖為皇后和她的孩子們。

就像中世紀的勇敢騎士，九死一生只為見心儀的女子一面。沒有女人能夠禁得住這種熱情，即使貴為王后。一番驚險後，費森終於見到了被軟禁的瑪麗。

後世的人說，即使在此之前兩人只存在精神關係，但在這一夜，巴黎的月色慘澹如白骨，這對戀人彼此心照不宣：這將是永別。誰知道會發生什麼呢？他們握住彼此的手，奇怪，月亮似乎也變得溫柔起來了。

那一夜之後，他們不是沒有再見面的機會，她大可以逃亡，但是跟丈夫一樣，她拒絕出逃，無論情人和朋友如何積極為她提供幫助。她說：「我必須承擔起應有的責任，我的餘生要和我的家人共同度過。不管別人的評價如何，我們要勇敢地維護我們的地位和聲譽。我殘存的希望是我們的努力能為孩子們換來以後的幸福。」這朵曾經驕縱的法蘭西玫瑰，在災難中終於成熟。

費森仍在為她奔走，只是在時代洪流跟前，所有個人的行為都成了微弱的掙扎。

路易十六上了斷頭臺。

後來，瑪麗王后也上了斷頭臺。

他們在國外的親人，沒有為他們惋惜，反倒覺得釋然。人們為處死了國王、王后而 喊歡呼，沒有意識到這個國家隨之而來的動盪。路易十六流亡國外的弟弟，現在只盼著自己的小侄子也被砍頭，那他就成為法國王室的代表了。奧地利皇宮中，瑪麗‧安托瓦內特的名字成為了禁語。也許沒有人下過禁令，但人們出於高度的默契，絕口不提這一名字，彷彿她不屬於他們的家族，皇帝的良心也並未因沒有營救自己姑母而不安。

唯一悲慟的，只有既非血親又不是法籍的費森。法國人失去了他們憎惡的王后，而他失去了最愛的戀人。他寫道：「除了回憶，我一無所有。」為了留

住跟她有關的回憶，他叫人到巴黎搜集一切能夠找到的瑪麗王后的遺物，花大價錢將它們購買。

大革命像把利刃，暴烈地割開了法國的脈管，絳紅的血染紅了大地，震動了整個歐羅巴。路易十六死了，瑪麗死了，路易十六的妹妹死了，小王儲據說也死了。後來，丹東、羅伯斯庇爾、埃貝爾……那些直接或間接將他們送上斷頭臺的革命黨人也都死了。只有費森，帶著那個時代的印記，活了下來，承受新時代的衝擊與恥辱。拿破崙上臺後，在一次會議上拒絕與費森同席，因為他是「瑪麗王后的情人」。

他是不是活得太久了？簡直像那個時代的僵屍。也許，是時候結束這一切了吧，日光真刺眼……血腥味越來越重了，血……他看到了地上的血，那是從自己身上流出來的嗎……

當天，被瑞典民眾包圍暴打的費森停止了心跳。

小辛 's Note：

費森與瑪麗王后的關係，跟歐洲史的其他一切軼事一樣，眾說紛紜，版本不一。有人認為他們不是情人關係，也有人認為他們關係曖昧。本文採用茨威格[13]《斷頭王后》傳記版本的說法。個人覺得，如果不是出於愛情，很難想像為何一個瑞典人會為落魄的法國王后如此賣力，也無從解釋為何費森後人要燒毀瑪麗留給他的書信，以及刪除費森書信日記中的大量內容。

---

13. 斯蒂芬‧茨威格（Stefan Zweig，1881—1942 年），奧地利著名作家、小說家、傳記作家，擅長寫小說、人物傳記，也寫詩歌戲劇、散文特寫和翻譯作品。代表作品《一個陌生女人的來信》、《人類群星閃耀時》、《三大師》。

亨利‧珀西

他是安妮‧博林[14] 情路上的第一個亨利。

熟悉歷史的人早已猜著，呵欠連連道：這個亨利有什麼了不起的，能比得上另一個亨利——安妮的未來丈夫，英國國王嗎？

了不起的不是名字「亨利」，而是姓氏「珀西」。這個英格蘭的著名家族，長伴君側，早在征服者威廉那一代，它的先人就已是英國國王的追隨者。歷代家族中，出過愛德華一世這樣征服蘇格蘭時的風雲人物，也有被理查二世加冕為諾森伯蘭伯爵[15] 直至後世的，更有不少在著名戰役上留名的，近兩任伯爵又在都鐸朝廷屢獲重任，尤其是第五代諾森伯蘭伯爵，更是亨利八世時代的顯赫人物。

亨利‧珀西（Henry Percy），就是這位厲害人物的兒子，未來的第六代諾森伯蘭伯爵。

我們的安妮呢？

一個黑色頭髮、儀態萬千狀若狐狸的女子，她當時剛從法國宮廷伺候法國王后歸來，還什麼都不知道，大貴族們沒把她放在眼裡，倒是她那個叫作瑪麗的妹妹[16]，貴為國王亨利八世的情婦，大夥背地裡對她和她的家族不屑，但表面上倒是對瑪麗恭恭敬敬的。

得不到的永遠在騷動。得不到重視，得不到歡心，得不到婚姻的安妮，在

---

14. 安妮‧博林（Anne Boleyn），英格蘭王后，英王亨利八世第二任妻子，伊莉莎白一世的生母，威爾特伯爵湯馬斯‧博林與伊莉莎白‧博林（Elizabeth Boleyn）之女。

15. 諾森伯蘭伯爵（Earl of Northumberland），第一代諾森伯蘭伯爵，也叫亨利‧珀西，為英國典禮官。

誰也不知道的情況下，偷走了亨利‧珀西的心。天知道她是怎麼做到的——或許她在法國宮廷長大，紅男綠女，攻守進退，看得太多了。亨利‧珀西不僅愛上她，還跟她私下訂婚——婚姻這張牌威力無比。這可是後世多少跟男友戀愛數年的女子，無法修成的正果。

安妮很快就要成為未來的諾森伯蘭伯爵夫人了。

這裡當然會有一個「但是」，否則，就沒有未來的英國王后了。根據亨利‧珀西僕人的說法，由於安妮身為當時的王后凱薩琳的侍從女官，珀西經常入宮往那邊跑，兩人在此情況下好上了。但是與此同時，看上安妮的還有亨利八世，只是這件事當時誰都不知情，包括安妮本人。

每次看到類似的史料，我都會默想它的真實性、說話人的意圖以及可能存在的偏頗。珀西的僕人只能看到珀西看到的一部分，在珀西眼裡，安妮是無辜無害的，一心與自己相愛的，卻被亨利八世看中的。安妮看向國王的眼神，在陛下跟前笑容語氣的微妙變化，珀西看不到，他的僕人也看不到，後世如我們更看不到。便難怪同一段歷史，只是改一下視角，就有另一番說法。無辜的馬克白夫人 [17] 就此戴上殘忍惡婦的面具，天真的莎樂美 [18] 再也脫不下她身上的七層紗。

珀西的僕人又說，當時亨利八世知道安妮和珀西的事後，大為震怒，又不好直接出面干涉，於是他的心腹大主教沃西（Wolsey）就充當那個語重心長的角色。珀西當著所有人的面，據理力爭，聲稱安妮儘管只是個騎士的女兒，但是

---

16. 有的資料認為是姐姐。

17. 十一世紀的蘇格蘭王后，在莎士比亞名劇《馬克白》中，慫恿自己的丈夫殺害當時國王鄧肯，篡奪蘇格蘭王位，成就了殘忍冷酷女性的形象。

18. 一般認為是記載在《聖經》中的猶太國王希律王和其兄弟腓力的妻子所生的女兒。據記載，她 明她的母親殺死了施洗約翰。她的美無與倫比，希律王願意用半壁江山，換莎樂美一舞。

家族中有高貴的血統，他們是門當戶對的，珀西說，他不能跟安妮解除婚約。沃西轉過頭對僕人們說：「你們看看這傢伙，多麼愚蠢呀。」

不過，還用不著珀西的父親出面，珀西就已答應解除婚約。他總算弄清楚了，出身的成見可被衝破，但國王的欲望無處安放。

聽聞此事的現任諾森伯蘭伯爵，匆匆趕回家中，斥責自己那個「愚蠢的兒子」，「如果不是國王以智慧仁慈包容了你空蕩蕩的腦瓜和魯莽的愚蠢，他一生起氣來，隨時可以讓我們一家世世代代窮困潦倒！幸虧他寬宏大量，他跟大主教決定原諒你的愚蠢，同時向我傳達了一項跟你未來有關的命令。」在指出這項跟他未來有關的命令之前，伯爵大人跟兒子說，如果他還是這樣愚蠢的話，以後這個爵位的繼承人，或許就會另有人選了。

還有什麼命令呢？

不過是將沃西那次語重心長的談話裡「你不要再跟安妮‧博林見面」的意思徹底推遠罷了。

他們為他安排了一場婚約，女方是門當戶對的瑪麗‧泰柏（Mary Talbot）。安妮被遣送出宮（記載說她「氣得冒煙」），而珀西匆匆成婚。從此，他以有婦之夫的身份，眼看亨利八世開始追逐自己昔日的戀人兼未婚妻，而聰明的安妮將凱薩琳王后一步一步擠出宮外，在漫長的離婚案中，宮廷中人已經默認她是未來的英國王后了。

倒是珀西那個不合時宜的妻子，突然跳出來說自己跟珀西的婚約不成立，因為「他跟安妮‧博林有過婚約」。愚蠢的女人！珀西的生活再度跟安妮掛上了鉤，但此時的安妮不再是那個無足輕重的女孩兒，珀西也不再是那個「愚蠢」的青年。無須上級敦促，他馬上聲稱：「那是沒有的事兒。」

在宮廷裡，愛情從來不是最重要的東西。先談生存，再談理想。

那幾年，英國宮廷紛紛擾擾，各路消息不斷。漫長的離婚案還在繼續，英國民眾都站在王后凱薩琳那邊，安妮成為了討人厭的名字。珀西聽說，昔日那個狐媚的少女，也漸漸坐不住了，氣急敗壞起來。再後來，亨利八世竟然跟羅馬教廷決裂，成為英國國教的首領，一時震驚朝野。在民眾的憤怒中，安妮終於戴上了后冠。新王后跟舊王后的使命沒有太大不同，她卯足了勁兒，一心要為英國生下小王子，卻總無法如願。

舞臺中心熱鬧非凡，珀西只在背景的陰影處守望。他已是第六任諾森伯蘭伯爵，但與妻子彼此討厭對方，也沒有孩子，最後鬧到離婚。他雖然年輕，但身體卻並不好，英國發生了那麼多事，其實好像也跟他沒有太大的關係。他的日子，一直就那樣悄無聲息地過著，年少時跟安妮一起瘋狂愛戀的日子，好像只是他的一場幻覺。

直到 1536 年那個初夏，亨利‧珀西跟其他貴族一同坐在了聽審席上。

等候審判的對象，是貴為一國王後的安妮‧博林，她的罪名，是巫術、通姦。傳聞說，在法庭上面臨生死宣判的安妮‧博林，說出自己跟珀西曾有過婚約的事，意圖逃過一劫——那當然是徒勞。

當宣判安妮王后判處死刑時，聽審席上默然端坐著的珀西竟然摔倒，引發了一陣小小的騷動，人們不得不將他抬出法庭。

5 月 19 日，安妮‧博林被斬首。

次年六月，珀西因病去世，他死後無繼承人，一切財產歸國王亨利八世所有。

卡嘉

她的名字是葉卡捷林娜（Yekaterina Goncharova），家人會親切地叫她小名卡嘉。婚後，她被稱為丹特士男爵夫人。

對，丹特士（Georges-Charles d'Anthes），就是那個瘋狂追求普希金妻子，最後在決鬥中將普希金射死的法國貴族，普希金極度憎惡他，文豪雨果寫詩諷刺他「污泥一攤，像灰燼化為烏有」，馬克思稱他為「帝國臭名昭著的豢養兒」。

但是，在女人心目中，他是不一樣的。

如果卡嘉沒有那個名動俄國宮廷的妹妹娜塔麗婭‧普希金娜，她的人生會不一樣嗎？她會嫁給丹特士嗎？

從一開始，她就是姐妹中「多餘的那個」。在社交界，人們因為她是美人娜塔麗婭的姐姐，才給予一些注意。別的姐妹們覺得不大樂意，但卡嘉卻並不在意，能夠在聖彼德堡的舞會上受到關注，本身就是讓人高興的事。剛在社交界嶄露頭角時，卡嘉就已經展現出這個性格了。許多年後，一個喜歡自己妹妹的男人向自己求婚，她似乎也並不在意，滿心歡喜地答應了。

隔著這許多年的時間，我以一個女人的心思去揣度她——她是真的不介意嗎？這種事情，真的會有女人不在意嗎？更何況那不是別的什麼可以躲避的女人，而是她那美得連女人都會為之駐足側目的妹妹。

如果她不是太愚笨，就是太愛他了。

這個法國來的男人，像收割麥子一樣收穫了她的心。

丹特士是被法國大革命的風暴吹到俄國的。

大革命讓國王和王后掉了腦袋，那時候的拿破崙還是個不起眼的小角色，站在人群中看著熱鬧，思考著個人的命運、國家的未來。當時掌權的雅各賓派採取了非常手段控制局勢，可是歷史潮汐繞過了他們，湧到拿破崙的腳邊，「有那麼一刻，大地是高盧的，而高盧屬於你。如果那時候，不等享受太多，你就放下這無限的權力，那一舉給你帶來的美名，會勝過馬倫哥傳揚的英名。而在一次悠久的晚霞裡，它會把你的沒落鍍上金色，你的罪愆也只是浮雲掠過。」[19] 那時候，被砍頭的路易十六還有個弟弟，當他小侄兒（被保王黨奉為路易十七）死後，這位公爵馬上自立為路易十八，在英國、普魯士、俄國等地遊說，推動他的法國保王事業，意圖復辟。

歷史的潮汐無情卷過，拿破崙倒臺了。「那掃蕩一切的，自落得悲淒！所向披靡的，終於被擊倒！那一向判決別人命運的，現在為了自己的命運討饒！」[20] 路易十八回到巴黎，復辟了波旁王朝[21]。

眼見哥哥一家的悲慘遭遇，路易十八採取了開明政策，決定推行君主立憲制，但是他的弟弟查理卻是個極端的保王黨。路易十八死後，查理繼位，他廢除路易十八的開明政策，決意恢復法國大革命前的特權等級。

查理不得人心，法國爆發了七月革命，新國王外逃，眾議院建立了七月王朝[22]。

---

19. 摘自艾倫・肖姆的作品《拿破崙大傳》。

20. 摘自拜倫的詩《拿破崙頌》。

21. 波旁王朝（英語 Bourbon，法語：Maison de Bourbon），是一個在歐洲歷史上曾斷斷續續統治那瓦勒、法國、西班牙、那不勒斯與西西里、盧森堡等國以及義大利若干公國的跨國王朝。其在法國的統治於 1589 年開始。

丹特士就是查理的支持者，一個保王黨軍人。他拒絕在七月王朝政權裡任職，從軍隊中請辭，來到了俄國。

當時的俄國，處在歐羅巴文化地圖邊緣，宮廷中以說法語、追求法國時尚為榮。丹特士的出身背景與英俊容貌，讓他像攻陷女人的心一樣，輕而易舉地攻陷了俄國宮廷，他很快成為了宮廷中人議論的話題。

在這個國家的上流社會，還有另外一個人也長期處於議論中心——普希金。

跟保王黨出身的丹特士截然相反，普希金正感受著以法國大革命為首的歐洲革命風暴的衝擊——法國七月革命、義大利革命、西班牙革命，而同為詩人的英國人拜倫投身到希臘反抗土耳其的戰事中，更讓他心心念念不已。

「你沉默的刀鋒對著惡人的眼睛直射，有如地獄的冷光，有如天霆的電閃，而他呢，左右環顧，戰慄著，在宴飲之中坐立不安。」[23] 他的血液裡流淌著叛逆的因數，他反抗沙皇專制暴政，寫下大量讓沙皇震怒的政治詩篇，最終遭到流放，險些遠赴西伯利亞。儘管如此，俄國上下還是偷偷傳閱著他的詩，宮廷中人暗中討論著「喔，那個讓人又愛又恨的普希金！」

這兩個男人，丹特士與普希金，保王黨與革命黨，即使不是出於其他原因，也會是兩團無法相容的火焰。他們什麼時候走到一起，必有一方會被灼傷至死。

丹特士進入俄國宮廷，認識了普希金，也見到了他的妻子——「詩一樣的美人」娜塔麗婭。這個跟普希金的政見全然相反的男人，在女人的品位上卻和

---

22. 奧爾良王朝，1830 年至 1848 年統治法國的君主立憲制王朝，因國王路易‧菲力浦出自奧爾良家族而得名，又稱七月王朝，始於 1830 年法國七月革命，1848 年法國二月革命後被法蘭西第二共和國取代。

23. 普希金諷刺王權的詩作《匕首》。

普希金並沒什麼不一樣，他愛上了娜塔麗婭。

1836 年 1 月 20 日，丹特士在給他義父[24] 的信中寫道：「……我為她神魂顛倒。是的，神魂顛倒，茶飯不思，我不能說出她的名字，因為這封信可能寄不到你的手裡，不過只要你想一想彼得堡最迷人的尤物，你就會明白她是誰了。

現在最可怕的是：她也愛我，但我們至今不能相會，因為她的丈夫是個醋罐子。你是我的良師益友，我相信你一定會同情我的遭遇，看在上帝的面上，別對任何人說起，也別向任何人打聽我追求的是誰，否則你會把她毀了。」

2 月 14 日，他又寫道：「最近一次見到她時，我向她做了表白，非常艱難的表白，之後，我輕鬆了一些。她的談話很有分寸，表現得既迷人，又理智。這次談話是很不容易的，因為她要拒絕一個既傾心於她，也被她所愛的人，以免因他而違背了自己做妻子的義務。」

這場三角戀中，有普希金、娜塔麗婭和丹特士，甚至還有丹特士的義父、沙皇這樣的人物。沙皇角色微妙：他恨普希金，但他也迷戀著娜塔麗婭。

是哪一齣戲碼，都沒有卡嘉的事兒。跟她初出社交界一樣，這個平凡的姑娘，還是「多餘」的。即使她的目光一直默默跟隨丹特士，但那時候的她，連配角的位子都坐不上。圍繞在丹特士身邊的女人這麼多呀，她的心裡酸溜溜的。

在丹特士瘋狂追求娜塔麗婭的時候，卡嘉央求妹妹帶她一起去赴會，即使丹特士的目光從來不曾在她身上停留。女人啊女人！認為自己只要對他足夠好，總有一天會收穫他的心。

---

24. 丹特士的義父是一名富有的荷蘭外交官，此人終生未婚，當時包括普希金在內的許多人聲稱丹特士和他的義父是同性戀人關係。在普希金事件後，他跟丹特士一樣長居法國。

但是那個男人的眼裡，只看到自己苦求而不得的女人，根本看不到她。愛情，加上虛榮心，讓他將娜塔麗婭的心當成了一片戰場。他要贏，要贏普希金，要贏沙皇。

他差一點就大獲全勝。終於，娜塔麗婭告訴他，自己也愛他，「就像從未如此愛過一個人」。但是她同時也拒絕了他，因為她首先是一個妻子，是一位母親。

丹特士是軍人，戰場上，他從不放棄──他再度對娜塔麗婭的心發起進攻。

一場公爵夫人組織的聚會上，丹特士見到了娜塔麗婭，四下無人時，他攔住了她，向她要求有進一步的關係，卻被她拒絕。舞會仍在繼續，他又走到人多的地方，裝作沒事似的，接著快活地說話談笑。「……出色地扮演了自己的角色，我甚至是相當愉快的，總之，我一直堅持到十一點鐘，後來我就泄了氣，最後勉強走到街上，我一下子就哭了，就像傻瓜一樣，但哭過之後我感到些許輕鬆；回到住處後我頓感煩躁不安，一夜都沒合眼……」

這個在後世多少普希金的傳記中，被作者描繪得冷酷狡猾、謹慎奸詐的男人，此刻在聖彼德堡夜空下，竟然像所有陷入戀愛中的少年一樣，軟弱得能被擰出汁來。

隨著他的窮追猛打，風言風語開始刮遍整個俄國上流社會，人們對娜塔麗婭跟丹特士的關係議論紛紛。一封匿名信寄到了普希金手上，說他被人戴了綠帽子。

丹特士身邊突然需要一個配角的位置──妻子。

社交界傳聞，喜歡娜塔麗婭的沙皇不滿這個法國人對她的窮追不捨，要求他馬上結婚──跟誰都可以。好吧，既然是跟誰都可以，丹特士就跟其他貴族

小姐求婚。他長相俊美，討人歡心，誰想到竟然會遭到拒絕。

誰會愚蠢到跟一個心頭掛著其他女人的男人結婚呢？

卡嘉在心底默默地說：「我會。」

她愚蠢透頂，她無比愛他。

她終於與他結婚，如願以償。娜塔麗婭在婚禮前送給她一枚手鐲，上面寫著「手足之情，永遠留念」。卡嘉也許察覺出來了，妹妹對自己的婚姻並沒有由衷的祝福。她也許知道，也許不知道，妹妹內心也愛著丹特士。

結婚後，卡嘉給自己的丈夫寫信：「我唯一想讓你知道的是，我非常非常地愛你，只有你才是我的幸福，我的幸福在你一人身上。」

她將幸福系在一個不愛自己的男人身上，而這個男人迫於輿論壓力，在剛結婚時仍跟自己的妻妹保持著一段距離。後來在一次舞會上，他邀請娜塔麗婭跳舞，娜塔麗婭有點不知所措，但還是答應了，並懇求他以後不要再這樣了。

「我現在是你的親戚。如果你再躲避我，社交界會指責你的。」丹特士看著她美麗的雙眼。這個在仕途上工於心計的男人，感情上卻思路直接。既然她說過愛自己，「就像從未如此愛過一個人」，那為什麼他們不能夠更親密一些呢？反正，他現在跟卡嘉結婚了，她是多好的一個掩護啊。

娜塔麗婭不想傷害家人，她仍下意識地躲開他，但丹特士還是有辦法見到她，有時在社交場合，有時在自己刻意製造出來的會面中。

丹特士讓娜塔麗婭的朋友邀請她到家中做客，娜塔麗婭進去時，發現她的女友不在，在客廳迎接她的是丹特士。

　　這是一場有預謀的會面，窗簾厚重地擋住了屋子外面的所有視線，房子靜悄悄的。丹特士對娜塔麗婭說，自己要跟卡嘉離婚，跟她在一起。他頭髮凌亂，他眼神迫切，他聲音顫抖，他身體熾熱。

　　室內只有他們兩人，她害怕起來——是害怕他，還是害怕自己？不知道，反正，她高聲喊著那位「爽約」朋友的名字，朋友不緊不慢地出現在門口，臉上帶著狡猾的微笑。都是女人，她也是看穿了娜塔麗婭的心事。

　　娜塔麗婭落荒而逃。已婚的婦人早就失去了情感戰場上的一切資格，攻守都是錯，只能當逃兵。

　　這些事情，卡嘉知道嗎？

　　一個女人要愚蠢到什麼地步，愛一個男人到什麼地步，才能夠對他身上的一切沒有感知呢？她必須將身上的所有感官都關起來，才能夠讓自己相信：他是我的，他還是我的。

　　卡嘉太忙了，忙著一心一意愛那個男人，當她注意到有什麼不對勁時，已經來不及了。丹特士要跟普希金決鬥。

　　愛聽八卦的宮廷中人，自然認為那是為了一個女人。但也許，裡面還摻雜著男人的榮譽與面子，保王黨與革命黨的水火不容，或純粹是兩個男人互相看對方不爽到了極點。無論是哪個原因，都跟卡嘉沒關係。

　　跟自己的妹妹一樣，卡嘉在家裡焦急地等待著決鬥的結果。彷彿一生一世的漫長等待之後，卡嘉聽到了消息：丹特士只是受了傷，並沒有傷及生命，她當場喊道：「謝天謝地！」

　　但是，普希金死了。

娜塔麗婭失去了丈夫，她的孩子們失去了父親，俄國失去了最偉大的詩人。

丹特士再也無法在俄國待下去。卡嘉跟隨他身後，回到了他的祖國法國。從此以後，她的名字在娜塔麗婭的娘家成為了一個禁語，照片全部被銷毀。

她終於得到了完整的丈夫，沒有娜塔麗婭在身邊。以普希金的死為代價，以離開自己的家人為代價，以離開自己的祖國為代價，以居於異國為代價。卡嘉默默地為丹特士生兒育女，但令她失望的是，她一連生下三個女兒。在第四次懷孕時，她赤足跑到小教堂祈禱，祈求上帝賜她一個兒子。

在她為丹特士生下的女兒裡，其中一個竟被丹特士送到了精神病院。在這個只講法語的家庭裡，這個小女孩竟然精通母親的語言——俄語。在這個普希金的名字被視為禁忌的房子裡，她竟視普希金為自己最尊敬的詩人。她甚至將自己房間佈置得跟神壇一樣，房間裡掛滿了普希金畫像，她跪在畫像前祈禱。在一次跟父親的爭吵中，她脫口而出：「你是殺害普希金的兇手！」

不過這些事情，卡嘉都看不到了。

她第四次懷孕，終於為丹特士生下了小兒子，自己卻患產褥熱而死。也許那一刻，她是感覺幸福的。月落星沉，故國難歸，但留在丹特士身邊的人，不是娜塔麗婭，而是她呀。

小辛 's Note：

似乎每一場悲劇都要有一個負責人。對俄國來說，普希金比沙皇還重要。意識形態的解讀一直籠罩在跟他死亡相關的這場多角戀中。他剛死未久，娜塔麗婭就被妖魔化成輕佻的蕩婦，多少年過去了，娜塔麗婭才逐漸被還原成一個溫和賢良的妻子和母親。

　　但丹特士依舊是那個丹特士，豹狼般危險，獅子般傲慢。在我參考的娜塔麗婭傳記[25]中，蘇聯作家們在面對丹特士信中流露出對娜塔麗婭的情感時，仍堅持那是出於激情或欲望，不認為那是愛情。

　　我卻一廂情願且諷刺地在普希金的詩篇裡，感受著娜塔麗婭和丹特士之間那無望的愛：

我曾經默默無語地

毫無指望地愛過你

我既忍受著羞怯

又忍受著嫉妒的折磨

我曾經那樣真誠

那樣溫柔地愛過你

但願上帝保佑你

另一個人也會像我一樣地

愛你

　　在旋渦般的醜惡輿論中，娜塔麗婭為普希金守寡七年，隨後改嫁一普通男子，家庭寧靜而幸福。丹特士在妻子卡嘉死後，終生未娶。

25.《普希金娜的故事》，阿格尼婭·庫茲涅佐娃著，新華出版社，1983 年。

女巫

「最近，我們聽到一些令人難過的傳聞……許許多多的男女，忘了自己的救贖，偏離天主的信仰，與睡夢中的異性交媾，詛咒發誓，施展魔法，妖言惑眾，胡作非為。他們使女人不能生育，使小動物夭折，使農作物不生，使果樹枯死……」

這不是哪個奇幻童話作家筆下的文字，這段話出自教皇英諾森八世[26]（Pope Innocent VIII）在 1484 年頒佈的諭令。這道諭令成為了巫師追緝令，從此，基督教世界掀起了一波又一波的「獵巫行動」。

民間獵巫的動機才不是「代表月亮消滅你」那麼簡單，一開始它跟歐洲中世紀常見的瘟疫有關，人們相信這是魔鬼和巫師搞的鬼。直到印刷術盛行後，關於魔鬼學的著作開始大肆流傳，為獵巫行動推波助瀾。

當時的歐洲醫術不發達，人們不愛乾淨，因此疾病叢生，再加上人和人之間勾心鬥角等，這些都成為助長追捕巫師這股火苗的風勢。人性的惡，在追捕

---

26. 羅馬天主教皇（1484—1492 年），原名西博。1484 年發佈通諭，譴責巫術迷信，在全歐洲掀起捕殺女巫的高潮。還屢次與義大利境內各國交戰。曾試圖組織東征軍討伐土耳其，未成。1490 年與蘇丹巴耶塞特二世達成和約。

女巫行動中充分暴露出來──民間興起了告密的風潮，大量無辜的女人被私自用刑。這些私自用刑的人，不管他是出於什麼目的，只要大手一揮，義正詞嚴地說一句「我是在懲罰女巫呀」，就能免罪。多好的免死金牌！

不是有宗教法庭嗎？

那時候的宗教法庭，才不是正義的化身。人們審判年輕的女巫時，總喜歡興致勃勃地追問她們是怎樣跟魔鬼交媾的。可憐的女人，為了少遭受鞭打，只得編造些他們愛聽的話，最後再被殘酷弄死。她們提供供詞時，心中怨念重重，又供出更多的「女巫同謀」，雪球越滾越大……

唉，想當年，真正的女巫在世時，怎容得這些人如此放肆！美狄亞那復仇的雙手，一定將他們剝皮拆骨。（詳見本書〈被拋棄的女人〉）奇怪的是，同為巫師，身為男性的梅林（Merlin）卻大放異彩，備受敬仰。

因為他是幫忙締造了亞瑟王朝的男人嗎？那他的女弟子，一手摧毀了亞瑟王朝，又該當何罪呢？唉，一切還要從頭說起。

亞瑟王（King Arthur）時代的摩根（Morgan le Fay），即便以今日眼光看來，也是個不折不扣的妖女，因為她符合一切新舊時代對於「壞女人」的定義。

當年的人們說，她是個女巫啦，這違反了基督教價值觀啦，她是個壞女人啦。後來的人們又說，她已經結婚啦，怎麼還有這麼多情人啊，這不行吧。到了後來的後來，基督教對世俗道德漸漸鬆綁，女性對愛情的追求漸漸受到鼓勵，「聖母白蓮花」開始討人厭，妖女被視為女權主義、敢愛敢恨的先驅。摩根這個妖女，終於迎來了她的好日子。

亞瑟王是英格蘭傳說中的國王。英國曾經在羅馬帝國麾下，羅馬帝國瓦解後，亞瑟王率領圓桌騎士團統一了不列顛群島，英國大地上到處流傳著他的傳

說。現在影視、動漫、遊戲中被用爛的「圓桌騎士」「聖杯」「石中劍」等元素，都跟亞瑟王的傳說有關。

如果說，希臘的史詩中保留著人和神相處、交戰的故事，那麼亞瑟王的傳說中，則更多地保留了人與巫共存的痕跡。他身邊的巫師，不僅包括聞名遐邇的大法師梅林，還有摩根。

傳說中，亞瑟王是他父親尤瑟王的唯一男性後裔，但他卻是個私生子。他父親跟妻子生下的只有女兒，也就是亞瑟王同父異母的姐姐，摩根。

摩根是亞瑟王同母異父的姐姐，在梅林手下學習法術。最早關於亞瑟王的傳說版本中，摩根也沒發揮什麼作用，只是個女巫兼治癒者。後來，關於亞瑟王的文學作品漸漸多了起來，摩根的身份也越發豐富和複雜起來——她擁有了自己的婚姻，但在婚姻中她並不快樂。跟所有鬱鬱寡歡的美麗已婚女子一樣，她擁有眾多的情人。不過，她愛的卻是亞瑟王的騎士蘭斯洛特（Lancelot）。

可惜的是，蘭斯洛特所愛的人，卻是王后桂妮維亞（Guinevere）（詳見〈那些年，我們一起追的靜香〉）。這對苦命戀人，為了守住肉體的貞潔，只寄託於柏拉圖式的情感，在後世亦被視為愛情的象徵。

摩根簡直就是從我們這個時代穿越過去的女漢子，她降落在亞瑟王的時代，卻懵然不知，對當時的女人來說，頂住誘惑、死守貞潔就是勝利。蘭斯洛特愛極了王后桂妮維亞，兩人卻未越雷池半步，只在樹下談天說愛。摩根嗤笑：這是什麼效率！

於是，她用我們這個時代女性的雷厲風行的姿態，勾引蘭斯洛特。這個行為果然成功地……將蘭斯洛特嚇跑。

如果那個時代，摩根身邊有個好閨密，能夠讓她盡情吐槽，她也未必壓抑

成恨。只可惜沒有，她的同類美狄亞比她早生了數百年，而晚輩們又都還沒穿越過去，她憤憤不平，對這對戀人越想越恨。無數爛掉牙的小說告訴我們一條壞女人的信條：我得不到的，你也休想得到！摩根就是這樣做的，她施施然將這兩人的戀情曝光。亞瑟王跟他最為忠誠的騎士蘭斯洛特，就此撕破臉，開始了一系列鬥爭，亞瑟王朝開始邁出衰落的第一步。

都是摩根的錯。

世代傳頌亞瑟王故事的人，如是說著。

慢著——為什麼告發偷情者，反倒成了犯錯的那個呢？只因為蘭斯洛特和桂妮維亞是官配嗎？難道因為她是女巫，所以作者看她不爽嗎？還是因為，無論亞瑟、蘭斯洛特還是桂妮維亞，頭頂都有主角光環，他們都不會犯錯，亞瑟王朝倒下的第一塊多米諾骨牌，只能由摩根和她的兒子（請注意這個人）伸手去推？

蘭斯洛特和亞瑟王之間的搶女人戰爭，沒有引發太多的動盪。直接導致亞瑟王之死的，卻是摩根的孩子，也是他的私生子——莫德雷德[27]。

關於摩根和自己的弟弟亞瑟王亂倫生下莫德雷德這個禍害的情節，有不同版本。一般說是兩人在互不知道是姐弟的情況下，發生了關係，摩根生下了一個男嬰，叫作莫德雷德。也有版本說摩根運用迷藥，迷惑了亞瑟王，於是共度一夜——反正無論是哪個版本，只要記住我們的男主角亞瑟是不會犯錯的，那就對了。

---

27. 莫德雷德（Modred），在 Wace 的記載中，莫德雷德並不是亞瑟的兒子，而是王后桂妮維亞的兄弟。而威爾士的傳說中，莫德雷德與 Caw 的女兒 Cywyllog 結合，生了兩個兒子。在最早的威爾士傳說中，莫德雷德是一位英雄而不是一個反面角色。

在這個男嬰誕生後，梅林告訴亞瑟，他犯下了亂倫的罪行，並且預言：這個孩子，日後會篡奪你王位。

多年後，這個男孩果然趁亞瑟王赴法國討伐蘭斯洛特之機，與自己的父親、舅舅爭奪王位，還搶奪女人——甚至在有的亞瑟王傳說版本中，他向桂妮維亞王后求婚成功，並且與她生下了孩子。

即便情節已經亂倫加亂倫成這樣了，什麼都不懂、只有美貌與善良的桂妮維亞仍是端莊美好的聖母，摩根這個懂法術、醫術和算計的女巫，則是她人生故事中的永恆配角——她的弟弟兼情人亞瑟愛她，她的心上人蘭斯洛特愛她，連她的兒子莫德雷德也愛她。

從我們的年代穿越過去的摩根，沒料到自己遇上了一個最佳女主角，自己只是個蛇蠍女配角。

但她到底是我們這個年代的穿越者，女權主義鎧甲在身，有如金剛護體。既然沒有一堆男人保護她，那就自己打落門牙和血吞，冷眼旁觀著一切。聽聞王位不保、妻子被搶的亞瑟王，趕緊回國與自己的兒子面對面單挑。

不管是誰贏了，那都是她的親人，她的摯愛。不管是誰輸了，她都永遠失去了自己的骨血。

亞瑟王傳奇就這樣走到了它的落幕處——亞瑟王在跟莫德雷德戰鬥時，將他的親兒子殺死，自己則身負重傷，乘著小船遠去。永遠是配角命的摩根，此時陪伴在亞瑟王身側，兩人泛舟遠去，消失在茫茫天與地之間。

她是贏了？還是輸了？

沒有人能夠說得清楚。

但起碼，跟在三個男人之間來來去去搖擺的桂妮維亞比起來，她始終掌握著自己的命運。是好是壞，由她自己說了算。

後世的許多「女巫」則沒有她的幸運。基督教在歐洲傳播開來後，捉捕女巫在民間動機多種多樣，在宮中卻目標一致——就是要排除異己。當一個有身份、有影響力的女人被指認為女巫，那基本等同於中國的「狐狸精」了。人們說，她迷惑了國王的心，要將她處死。

於是，亨利八世在心急如焚地想要解決掉自己的第二任妻子安妮‧博林時，宣判她為女巫，證據是她其中一隻手有六隻手指。他簡直是氣急敗壞地否認過去的濃情：我怎麼會愛上這種女人嘛，完全就是因為她是女巫啊！過去的情啊愛啊，他都忘卻了。（男人怎麼會變？當初他對原配有多冷漠，現在對小三上位的妻子，就有多殘忍。）

也有身份低下的女子，迷住了國王的心，國王堅持非她不娶。於是宮廷中人紛紛傳言：這個女人，絕對是個女巫呀，施行巫術迷住了男人。管它有沒有證據，先製造輿論，佔據上風再說。

美狄亞與摩根之後，這世上再也沒有肆意妄為的女巫。剩下的，只有在男權社會壓迫下，仰人鼻息的可憐女子，只要稍微展露個性，便被貼上「女巫」標籤，永世不得翻身。

幸好，我們終於迎來了現代社會，人們愛上了妖女，再沒有人愛看聖潔如小白兔的女主角，卻對美豔狡詐的妖女情有獨鍾。摩根在後現代的電影中露出蒼白而妖媚的臉龐，既天真又無望地愛著蘭斯洛特，又在希望與絕望中，與自己的弟弟孕育出莫德雷德。她在情感上傷痕累累，於是性格乖張，努力阻止亞瑟王跟他的騎士們尋找聖杯，拯救王國。

是啊，王國被拯救後，英格蘭就要進入基督教時代了，像她這樣的異教女巫，就要被清掃出門，直到我們這個年代，才能夠抬起頭。摩根愛得極端，恨得極端，哪能忍得住這漫長的寂寞啊！

小辛 's Note：

亞瑟王故事來源久遠，且在後世中發展出了無數在細節上相互矛盾的版本，但無論是哪個版本，故事中的男女都帶有宿命式的不幸。而摩根與亞瑟王的亂倫、兒子奪父王位的故事，總是帶著點希臘悲劇的意味。這個故事中的所有人，無論是亞瑟王、桂妮維亞、蘭斯洛特還是摩根，最終都沒有得到自己所愛的人。

但對比起桂妮維亞和蘭斯洛特，我覺得妖女摩根要有意思得多，就連跟摩根一起時的亞瑟王，亦正亦邪的，也比跟蘭斯洛特、桂妮維亞和梅林在一起時的亞瑟王要好玩多了。

Chapter 4

命 運 之 劍 懸 在 頭 頂

理查叔叔，放開我

英格蘭。

郊外戰場上，一個男人從馬背上掉落，頭上王冠倏然落地，沾染泥濘。身披鎖子甲的騎士一擁而上，拔劍向他身上刺去，其中一位眼疾手快，將王冠拾起，遞給與他對陣的另一個男人。

男人鄭重地將王冠戴在自己頭上，睥睨了地上那男人一眼。這個男人，現在什麼都不是，只是一片泥濘了。

而勝利者知道，這個國家，跟那個女人，從此都將冠上自己的姓氏——都鐸（Tudor）。金雀花王朝滅亡，都鐸王朝建立。怎麼說好呢？——玫瑰戰爭，可是好大一團亂麻。從後面說起吧。

首先是人盡皆知的英國伊莉莎白一世——那位童貞女王，她締造了大英帝國的黃金時代。（現在英國王位上坐著的那位老奶奶，是伊莉莎白二世，跟她隔了五個世紀。）

往上是女王的老爸，亨利八世（Henry VIII）。經過近幾年電影電視的洗禮（洗腦），人們也都知道了她那位殺妻換妻老爸，都鐸王朝因他而名聲在外。

再往上是女王她爺爺，亨利七世（Henry VII），都鐸王朝第一人。在他出生的時期，英國還處在玫瑰戰爭時期（簡單說，就是同一血脈的兩支，約克 v.s. 蘭卡斯特。這段歷史是小說和電視劇《冰與火之歌》的原型之一）。亨利七世出生的時候，正處於約克統治時代。

只怪國外的言情偶像劇不如中國大天朝火紅，連《五十度灰》都能大賣。其實，光是一個敏感猜忌的亨利七世就足以秒殺那幫男主角了——不過本期主角不是他，他是〈好命豈獨灰姑娘〉那篇裡的男主角。

在亨利七世之前，金雀花王朝的最後一個國王——理查三世（Richard III），他是我們女主角的叔叔，也是女主角的緋聞物件。在後面那場搶女人搶王位大戰中，如果勝出的是理查叔叔，這世上就沒有都鐸王朝了。

在都鐸王朝還沒建立的時候，身為亡兄欽定護國公的理查，把從威爾士趕回倫敦的王儲扔到了倫敦塔里去（英國查理斯王儲為什麼又叫威爾士親王？因為自英國吞併威爾士以後，英國君主就有將威爾士親王這一頭銜賜予長子的慣例）。他同時宣稱王儲的母親跟亡兄的婚姻無效，生下的一堆兒女也隨之失去繼承權。三十一歲那年，他自己坐上了英國王位。

這一行為，有可能是為了隔絕王儲跟勢力強大的外戚的聯繫——他們的生母，是不列顛島最美的女人，一點不簡單。理查三世自然有他的政治考慮，只可惜不久之後，塔中王子失蹤的消息傳出，人們開始在暗中議論：理查三世是殺侄的兇手。

他的王位開始不穩固了，他的名望也隨之下降。

這個時侯，未來國王，還是少年的亨利‧都鐸還在流亡。他的繼承權雖排在後面，卻能夠直接對王位上的人造成威脅。他覺得，時機到了。

這個時候，那位大不列顛最美的女人，既然能夠從一介平民當上王后，當然也不是省油的燈。她跟亨利‧都鐸他媽私下訂了兒女親——哼，理查三世，你不讓我兒子當國王，我還能想辦法讓我的女兒當王后！

這個時候，一個奇怪的傳言還是從宮中流傳出來了：當時理查三世的王后剛死，他想娶自己的侄女為妻。

關於長女伊莉莎白，身為大不列顛最有魅力男子和最美女人的愛情結晶，其美貌程度可想而知。當時她在宮中，是王后的侍從女官。後世宮廷中無數小三，比如伊莉莎白女王他媽安妮‧博林，也是從王后身邊侍從女官這個位置開始的，儘管伊莉莎白已經被理查自己貶為私生女了，但作為愛德華四世的長女，她的名望尚在。當時有傳聞說，塔中王子失蹤了，理查的名望跌到最低點。

沒有明確資料顯示，理查三世跟青梅竹馬的原王后感情如何，不過，根據史料記載，理查三世對於傳出這種叔侄緋聞十分惱火，大發雷霆地做了一番澄清。

無論如何，假如他跟侄女有曖昧的話，不是會適合人類八卦的胃口嗎？後世八卦如莎士比亞，是也在「歷史劇」《理查三世》裡借理查之口，向自己的寡嫂、侄女之母提親嗎？

「我如果的確奪取了你兒子的王位，我就還給你的女兒作為賠償。如果我殺害了出自你胎中的後嗣，我要在你女兒身上繁茂你的血統，同時傳下我的種。」

「去吧，我的岳母；找你的女兒去；用你的經驗教她不要再害羞；讓她做好準備，接納一個情人的請求。」

咳，大文豪，你的臺詞還能再露骨些嗎？

這個時候，亨利‧都鐸也聽到了這個傳聞，別忘了，伊莉莎白已經跟他訂過親。儘管他沒見過她，但對她的美麗可是有所聽聞的。不，這是個要奪取王位的男人，妻子的美貌與否，不在他的主要考慮之內。比任何事情都重要的是：他不願意失去娶蘭卡斯特家族繼承人的機會。

聖誕那天，亨利‧都鐸在教堂宣誓，將娶伊莉莎白為妻。隨後，他向理查三世發起了進攻。上帝這個巧妙的編劇，將兩個情敵放在戰場上。1485 年，歷史上演了最狗血的一幕。——無論哪個男人贏了，伊莉莎白都會是英國王后。[1]

小辛 's Note：

理查三世並不快樂。

他被王兄愛德華四世選為護國公，正是因為他的忠誠。他「篡位」的原因眾說紛紜，但有史學家認為這是在權力鬥爭中的自保。而理查在位的短短兩年內，他致力於在不穩定的局勢中，穩定國家，但他的私人生活卻是一片地獄：他先後經歷了喪子、喪妻的痛苦。在他死後，他被剝光衣服，雙手捆綁，由馬拖行，遊街示眾。

在由他的敵人開創的都鐸王朝發展到盛世時，一個叫莎士比亞的男人，寫出了《理查三世》。人們甘之如飴地認為：大文豪寫的就是歷史。理查三世就此犯下「殺侄」罪行，成為英國史上最有名的暴君之一。

1674 年，工人在整修倫敦塔時找到兩具裝有少年骸骨的盒子，懷疑是當年

---

1. 理查三世是西方歷史上最聞名的君主之一——拜莎士比亞所賜。「塔中王子」的故事十分有名，理查三世也成了歷史上的「壞叔叔」。但目前史學界基本認為，這一形象乃都鐸王朝的宣傳抹黑，塔中王子案件疑點重重，亨利七世同樣可疑。而理查三世跟亨利七世的這場戰役，是長達三十年的玫瑰戰爭的收官戰，這場戰爭的真正終結，以約克家族與蘭卡斯特家族的亨利與伊莉莎白聯姻為標誌。幾百年後，感謝約瑟芬‧鐵伊，理查三世已經開始洗白了，倒是亨利七世「黑」了不少。

被理查三世殺害的兩個塔中王子。

1951 年，英國推理作家約瑟芬‧鐵伊（Josephine Tey）在《時間的女兒》中，對當年這樁歷史疑案重新推理，推出了「亨利七世可能才是塔中王子案真凶」的結論。

2012 年，在英國萊斯特一個破敗停車場，出土了一具死於戰爭的年輕男性骸骨。通過骨齡測試、傷痕對比和 DNA 鑑定，官方認定骸骨屬於理查三世。他的身體傷痕累累，雙手被捆。

2015 年 3 月 26 日，理查三世的遺骸被重新安葬在距離其發掘地不遠的萊斯特大教堂，他的後人「卷福」[2] 出席葬禮並致辭。這次葬禮舉世矚目，不少人特地趕赴英國，只願為他送行。也許這一次，他終於能夠獲得安息。

命運，對每個人公平嗎？

只有上帝能回答。

2. 英劇《神探夏洛克》中的主演，本尼迪克特‧康伯巴奇（Benedict Cumberbatch）。據考證他與查理三世是遠親。

私奔的女孩（上）

我要懺悔。

幼稚的我，真正開始留意伊莎貝拉（Isabella I of Castile），是由私奔的故事開始的。

我當然在其他人的故事裡聽過她。畢竟，她是人類歷史上這樣重要的一個人——哥倫布（Christopher Columbus）要出海了，航行前他出入宮廷，抬頭所見的那張素白面容，就是伊莎貝拉；胡安娜瘋了，被囚禁在修道院裡，念念不忘的除了死去的丈夫，還有她的母親伊莎貝拉；小公主凱薩琳遠嫁到英國，未婚夫卻早逝，她茫然不知所措，提筆寫信給她的母親伊莎貝拉；亨利七世一邊在房間裡數著金幣，一邊念叨著親家伊莎貝拉的財富；宗教審判庭裡的新教徒咒著的名字裡，赫然也有伊莎貝拉……

她總在別人的故事裡只露出半個側影。在這些影影綽綽的露面中，我記住了伊莎貝拉與丈夫斐迪南二世（Ferdinand II of Aragon）的「雙王時代」，記住了她對西班牙的貢獻與反貢獻。你知道的，歷史學家總愛說，西班牙因她而統一、崛起與輝煌，也因她而衰落。

無論如何，這個國家的誕生，總歸是從那一場私奔開始的。

在故事的最開端，我們的女主角伊莎貝拉，儘管貴為公主，卻跟一個灰姑娘沒什麼兩樣。她的前半生，用童話語言來表述，會是這樣子——「很久很久以前，在一個叫卡斯蒂利亞的遙遠的國度，有一個公主。公主原本在宮中過著幸福的生活，但有一天，她的父王去世了，公主同父異母的哥哥當上了國王，國王很壞，將公主趕了出去……」

伊莎貝拉的這位王兄卡斯蒂利亞國王恩里克四世（ Enrique IV），跟他的王后多年來一直沒有小孩。於是伊莎貝拉跟她的弟弟自然是恩里克的王位繼承人，但恩里克非常不喜歡他們和他們的母親——伊莎貝拉的母親是葡萄牙公主，還是王后時就已經跟恩里克極度不合。恩里克在登基後，馬上將他的繼母和還是小娃娃的伊莎貝拉和弟弟阿方索（Afonso）趕到宮外去住。伊莎貝拉和弟弟雖然貴為王族，但從小就生活在貧窮惡劣的環境中。

回頭再看，我想正是童年的逆境，將伊莎貝拉的個性跟其他公主區別開來。當大部分生於深宮婦人之手的公主，長大後順服於父兄的命令時，伊莎貝拉暗暗地將命運捏在自己手中，在適當的時機，她以一場私奔完成了人生最重要的逆襲。

當然，還是個小娃娃的伊莎貝拉當時並不知道人世險惡。她只是深刻瞭解自己公主的身份，也堅信自己有朝一日會回到宮中。她博聞強記，興致勃勃地學習著各種知識，只不過，她母親的精神狀況越來越差。至於他的王兄恩里克，儘管宮中有各種關於他性無能啦、同性戀啦的傳聞，但後來他的王后還是懷孕了，並且生下一個女兒。

問題是，大家都知道恩里克的傳聞，於是當時很多人懷疑這個孩子不是恩里克的，王位不能傳給這個女嬰。這時候，更多貴族站到了阿方索王子身後，甚至有人支持他奪權稱王。如果伊莎貝拉年紀足夠大的話，她也許有足夠理智的頭腦阻止弟弟被這些貴族利用，但當時，她只有十三歲，眼睜睜看著比自己

《拭血的摩爾人》，畫面中
摩爾人站在高大的宮牆前砍
殺基督徒。

小兩歲的弟弟被人推上王位繼承人的位置。

恩里克當然容不下阿方索的存在。

這個時候，伊莎貝拉回到了王宮——不是作為公主被千呼萬擁著，而是作為哥哥恩里克的人質。

她從小就是個虔誠的天主教徒，在被軟禁冷遇的歲月裡，她每天都向上帝祈禱，祈願能夠結束國內混亂，但上帝沒有聽到她的祈禱。三年後，阿方索王子病發身亡，很多人懷疑，阿方索其實死於恩里克派人下的毒。

阿方索的死，雖然讓擁護他的貴族亂了陣腳，但是壞哥哥恩里克的支持率並沒有因此而上升。同樣一批人，現在轉到了伊莎貝拉身後，聲稱要擁護她當女王。

人生就是由一個又一個關鍵的抉擇組成。這個才十幾歲，在鄉間長大的少女，在王冠的誘惑面前毅然轉身。在她未來的人生中，她做過許多重要的抉擇，而這是第一個。從她後面的路看來，與其說她沒有權力欲，不如說她有當時女子普遍缺乏的過人的政治判斷力。她知道，儘管恩里克無能昏庸，他的繼承人血統成疑，但他的力量依然強大，阿方索身為恩里克的弟弟，並沒能順利替代恩里克，最終可疑地死去，就是個很好的例子。

於是，她在眾人面前宣佈，她不會取代哥哥恩里克成為這個國家的君主；相反，她還要輔佐哥哥，建設好國家。

伊莎貝拉在人生中的第一個抉擇，為這個因王位而爭鬥不已的國家帶來了和平，她也因此在宮廷裡站穩了腳跟。儘管哥哥嫂嫂依然在人前人後給她送去白眼，但她可是從小打落牙齒和血吞的，小小屈辱算不了什麼。現在正是她最美好的十幾歲年華，她利用宮廷中的機會，像一塊小海綿般盡情吸納她所感受

到的一切。

這是文藝復興的時代，是她身處的時代。

曾經有人跟我說，當你找不到自己方向的時候，就去讀書。「讀書」？我一笑，「這不是我天天都在做的事情嘛。」

對方也只是在笑，一再重複：「你去讀嘛。」

伊莎貝拉在她從小女孩到少女過渡的階段，也跟日後在海上航行的水手一樣，尋找著方向。儘管她表面支持恩里克，但內心深處清楚得很，自己的哥哥並不喜歡她，她不能將命運交到他的手上。

的確，在那個婚姻只為了利益的時代，父親的決定也不會顧及女兒的幸福，更何況是厭惡自己的異母兄弟呢？在整個國家大局中，恩里克自有他的考慮，而疾速學習、疾速成長的伊莎貝拉，已逐漸洞悉當時局勢，更對自己未來的命運多了幾分把握。

十五世紀下半葉，伊比利亞半島上有四個基督教國家：葡萄牙、卡斯蒂利亞、阿拉貢和那瓦勒。現在我們所熟知的西班牙，當時還只是幾個各自獨立的王國。數百年前，西班牙這片土地還屬於西哥特人（屬於日爾曼蠻族的一支）統治，強大的阿拉伯人（西班牙人稱他們為「摩爾人」）卻征服了西班牙甚至整個伊比利亞半島，從此，伊斯蘭文明跟基督教文明就在這片土地上交織。

從現在發達文明的歐洲土地上看去，我們也許很難理解阿拉伯人對歐洲的影響，但在中世紀歐洲，那裡只有僧侶才掌握文字，而他們的大部分時間都花在討論「一個針尖上能夠站幾個天使」這種問題上。反觀阿拉伯人卻繼承了希臘、羅馬的文明，保存了古典時代的典籍，為日後歐洲文藝復興提供了可能性。因此，在整個歐洲正處在黑暗中伸手不見五指時，西班牙卻在阿拉伯文明的影

響下，一枝獨秀。但是從另一方面看，這些摩爾人跟本地歐洲人有宗教差異，當地基督教徒一直在進行抗爭。進入 十二、十三世紀後，卡斯蒂利亞等基督教王國已經從摩爾人手上收復了大部分領土，但他們依然佔有安達盧西亞[3]地區。

到了伊莎貝拉少女時代，基督教徒與摩爾人的鬥爭仍在繼續，而義大利等部分歐洲國家早已迎接文藝復興的曙光了。受此前的英法百年戰爭影響，歐洲內陸商路部分轉移到大西洋上，西班牙正擁有天時地利，只缺人和——城市發展，商業繁榮，需要王權的支援和保護。

這些事情，伊莎貝拉未必看得清楚，但她心知，處在這個時代節點的國家，需要一個英雄，而這個英雄，無論如何不是自己的哥哥恩里克。

恩里克在治國上的無能，從處理伊莎貝拉婚事上可見一斑。公主的婚姻往往反映了一個國家的外交政策。當時在西班牙，除了卡斯蒂利亞以外，還有一個大王國叫作阿拉貢。恩里克想讓妹妹跟阿拉貢國王胡安二世的長子聯姻——問題是，胡安二世最愛的不是長子，而是小兒子斐迪南。

這個叫斐迪南的男孩，在伊莎貝拉小時候就已經聽母親提起過，說自己跟他有婚約。

他會是個什麼樣的人呢？

伊莎貝拉不知道，這個男孩以後會成為自己的丈夫。她當時覺得，再想也沒有意義了，因為隨著父王逝世，這門婚事已經不了了之。

---

3. 現在的安達盧西亞（Andalusia）依然保留著當初摩爾人統治時的特色，是西班牙一個非常特別的地方。塞維利亞（Sevilla）是它的首府；格拉納達（Granada）是摩爾人在西班牙最後一個據點。當年的阿拉伯皇宮仍在那裡靜默地迎接著遊客，一如當年它曾靜默地臣服在伊莎貝拉女王腳下。

難道自己就要任由哥哥安排，嫁給自己不喜歡的人嗎？這個時候的她，

勢單力薄，根本沒法跟哥哥對抗。

但是幸好她有主角光環護體。不同意這場婚事的不光是她，還有這位「未婚夫」的老爸。人家老爸一聽說兒子瞞著自己想訂這門婚事就氣壞了——這小子處處跟老爸我作對，意圖反叛，我怎能容忍反叛的他通過聯姻來增強勢力！

就這樣，胡安二世將大兒子扔到監獄裡，最後他死在獄中。

伊莎貝拉就這樣逃過一劫，但是她要面對的下一個聯姻物件，更加可怕——因為哥哥恩里克治國無方，國內不斷爆發反抗，他極度需要新聯盟以及資金的支持。他又想到了一個主意——將妹妹「賣」給國內最有政治勢力和財富的人——佩德羅（Pedro Giron Acuna Pacheco）。這一次，走投無路的恩里克要來真的，儘管伊莎貝拉死活不同意，但是恩里克根本不理會她。

再過不久，伊莎貝拉就要嫁給這個比自己大二十八歲的男人了。反抗也沒用，因為她毫無影響力。

伊莎貝拉就要嫁給一個可以當自己爸爸的男人了嗎？

私奔的女孩（下）

並沒有。

因為一件概率極低的事情居然發生了——在出發去商討婚事的路上，這個正當壯年的「未婚夫」居然死了。

過去每次看到這段，我都覺得伊莎貝拉運氣太好了。不過現在我想：運氣好的，應該是她未來的老公。在被自家哥哥盤算著要「賣」去哪裡的時候，伊莎貝拉也在暗中使勁，她偷偷派出親信調查哥哥為她選定的候選人和各國適齡王族。她不甘心將命運交到別人手上，她要自己做主！她要努力將自己的運氣賺取回來！

那時候，她才十幾歲，但是已經顯露出許多偉大人物的共同特質：廣泛搜集資訊，把握主動權。

經過三番四次的奇怪指婚後，伊莎貝拉跟恩里克進行了談判，雙方達成一致意見：恩里克為她安排的婚事必須征得她的同意，而她亦會服從恩里克的意見。經過談判後，恩里克似乎開始認真地給伊莎貝拉找個好老公了，候選人之一就有英國國王愛德華四世和他的弟弟（據學者分析，應該是日後成為理查三世的那位弟弟）。不過當時英國的主要結盟對象是法國，這椿聯姻意向後來也

不了了之。然後，愛德華四世最後一位公主都沒娶，而是娶了個美絕英倫的平民（詳見本書〈好命豈獨灰姑娘〉），理查三世娶了自己的表妹，又跟哥哥的女兒傳出緋聞（詳見本書〈理查叔叔，放開我〉）。

不過後來，伊莎貝拉倒是跟愛德華四世成了隔代親家——她的小女兒跟愛德華四世的外孫約瑟訂婚，又跟外孫亨利結婚。[4]

只可惜，恩里克不是個言而有信的人。他的王后是葡萄牙人，他無法找到新的聯盟，便想再進一步加強跟葡萄牙的關係，於是想到了將妹妹嫁給自己大舅子，葡萄牙國王阿方索五世（Afonso V）。這樁婚事，之前也曾經提起過，遭到了伊莎貝拉的拒絕，但這一次，恩里克是正兒八經地跟阿方索五世達成了協定（和妹子的協定呢？早忘光光了！）——阿方索娶自己的妹妹，他的兒子娶自己的女兒，這樣，他們就能確保後世繼承卡斯蒂利亞和葡萄牙了。

如果這婚事成真，也許歐洲版圖就跟我們現在看到的不一樣了，但是，伊莎貝拉不願意！

經過這一次，她終於知道自己太天真了，她不該相信這個異母哥哥會真心信守承諾。於是，她一邊需要教皇批准等藉口婉轉拒絕，一邊拖延時間另想對策。她再次想起來，小時候母親跟她提過，她跟阿拉貢王國的斐迪南王子有過婚約。最重要的是，根據她派出的親信彙報，斐迪南王子比她小一歲，聰慧英俊，勇敢機智，是王者之材。於是她偷偷派人向阿拉貢國王胡安二世[5]送去密

---

4. 伊莎貝拉的小女兒即阿拉貢的凱薩琳，愛德華四世長女即約克的伊莉莎白，伊莉莎白的大兒子是約瑟，訂婚後不久就死了，後來凱薩琳嫁給了約瑟的弟弟亨利。多年後，亨利八世提出跟她離婚的一個原因，便是根據《聖經》所言「一個人若娶了他兄弟的妻子，就等於玷污了他的兄弟，他們將終身無子」。而凱薩琳堅稱她與約瑟沒有夫妻之實。因為凱薩琳是虔誠的天主教徒，一般人相信她所言無虛，但也有人認為，她身為母親，為了保護自己的女兒瑪麗不因離婚而淪為私生女，也許會說謊。

5. 胡安二世（1398—1479 年），阿拉貢國王，是阿拉貢國王斐迪南一世的次子，通過與第一任妻子的婚姻，他也一度是那瓦勒國王。他與第二任妻子所生的兒子斐迪南，即本文中的「私奔男」。

件，提醒對方：我跟你的兒子還有婚約呢。

另一邊，伊莎貝拉還在卡斯蒂利亞宮廷裡，裝沒事人那樣，白天裡祈禱看書，打聽消息，晚上祈禱看書，打聽消息。她打聽到，她那朝秦暮楚的王兄又打算將她嫁到法國去，嫁給一個公爵。伊莎貝拉聽完後，攥緊了拳頭，她知道自己哥哥的用意——他不光是要跟法國結成聯盟，他還打算將這個對自己女兒造成威脅的妹妹，永遠驅逐出西班牙宮廷。

伊莎貝拉焦急地等待著阿拉貢王國的回信。

不久，胡安二世的密件到了，回信的是代替父王執政的斐迪南王子本人。他在信中回復，伊莎貝拉和他的婚約當然有效，他當場在婚約上簽字，並且附上項鍊作為訂婚信物。

一切都很好，只需要通知王兄恩里克「我已經替自己選好丈夫，手續齊全」，就可以迎來新生活了。

不，我們的伊莎貝拉沒那麼天真。

這世上多少女人的血淚史告訴我們，不能夠錯信男人。在現代社會，對一個男人認識錯誤，耽誤青春。但對伊莎貝拉來說，此事攸關性命。

她跟後世無數影視劇的女主角一樣，大膽妄為，開始謀劃劇中最重要的一幕：出宮。

儘管伊莎貝拉這些事情都在暗中進行，但恩里克四世已經知道她跟斐迪南締結婚約的事，掀桌扯頭髮地大發雷霆。儘管伊莎貝拉在婚姻上不聽他的話，但他從來不曾想過，這個女孩子能夠做出什麼。當年，那些貴族也聲稱要擁護她當女王，卻被她拒絕，這個行動，儘管沒能完全卸下恩里克的戒心，但的確

回饋了伊莎貝拉一定的自由。恩里克沒想到，原來這個妹妹早已瞞過自己，悄悄長大，另有盤算。他當即下令要逮捕她，阻止她結婚，但伊莎貝拉是什麼人？她早有準備，面不紅心不跳，對哥哥恩里克派來監視自己的人說，自己需要為早逝的弟弟掃墓。

這個要求合情合理，加上平時裝得像模像樣，她很快被放行。放行不久，恩里克就發現自己上當了。

但伊莎貝拉已經逃出了首都，她在大主教的幫助下，一路逃過搜捕，往安全的省區逃去。一抵達安全之地，她火速送信給斐迪南王子，請他馬上前來成婚。

收到消息後，斐迪南王子馬上喬裝成僕人，一路進發。他混在隊伍裡，多次驚險地逃過了恩里克四世手下的搜捕（這對夫妻實在好命，恩里克四世的隊伍也實在沒用），來到了伊莎貝拉部下的據地，得知她已經在大主教護送下抵達巴里阿多裡德城，便勒轉馬頭，迅速南下。

這對未婚夫妻終於相會。

這是他們首次碰面，彼此都留下了好感。十七八歲的年紀，剛破土而出的鮮嫩野心，對愛情和未來赤誠嚮往，還沒被命運的綴枝壓彎脊背，正是最好的年紀。事不宜遲，他們隨即舉行了婚禮。

不過，這個婚約還存在一些技術上的問題：伊莎貝拉和斐迪南是表親，他們要結婚，還需要獲得教皇詔書的肯定。當時阿拉貢的大主教臨時用偽造的檔蒙混過關，但長期問題還是要解決的。

這時，一個日後將在基督教史上扮演重要角色的人物登場了——西班牙籍的紅衣主教羅德里戈·波吉亞（Rodrigo Borgia），也就是本書〈帶本漫畫去義大

利〉裡男主角的老爸，在梵蒂岡長袖善舞，炙手可熱。他也樂得幫這些西班牙
王室一個人情，以備日後自己政途之用。在他協助下，教皇很快給伊莎貝拉和
斐迪南頒發了詔書，他們的婚姻終於合法有效了。

這是歐洲史上最重要、最聞名的私奔。

年少時讀這一段，總為兩個少男少女在夜色中潛逃出宮廷，千里相遇，甜
美成婚而覺得欣喜。灰撲撲、肉黏黏的歐洲史裡，這段私奔顯得多清新明快，
就像個小音符，起了西班牙大帝國錯綜磅　交響曲的頭。長大後明白，政治婚
姻，政治總在婚姻前頭，即使那裡面的主角是只有十幾歲的少男少女，也不例
外。

他們不是我們，活在自由戀愛的好時代。他們是從毒藥、鴆酒、暗箭、短
刀中走過來的狠角色。

在弟弟阿方索可疑死去後，恩里克四世迫於壓力宣佈妹妹為王位繼承人，
但內心深處他總想借婚姻一事，將她排除在王權之外，好讓自己女兒繼位。伊
莎貝拉作為女性，所能依賴的只有大貴族對她的支持，這些大貴族普遍支持西
班牙統一。她考慮著：如果跟斐迪南結婚，他還是西班牙境內的人，當然對自
己的支持率有利。

愛情是放在第二位的，第一位是利益。她算計著，自己需要一個不會讓自
己離開本國的伴侶，斐迪南是最合適人選。

跟她相反，哥哥恩里克的支持者是擁地而立、懷擁城堡與武裝的大封建貴
族，他們害怕王國的統一會對自己財產、地位產生威脅。他們大力支持恩里克
與葡萄牙結合，打擊伊莎貝拉。恩里克四世也不想看到這個心機重重的礙事妹
妹，努力要將她嫁得遠遠的。

伊莎貝拉結婚的消息傳到恩里克四世耳邊，他大怒，當場宣佈廢除她的王位繼承權，由女兒來繼承。聰明的伊莎貝拉儘管一直沒回到恩里克的領地上，卻反復對外宣稱自己支持國王——這是她慣有的策略。她從不示弱，但也不以硬碰硬。名望一直在她這邊，她只需要鞏固即可。

倒是恩里克四世坐不住了，他又開始倒騰起自己女兒的婚事來。他打算將女兒嫁給法國國王路易十一的弟弟，但婚事剛談妥，這個未來女婿就死了。人們估計，是法國國王生怕弟弟娶了卡斯蒂利亞公主後勢力膨脹，於是將他殺了。

伊莎貝拉主角光環再次閃現：這位反派大哥哥折騰著折騰著，突然死了。卡斯蒂利亞的王位，就這樣懸空。

在恩里克死前，他安排自己的女兒嫁給了自己的大舅，就是老婆的哥哥，葡萄牙國王阿方索五世。這個國王，就是昔日想娶伊莎貝拉，而伊莎貝拉死活不肯的那位。原本國內貴族已經懷疑恩里克女兒的血統了，這下又來個外國人當自己的君主，於是小女孩的支持率直墜穀底，人們期待著伊莎貝拉成為女王。

這一天，終於到來了。

她一襲白衣站在宮門前，長髮熠熠生輝，在萬人簇擁下登基，一代女王終煉成。

伊莎貝拉的人生簡介，就像個開了外掛的「超級瑪麗蘇」：登基後，兩位卡斯蒂利亞女婿為了老婆的王位開戰，女王這方贏了。隨後，阿拉貢國王去世，斐迪南王子成為了國王，西班牙正式進入「雙王時代」。伊莎貝拉知道自己的哥哥恩里克為人詬病、民望低迷的原因之一，就是沒有將摩爾人驅趕出去。於是，女王又做了一件瑪麗蘇劇女主角愛做的事：上戰場。

儘管真正上戰場衝鋒陷陣的是她老公，但是女王身為一介女性，亦親自住

在軍中帳篷裡，還會陣前視察，發表鼓舞人心的演說。當「光復」運動在她和斐迪南手上劃上圓滿句號時，羅馬教皇親自授予他們「天主教的國王」榮譽，兩人叱吒風雲，風頭無兩。

但最終讓女王在基督教世界的名聲無可匹敵的，是她贊助哥倫布出海的舉動。當女王目送哥倫布出海時，她不知道，自己所做的一切不僅改變了歐洲文明，還觸動了人類發展的進程。從此以後，一切都不一樣了。1504 年，女王因病離世。

這一年，斐迪南失去了他的人生伴侶，在他後面 12 年的人生旅程中，他依然對權力孜孜以求。馬基雅維利認為他是「背信棄義」君主的典型（相信我，對馬基雅維利主義者而言，這是讚美）。

1504 年，哥倫布在失去了他最堅實的支持者後，再也沒有出海航行。許多年後，歷史學家這樣說：「嚴格的全球意義上的世界歷史，直到哥倫布、達‧迦馬和麥哲倫進行遠航探險時才開始。」時至今日，你還會看到伊莎貝拉女王雕像旁邊有個男人，那不是她的丈夫斐迪南，而是名字更加婦孺皆知的哥倫布。

小辛 's Note：

為了不至於離「私奔」主題太遠，我將許多話都憋在這裡講：比如，伊莎貝拉一世是我最欣賞的君主之一；比如，她讓我明白了，什麼是天命，什麼是人事。

將她的人生縮寫成一個童話，那大概是「善良的公主從壞國王哥哥手中逃脫，與鄰國王子私奔結婚。壞國王死了，公主和王子成為了女王和國王。他們生下了五個孩子，將摩爾人趕出去，資助了大航海家。他們的國家，越來越強大，人民過上了幸福快樂的生活。」

在簡史中，她是人生的大贏家。短短一百字，連她最為歷史學家詬病的「成立宗教裁判所」、鎮壓異教徒的污點，都放不進去。至於「國王和女王幸福快樂」背後的故事，更無篇幅能容得下。

她這前半生，大概是被上帝所寵的。作為女性，她繼承王位的可能性這樣低，但偏偏哥哥的女兒卻不被貴族承認，自己的弟弟又死了，連沒多大年紀的王兄也早早死去，好為她讓路；在她人生中的緊急關頭，未婚夫居然不是死在獄中，就是死在相親的路上；在逃出首都千里私奔的驚險時刻，她化險為夷；在請求教皇詔書的時候，她有貴人相助；在驅逐摩爾人的戰場上，她儼然偶像巨星一樣振奮了麾下眾將士的心。

我想這些，一定就是希臘人愛在戲劇中感歎的「命運」——是她和斐迪南二世有幸擁有，而她的哥哥、弟弟都不配擁有的命運。

但希臘人沒有提到的，還有「人事」。我反覆地閱讀她這一生，驚訝於她竟是個善用人心的高手。她的起點比英國的伊莉莎白一世更低、局面更狹窄。伊莎貝拉在貧困中照顧精神失常的母親和年幼的弟弟，稍微長大後，弟弟被擁立為王位繼承人，他們一家成為恩里克四世的眼中釘。弟弟死後，面對貴族的擁護，年僅十幾歲的她沒有被突如其來的權力沖昏頭腦，當即表態：自己站在恩里克那一邊。即使在恩里克為她安排這種那種婚約時，她也從不與王兄起正面衝突，只是暗地裡開始為自己選擇合適的丈夫。

她清楚得很：自己的所有支持，無非源自恩里克女兒血緣的可疑。至於是否是恩里克的女兒，我們已經無從得知了——我們所知的歷史，都是經過伊莎貝拉和斐迪南王朝流傳下來的。根據這些「歷史」，我們知道，恩里克多年不育，宮中人懷疑他是性無能或同性戀。他娶了第二個妻子後，生下了獨女。而人們傳言，他那位風流的葡萄牙妻子，是跟宮中一位貴族貝爾特拉（Beltran de la Cueva）通姦才生下這個女兒。這個傳言如此有聲有色，以至於影響了恩里克的

統治根基，也讓他女兒在後面的王位繼承戰爭中，落了下風。

這些傳聞的最終受益者是誰？自然是最後成為女王的伊莎貝拉。

讓我們以史學家的姿態，進一步發問：如果恩里克真的是性無能，那他自己應該清楚，這個女兒不是自己的。他怎麼會想讓這個「女兒」繼承王位？

我真想用一句話來回答「是」或「不是」，可惜，歷史上恩里克的行為也讓人費解。他有時候似乎否認了這是自己的女兒，有時候又認定這是自己骨肉，但是在他臨終前，他的的確確認可過女兒的身份。

當時西班牙一位元歷史學家留下的文字可供玩味，他對恩里克女兒的那位「貴族父親」貝爾特拉的性取向有所影射。而當時更有很多恩里克的反對者認為，恩里克跟貝爾特拉是同性戀人的關係──這也許可以用腦洞大開的方式來解釋，為什麼恩里克寧願讓沒有自己血統的女兒繼承王位，也不願意讓妹妹當女王。

牽強嗎？

牽強就對了。

想一想，這些針對恩里克的同性戀傳聞，最終受益者又是誰呢？

這段歷史存在許多可供人玩味的地方，儘管真相已經永遠湮沒，但我們知道，在許多人被上帝偏愛的天命之外，也悄無聲息地盡了自己的人事。

跟歐洲史上那些與當權者正面對抗的悲情美人比起來，跟真正開了外掛，弟弟早逝、姐姐早逝的英國伊莉莎白一世比起來，我從西班牙女王伊莎貝拉的一生中領悟得更多。

是的，她教會了我，即使你盡了人事，最後也只能聽天命。

伊莎貝拉與斐迪南不是普通夫妻，他們關係微妙，互相算計，互相提防。斐迪南試圖架空她，而伊莎貝拉努力維持強勢。這兩個同樣被上帝寵愛的人，在漫長的婚姻中應該是有愛的吧。畢竟一開始，是她挑選了他呀。像她這樣強勢的女人，還能夠找到其他與她並肩的男人嗎？

如果一切順利的話，他們以「未來國王」為目標去栽培的兒子將會繼承他們的王位，統一兩大王國，甚至，整個伊比利亞半島。只可惜，人不可能一輩子被上帝寵倖。伊莎貝拉晚年開始鬱鬱寡歡——包括男性繼承人在內，他們的孩子接二連三死亡，剩下的難擔大任。在她的兒女中，阿拉貢的凱薩琳是英國史上著名的棄婦，胡安娜更以癲狂聞名。

夕陽無限好，只是近黃昏。即使人事與天命聯手，引領你攀上了人生的巔峰，落日面前也只有孤寂。在伊莎貝拉死後，斐迪南與女兒胡安娜、女婿腓力為王位而戰。傳聞中，他毒死了女婿；現實中，他監禁了女兒。

不過永遠別喪氣，黃昏過後，又見日出。

斐迪南死後，胡安娜跟腓力十六歲的兒子查理五世[6]繼位，是為神聖羅馬帝國皇帝，也是當時歐洲大陸最強大的君主，統治的領域包括西班牙、那不勒斯、西西里、撒丁、尼德蘭、神聖羅馬帝國，以及非洲、美洲的殖民地。

這一切，都從兩個少男少女的私奔開始。

---

6. 查理五世（Charles V，1500—1558 年），在伊莎貝拉死後，斐迪南遠征擴大版圖。在伊莎貝拉和斐迪南的基礎上，查理五世成為當時歐洲最強勢的君主。跟外祖父一樣，他為了建立以天主教為旗幟的「全世界君主國」而不斷發動對新教國家的戰爭。他是亨利八世第一任妻子凱薩琳的外甥，當時教皇忌憚他的勢力，不願判亨利八世離婚，成為英國宗教改革的導火索。凱薩琳在孤獨中死去，臨死前給查理五世寫信，請求他在需要的情況下照顧她女兒瑪麗。

美人有疾（上）

很多文藝作品總愛定格歷史上那些極恐怖的事——胡安娜守在丈夫屍體旁，緊抱不放；莎樂美親吻施洗者約翰的腦袋；瑪戈王后抱著情人的頭顱，仔細埋葬……

愛情這種病，尋常人物如我們，大抵就是個感冒，配以情歌兩三首，閨密或 Gay 友一個，美酒一夜，就好得差不多了。雖也會時時復發，但總算無傷大雅。

但對這些美人而言，病已入膏肓，無藥可治。最可怕的是，戀人的一舉一動成為餵養她們怪癖的毒藥。那解藥呢？

得不到他的心，自然要得到他的身——即使沒有溫度，光是屍體，已經是最好的解藥。

美人有疾，因愛而起。

1506 年，人稱「美男子」的奧地利大公腓力一世（Philip I of Castile）死於傷寒。在此之前，他正在跟自己的岳父激烈爭奪西班牙卡斯蒂利亞的統治權。隨著他的逝世，紛爭塵埃落定，西班牙真正統一，成為歐洲最強大的天主教國家。

不不不，我們的女主角胡安娜（Joanna of Castile）才不關心這個，在她的眼

裡，只有她的丈夫——腓力一世。

即使他死了，她的眼裡還是只有他。她抱著腓力的屍體，不停親吻撫摸，淚水沿著臉頰流到他已經冰冷的屍身上。在中世紀的城堡裡，光線陰暗，她坐在冰冷的地板上，撫摸愛人的屍體，一遍又一遍呼喊著他的名字，等待他那已被死神收走的回應。

眼見她如此瘋狂，不肯讓腓力下葬，有侍女小心翼翼地走到她身旁，想勸說她，但胡安娜將腓力一下子摟緊，大聲嘶叫著讓她們別過來。

她不會讓任何女人靠近他。在他生前，她沒法阻止；在他死後，他徹底是她的了。

這一樁政治婚姻，一開始也跟世間兒女之情一樣同樣充滿真真假假的柔情蜜意。當年的西班牙由阿拉貢王國和卡斯蒂利亞王國組成，因胡安娜那對同樣強勢的父母（詳見本書〈私奔的女孩〉）結合而成。胡安娜是為卡斯蒂利亞王國的繼承人。彼時，歐洲大陸上的法國勢力越發強大，胡安娜的父母採取慣用的聯姻策略，將女兒嫁給了奧地利大公腓力。

當胡安娜和腓力初見的時候，彼此都還是少年少女，雙方都對彼此的容貌滿意。胡安娜本身不光是那個時代的美人，還受過良好教育，會多門語言。但男人不夠愛你，你再好也沒用。身為美男子的腓力，才不願辜負自己的好皮相，經常撇下深愛自己的胡安娜，跟其他女人尋歡作樂。

任何一個正常的女人，在那個年代，都不該對這種政治婚姻抱有期望，也不該幻想自己的丈夫只屬於自己一人，但胡安娜不是正常的女人：她從自己的外祖母身上繼承了精神病血統，加上丈夫在外風流，她過得異常壓抑，越發地不正常起來。她歇斯底里地禁止任何女人接近自己的丈夫，又毫不克制地表達對他的迷戀，這種瘋狂，將腓力推得更遠。他咒　她，甚至毆打她，囚禁她，

但她卻越來越愛他。

　　如果她是個尋常女子，得到人世間正常的愛，也許她的病不會那麼嚴重，但她卻是卡斯蒂利亞王國的繼承人，腓力再怎麼討厭她，都不會跟她離婚——他不愛她，但他愛她所要繼承的王國。他長年不在她身邊，她卻千方百計要去見他，當她發現他在尋花問柳後，她又開始咒　他，威脅他。腓力對她厭煩至極，索性將她囚禁在塔中。

　　但突然發生了一件事，讓這個討人厭的胡安娜變得重要起來——她的母親死了，她將要繼承她的王位。

　　腓力喜不自禁，心想：這龐大的帝國要落入我手中啦！

　　但他強勢的岳父可不幹——斐迪南二世不願便宜自己的女婿，他原本一心要為精神失常的女兒攝政，成為整個西班牙的大 Boss ——在妻子的遺願中，亦曾經表達過當胡安娜不在或者不願當女王時，可由父王代為攝政，直到胡安娜的兒子滿二十歲為止。

　　胡安娜成為了被爭奪對象：老爸斐迪南趕緊發行貨幣，上面印有他和女兒的名字。但另一邊，老公腓力也趁機發行了印有自己和胡安娜名字的貨幣。她的人生就像掉落泥沼的硬幣，翻開這面看，多麼榮耀，轉過去再看，都是污垢。

　　但上帝似乎一直站在斐迪南這邊。當斐迪南還是個年輕人的時候，卡斯蒂利亞王國的女繼承人與他私奔，讓他成為了聯合王國的統治者之一；當斐迪南跟自己女婿爭奪權力，而女婿帶上女兒打算召集有力的貴族跟老丈人「戰場見」時，他們的船竟然在英國海岸失事，他們成為英國國王亨利七世（關於亨利七世的情事，詳見〈好命豈獨灰姑娘〉）的座上賓，拖延了腓力準備戰爭的時間；當斐迪南跟女婿簽訂了合約，而卡斯蒂利亞貴族們都擁護他的女兒女婿時——腓力突然染病身亡。

這個消息對斐迪南來說，簡直是上帝的禮物。事實上，還有傳聞說，腓力是被他岳父下毒致死的。

無論如何，腓力的離開對胡安娜來說，就像地獄打開了大門。

她不僅如本文開頭那樣，死命抱著腓力的屍體不放，不讓其他女人靠近，連下葬都不允許。後來好不容易允許下葬了，又神經兮兮地要求靈車在夜間行駛。車隊每走上一段，她就命令僕人將棺木打開，慘白的月光下，披頭散髮，一襲黑衣的胡安娜輕輕抱起腓力的屍身，深情凝視，溫柔撫摸。

看到這一幕的所有人都知道：胡安娜是徹底瘋了。

繼承了王國的胡安娜，根本沒有治國的能力，此時國內剛好出現了瘟疫與饑荒，人口銳減，整個王國陷入一片混亂。這次，上帝再次站在了斐迪南這邊──他進入卡斯蒂利亞王國，正好遇上了饑荒瘟疫的減緩，局勢也相對穩定，人們產生了「救世主到來」的感覺。

在胡安娜無力的反抗後，斐迪南將親女兒丟到了修道院內。這種監禁生活始於她的丈夫，貫徹於她的父親和兒子。她的兒子查理五世親自給修道院院長寫信：「請確保沒有人跟她說話。」

終其一生，胡安娜都是阿拉貢和卡斯蒂利亞的女王，但那又有什麼用？她的餘生都在監禁中度過，精神極度緊張，神經兮兮地覺得身旁的人都要害她。[7]

七十五歲那年，胡安娜在修道院中離世。也許她終於可以鬆一口氣了──她終於可以跟腓力一起長眠了。這一次，沒有其他女人能夠將他搶走。

7. 胡安娜的精神問題，在宮廷權力鬥爭最激烈之時傳出。有人認為，這是她的父親或丈夫出於政治目的，故意對她進行抹黑。但歷史上胡安娜的外祖母也出現精神問題，普遍認為胡安娜的問題出自外祖母的遺傳。

美人有疾（下）

與胡安娜比起來，瑪戈王后擁抱情人腦袋的場面，少了驚悚，多了淒美。

1553 年，法國王后卡特琳‧德‧美第奇（Catherine de Medici）（請注意這位王后的姓氏）生下一個美麗的女兒，名叫瑪戈（Margaret of France）。許多年後，她的美豔傳說隨著大仲馬的小說《瑪戈王后》而聞名世界。瑪戈跟胡安娜一樣，擁有驚人美貌和高貴出身，但由於她有好幾位哥哥[8]，王位繼承權排在後面的她，本不該有胡安娜那「權力的煩惱」。

但跟胡安娜相似，瑪戈擁有權欲極強的母親，那是個在權力場上浸淫的主兒。她出身於義大利的美第奇家族[9]，基因裡就寫滿了過人聰慧和強勢。當時，她安排將瑪戈嫁給亨利‧德‧那瓦勒（Henri de Navarre）。這場婚姻從開頭起就是個陰謀——卡特琳王后利用婚禮把胡格諾派教徒聚集在一起，對他們展開屠殺，史稱聖巴托洛繆大屠殺。新婚之夜就此佈滿血腥。

---

8. 其中一個哥哥即弗朗索瓦二世，他的王后（即瑪戈王后的嫂子），就是蘇格蘭女王瑪麗‧斯圖亞特。歷史上的瑪麗女王亦是多故事之人，後來被英國女王伊莉莎白一世處死。

9. 卡特琳王后的娘家美第奇家族人才輩出，產生了三位教皇、兩位法國王后。在亨利八世離婚案中，拒絕亨利和凱薩琳王后離婚的教皇，就是卡特琳王后那同樣出身於美第奇的叔叔。卡特琳王后本身是「豪華者」洛倫佐（Lorenzo the Magnificent）的曾孫女。

在大仲馬的歷史小說中，瑪戈正是在大屠殺之夜，遇到了她此生最愛：拉莫爾（Joseph Boniface de La Molle）。拉莫爾受傷後遇到了瑪戈，善良的女主角將英俊的男主角藏在自己房間，躲過了搜查。

歷史沒有小說那麼浪漫——大屠殺之夜，瑪戈救下的是另一個人，但拉莫爾的確是她眾多情人中的一個。四百多年後，英國前王妃戴安娜在接受採訪時，說自己的婚姻有三個人，「太擁擠了」。瑪戈和亨利的婚姻可不止有三個人，卻一點不擁擠——夫妻倆之間根本沒有愛，據說當時婚禮上，瑪戈沒有回答紅衣主教關於「是否願意嫁給亨利為妻」的問題，查理九世按著妹妹的腦袋，代替她回答。就是這樣一對夫妻，他們背對著婚姻，轉身向外尋找戀情，拉莫爾就是在他們婚姻早期出現的。

當時法國正處於瓦盧瓦王朝，坐在王位上的是查理九世（Charles IX）。他的前任弗朗索瓦二世（Francis II）十六歲就死了，沒有跟大他六歲的老婆瑪麗·斯圖亞特女王生下孩子。但是在他任期內，妻子瑪麗女王舅舅的吉斯家族篤信天主教，在法國國內影響力極大，是法國天主教的代表人物。弗朗索瓦二世死後，只有十歲的查理九世繼任。主幼母壯，不穩定的法國政局實則操縱在卡特琳王太后手中。法國宗教戰爭時期，法國天主教徒與新教徒胡格諾派鬥爭激烈，這場戰爭從瑪戈出生前就已開始。

從中世紀以來，法國社會受到天主教的深刻影響，因為宗教改革而出現動搖。而卡特琳王太后與她信賴的義大利裔貴族、信奉天主教的新娘瑪戈、信奉新教的新郎亨利、宮廷內部鬥爭等因素，更加讓形勢錯綜複雜。[10]

在這樣錯綜複雜的環境中，瑪戈不該愛上與政治有關的男人。但就像其他

---

10. 法國歷史學家阿萊特·茹阿納（Arlette Jouanna）指出，法國內戰不光是天主教徒 v.s. 新教徒的宗教戰爭，還涉及到國王和大貴族之間、大貴族本身之間的權勢鬥爭。此外，天主教徒背後是梵蒂岡教廷和傳統天主教國家西班牙，而新教徒背後則是英國和為獨立而奮戰的尼德蘭。

當權者的妹妹、女兒一樣，這些高貴的女孩子站在父叔兄弟身後，她們的全部世界，只是男人們的一部分視野。就像拿破崙的妹妹迷戀自己哥哥的下屬軍官，瑪戈也愛上了自己弟弟弗朗索瓦[11]的手下拉莫爾。

這位王子年輕而雄心勃勃，在他的支持下，拉莫爾參與了密謀推翻查理九世的計畫，然後被抓。在他的物件中搜出一個上面刺了針的小蠟像，那是他從占星師[12]那裡拿來的，這成為他意圖用巫術謀害國王的證據。在遭受非人的折磨與極刑後，他被推上斷頭臺，身首分離後被分屍。

據說，瑪戈派人取回了他的頭顱，將他的腦袋進行防腐處理，然後小心翼翼地珍藏在自己的珠寶匣中。

跟胡安娜同病相憐的是：瑪戈也得不到丈夫的愛，也被自己的父母兄弟所利用，甚至同樣被監禁——她被自己的親兄弟、後來上臺的亨利三世[13]長期監禁。亨利三世死後，因為沒有子嗣，瓦盧瓦王朝就剩下瑪戈了，但由於法國規定女性不能繼承王位（當時的英國、蘇格蘭、西班牙等國，都已經有女王了），王位落在了瑪戈的丈夫亨利身上，是為亨利四世。

波旁王朝[14]就此開始。後來，亨利跟瑪戈離婚，迎娶了來自美第奇家族的

11. 他將自己的名字改成弗朗索瓦（Francis, Duke of Anjou and Alencon），跟自己哥哥弗朗索瓦二世同名。

12. 這位給瑪戈的情人提供巫術的占星師（煉金術師），叫作柯西莫‧魯吉利（CosimoRuggieri），據說是義大利冰淇淋 GELATO 的發明者。卡特琳王后嫁往法國時，帶去了這種讓人驚豔的冰淇淋。別看現在法國公認比義大利發達，當時義大利是歐洲的文化中心，要比法國先進。

13. 跟妹妹瑪戈一樣，亨利三世也是個美人，最為他的母親所愛，歷史上一直有他們母子亂倫的傳聞——但是跟很多聳人聽聞的傳聞一樣，到底是真相是臆想或是政敵抹黑，已經無從考察了。這位美男子，還是非常著名的同性戀者。

14. 經過法國大革命後，波旁王朝復辟過又最終被推翻。但是波旁王室的命運還沒終結——現在西班牙王室，正是亨利四世和他那美第奇王后的後人。1700 年，由胡安娜和腓力綿延下來的哈布斯堡王室的最後一個男丁死去，這個王室再無後人，前任國王在遺詔中指示，將王位傳給他的外甥——路易十四的孫子。胡安娜和瑪戈這兩位美人的命運，在此奇妙交織。

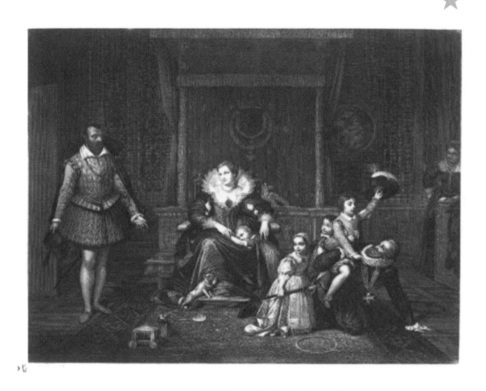

亨利四世是一位開明的法國君主。圖為亨利四世一家玩遊戲的場景

王后（卡特琳王后的遠房親戚），得到了這個富裕家族的大筆嫁妝。締造法國
黃金時代的太陽王路易十四，就是這兩人的孫子。他們的後人裡，還有被 法國
大革命送上斷頭臺的路易十六。

　　而曾經風華絕代的瑪戈，慢慢衰老，獨自一人見證著瓦盧瓦王朝的沒落，
而她一直珍藏著的拉莫爾頭顱，浸泡了過多的防腐劑，永遠年輕著。隨著她的
逝世，她所珍藏著的那些珠寶匣子也失去蹤影，有人說毀於日後的法國大革命
中，而一同失落的，還有拉莫爾的腦袋，和那個法國貴族們懷念的年代。

　　這些美人就此烙印在那個久遠的時代。後世的人記住胡安娜和瑪戈，往往

是她們的瘋狂——抱著丈夫腐爛屍體的驚悚一幕和將情人腦袋鄭重放入珠寶匣的悲淒。她們在世人眼中有病，但跟德列薩[15]這種一心侍奉上帝，發病後出現幻覺的虔誠修女不同，她們因愛癡狂。

能不能夠得到愛，似乎跟你出身多麼高貴，容貌多麼美，外語技能多高沒直接關係。這些加分項，都沒能阻止胡安娜淪落為父親不疼、丈夫不愛、兒子不管的女人，也沒能阻止風華絕代的瑪戈在盛年時為丈夫所棄，在年老色衰後為人所忘。與她們同時代的伊莉莎白一世，同樣高貴聰慧，伊莉莎白安穩地當著她的女王，除了年少時生活在父親和姐姐的陰影下以外，她的人生一路順遂。同樣是王位繼承人，胡安娜為何沒有她的好命？同樣是家族最後的女性血脈，瑪戈為何最後窮困潦倒？

都說，大丈夫不可一日無權，女人又何嘗不是？

儘管這篇文章講的是她們的感情，但其實這兩個深陷愛河的女人，並非沒有爭取過屬於自己的權力。在歐洲史的最初，女人們從來就不甘於當男人的附屬品，尤其是這些比一般女子見識更廣的王室美人。胡安娜曾經與父親鬥爭，瑪戈也曾在自己封地發動政變奪權，但她們都失敗了。

有意思的是：胡安娜、瑪戈和伊莉莎白，都擁有強勢的母親，但是最終成功當上女王的伊莉莎白，卻在童年時期就已經失去了母親。她最終獨自長大，從小就學會了察言觀色，從別人命運的血淚中，刮取自己的教訓。她親眼看到自己的姐姐「血腥瑪麗」[16]，因為一場婚姻而導致各種麻煩，國內暗湧奔流，流

---

15. 德列薩（Teresa），16世紀西班牙的一位修女，發病時出現幻覺，教會封她為聖徒，用她的回憶來宣揚宗教。17世紀義大利藝術家喬凡尼‧貝尼尼（Giovanni Lorenzo Bernini，1598—1680）的著名雕塑《神志昏迷的聖德列薩》（The Ecstasy of St. Teresa）即以此為題材。

16. 「血腥瑪麗」的丈夫是西班牙的腓力二世（Felipe II），在瑪麗女王死後，他又轉而向年輕的伊莉莎白求婚——跟所有聯姻一樣，當然無關風月，只為利益。被伊莉莎白拒絕後，他跟法國卡特琳王太后結盟，迎娶了她的長女，也就是瑪戈的姐姐。

言四起。她知道，她不能夠讓男人站在自己身旁，竊取自己的光芒。

她要成為唯一的發光源。

因此，當瑪戈的母親、卡特琳王太后想讓自己摯愛的兒子亨利三世跟她聯姻時，伊莉莎白女王拒絕了。八卦一提，當時陪同亨利三世去跟伊莉莎白「相親」的，正是拉莫爾。伊莉莎白作為一黃金剩女，在亨利三世（比她年輕二十歲）這種絕代美男子兼王位繼承人跟前，居然沒有動心。也許她也動過心，但最終還是以大局為重 [17]，斷然或不斷然地拒絕了。這種堅定的品格，實在讓我等沒有理智、常常誤事的花癡十分佩服。女人跟女人的差距，就在這裡。

事實上，君主的婚姻子嗣是封建王朝的頭等大事，尤其是女性繼承人。當時，全英國都替伊莉莎白女王的婚事著急，但她卻篤定地扛住了壓力，堅持按照自己的想法去做，而她做的這件事，在歷史上沒有其他人做過。要知道，她的父親為了要一個兒子，將整個國家的宗教根基都撼動了。

看歷史的時候，往往很難評判每個人的判斷是否正確。有時候，也許你做了一個正確的選擇，但上帝卻站在了另一邊。站在結果上，回過頭去指指點點，總是不公平。但可以肯定的是，伊莉莎白是個聰明人，從來不與規則對抗。在她沒有能力的時候，她對當權且厭惡自己的女王姐姐俯首改宗天主教，不做無謂的抗爭，但又保持自己的氣節。在她被瑪麗女王關入倫敦塔時，她氣定神閑乘船而上，現場所有人都被她的氣勢所折服。她像歷史上每個偉大人物在低谷時一樣，安靜地養好羽翼，這樣一個女人，在她登上王座時，她已經對個人前程和王國命運有過深刻的思考。「不公平」地站在結果上來看，她個人生活的

---

17. 伊莉莎白與亨利三世信仰不同，前者信奉新教，後者信奉天主教。這一鴻溝是他們不能結婚的主要原因之一。另一個主要原因是伊莉莎白本人對婚姻的慎重態度，她不願意讓繼承人的存在削弱自己的力量，讓人們有機可乘地反對她。從亨利三世方面看，他首先是個同性戀者，而且他非常不喜歡伊莉莎白，曾經嘲笑過她。這些嘲笑的話語，也許多少會傳到女王陛下耳邊。

幸福穩定，將整個英國帶上了黃金時代。

與她相反，胡安娜和瑪戈憑藉一己之力與比她們強大得多的男子正面對抗，而命運終歸不曾善待她們。

在犧牲了胡安娜和瑪戈後，西班牙和法國也走向了繁榮（雖然統一後的西班牙，在十七世紀就衰落了）。這些病態的美人，成為了藝術家們的繆斯。在她們誕生後，早期神話裡那種經典美人形象開始褪色、無趣。海倫式的美人，金髮飄飄，膚色雪白，身著白色長裙，留在王宮深處聽著遠處戰場上英雄的廝殺。歷史似乎因為她而改變，但這些戰爭，不是因為海倫而起，似乎也會為了瑪麗、露絲、安妮而爆發，她們不過是個符號。

愛情是一種病，對它免疫的海倫被供奉為女神，女神是不會生病的。伊莉莎白一世權力至上，絕情絕愛，偶爾傷風感冒，絕不傷筋動骨。只有留在人世的這些美人，病入膏肓，無藥可治，咄咄逼人地迫近我們的靈魂。

Chapter 5

歐 羅 巴 的 美 人

烈女

　　「當你為我統一整個挪威時。」當他向她求婚時，她這樣回應道。在北歐歷史上，這樣高傲的女子比比皆是，她既不是第一個烈女，也不會是最後一個。古老的斯堪的納維亞，幽暗，陰森，冰冷，殘酷。從黑海彼岸到冰島、格陵蘭島邊緣，直至北美東海岸，維京人無處不至、無所不能，船艦破開水面極速推進，像要讓天空也裂開，撲簌簌地濺起白色水花。在北歐人自己的神話中，這裡是世界之樹，幽冥世界，中土之城，巨人之國，海中之樹的所在。

　　希臘諸神在奧林匹斯山上沉湎於人類的欲望時，北歐眾神正在這漆黑的世界，與大自然鬥爭。他們跟人類一樣軟弱，他們的生命也不是永恆的，最終都要在「諸神的黃昏」[1]中同歸於盡。在這個像末日地獄的世界裡生存下來的人，怎可能是軟弱之輩？男人們在海上掠劫，人稱維京海盜[2]。他們不光在 海上搶奪財富，還會登陸，而修道院這種聚集了大量財富的地方往往是他們的目標。這群可怕的海盜，每進攻一個地方，就將當地居民全部殺光——除了那些長得漂

1. 北歐神話中的世紀之戰。在諸神的黃昏中，這個神話體系裡的重要神祇如奧丁、雷神托爾、洛基等都死去。舊世界分崩離析，新的世界就此開始——人類的歷史亦從這裡開始。跟整天談情說愛，在人類世界裡到處摻一腳（比如特洛伊戰爭）的希臘羅馬諸神比起來，北歐諸神的宿命感更強，基調更悲劇，但也因此顯得更為真實。

2. 維京人的名稱出自古挪威語 vik，指河流。維京人 viking 用來指守在河流、港灣邊乘機掠奪搶劫過往船隻的海盜。

亮的女人。

剽悍的北歐人不光殘酷地對待基督教世界的人，對待自己土地上的人也同樣如此。無數女人被掠走當女奴，幸運的可被視為妾，但命運也差不多。

但總有不甘心被命運捉弄的女人。

阿薩（Asa）就是其中一個。

當時挪威並不是一個統一王國，無數小王國林立，阿薩是其中一個小國國王的女兒。當另一個小國的國王古德羅德（Gudrod the Hunter）派人到阿薩父王那裡，提出要娶阿薩時，她的父王拒絕了。跟那些兇猛的維京海盜一樣，古德羅德也是個狠角色，他有個綽號叫「獵人」（一般翻譯為「獵王」）。在被拒婚後，這個「獵人」一怒之下進攻了阿薩的國家。他的部隊抵達時已是夜晚，毫無防備的阿薩父親倉促應戰，最後跟自己的兒子一起，在戰場上被殺死。失去了父兄的阿薩被古德羅德作為戰利品帶回了本國，娶為王后，還生下了一個兒子。

對普通女人來說，這一生的命運大概就這樣定了——跟隨丈夫，養大兒子，隨著年歲增長，跟丈夫後宮[3]不斷增長的年輕女子玩玩宮鬥，給兒子身邊的女人來個下馬威，如此種種。

但她偏不。

阿薩不是普通的女人，她是典型的北歐烈女。

---

3. 一般認為，一夫一妻制是受到基督教的廣泛傳播才普及起來的。《聖經舊約》裡的先知們基本上都擁有多位妻子，在耶穌降生後，他本人提倡一夫一妻制。在北歐人普遍接受基督教之前，他們還是盛行多妻制，而文明程度較發達的希臘、羅馬均已實行一夫一妻制（雖然女奴之類的依然很普遍）。西方的一夫一妻制問題是個大坑，涉及到財產權、社會發展和宗教等等。

「獵人」古德羅德對她是滿意的：這個新王后很美，雖然看著自己的時候總是露出冷漠的眼神，不過這無所謂，隨時有其他溫柔的懷抱等著自己。兒子已經滿一歲了，十分健康。

有一天，宮廷在船上舉行宴會，古德羅德喝得酩酊大醉。當他搖搖晃晃地走到甲板上時，頭頂夜色漆黑一片，他正要下船，忽見黑影一閃，還沒來得及呼喊，一支長矛已經刺穿他的身體。古德羅德身子晃了晃，倒在了甲板上，在迷糊而歪斜的視野裡，他看到船上一片喧鬧，自己的人已經沖出來，捉住了刺客，當人們扯下刺客的偽裝時，他跟其他人一樣，震驚地發現，那人竟然是阿薩的小侍從。

只是他再也來不及問阿薩「為什麼」了，也不用問，他隱約知道原因。

在古德羅德死後，阿薩承認是自己派人刺殺了有滅族之仇的丈夫。她帶上才一歲的兒子，動身回到自己的祖國，當上了女王。

在統治了整整二十年後，她將王位傳給了自己兒子，日後人稱「黑髮王」的哈夫丹（Halfdan the Black）。因為他那位被母親殺死的生父跟第一任妻子還有個兒子，於是哈夫丹跟自己同父異母的哥哥將國家一分為二——現在，他擁有了比母親阿薩更廣闊的國土。

在二十世紀初，挪威出土了一艘維京船，這艘用於船葬的船上的墓主人，是一個身份顯赫的女性，也許是女王，也許是王后。有人推測，那也許是阿薩這位傳奇女子。

阿薩自然不是他們家族唯一的烈女。許多年後，他的孫子為了娶一位北歐女子，跟他的祖父一樣，發動戰爭，將整個挪威變成了人間地獄。那個女人，也徹底改變了挪威的歷史。因為她迷住了「金髮王」哈拉爾德（Harald the Fair hair）的心。

阿薩這個孫子，從小就長著一頭柔軟的金髮，他在十二歲那年開始親政。隨著年紀漸長，他覺得自己需要一位元妻子，於是派人向挪威小國公主居達（Gyda）求婚。居達跟阿薩一樣倨傲，她對哈拉爾德派去的使者說：「我不願意成為一個小小王國統治者的妻子。也許有一天我會同意他的求婚——當他為我統一整個挪威時。」

這後半句話，改變了挪威歷史的進程。

不過當時帶著這番話回去覆命的使者不是這樣想的。當他添油加醋地將居達的驕傲神態和不屑語氣傳達出來時，他還以為，自己的國王會一怒之下，向自己的祖父學習，好好教訓一下這個國家，將這個自大的女人搶過來。

但哈拉爾德卻當即笑了，他站了起來，說了一句話——「我將不再修剪我的頭髮，直到將整個挪威控制在我手中。」這個高大的北歐男子，在後面的十年間便披散著一頭金髮在戰馬背上馳騁，踏遍了挪威的土地。對於不肯投降的人來說，他是個金色頭髮的惡魔；對於願意臣服的人而言，他是個有氣概的王者。人們稱他為「金髮王」。當「金髮王」終於統一挪威後，他再次派出使者，到居達跟前，提醒她那個約定。這一次，他終於迎娶了這高傲的公主。如果這個故事只是這樣，那真是爛到不能再爛了。

並——沒——有。在哈拉爾德稱霸挪威的過程中，他已經陸續娶了好幾任妻子。這些妻子中，有的是他聯盟者的女兒，也許有的是戰利品。這些嫁給哈拉爾德的女子，重複著阿薩前半生的命運——眼看父兄被殺，眼看家國破碎。身為挪威小國的公主，居達也不例外。她嘗到了苦果：國家被哈拉爾德的鐵蹄踏破，父親在反抗哈拉爾德的戰場上身亡。嫁給哈拉爾德，已經是她最好的選擇了。

　　她跟阿薩一樣，為仇人生下孩子。但跟阿薩的結局截然不同，她一直待在哈拉爾德身邊，直到——他為了娶一位丹麥公主，拋棄了她。當年她覺得他配不起自己，但人永遠都在變，別人在變好，你在變壞。十年後，他已經成為挪威王國第一個國王，她只是個老了十歲的亡國公主。老了也沒什麼，如果你是阿薩這樣的女人。

　　有的北歐王后，性子烈得將自己的追求者用火燒死，但仍繼續受到追求，且在歷史上發揮重要作用。不過，這樣的女人顯得重要，是因為她們只是少數。大部分人都是居達——容顏美麗，野心勃勃，在影響了其他男人命運的同時，也一手將自己推入了深淵。北歐歷史上，這樣的女人還少嗎？冰島薩迦[4]就曾經記載過這樣的事——克雅丹（Kjartan）跟伯利（Bolli）一同長大，感情深厚，去哪裡都形影不離。

　　當他們成長後，兩人感到世界這麼大，想出去看看了。這時，克雅丹的戀人古德隆（Gudrun）提出：「那你帶上我去吧。」古德隆是冰島最美的女子。她難以相信，自己的戀人竟然會拋下自己，跟好 Gay 友一起離開。但北歐男人又不是義大利男人，情願留在溫柔鄉跟美人情情愛愛，克雅丹叫古德隆留在家鄉等自己三年。

　　古德隆是個聰明的女人，她知道對一個美麗的女人來說，三年太長，她寧願只爭朝夕。更何況這是一個將冒險放在自己前面的男人，誰知道三年內，他會在外面遇上什麼人呢？後來發生的事情證明，她對這個男人真是夠瞭解的。

　　當克雅丹和伯利離開冰島，抵達挪威後，他們發現這裡的新國王正在推行一種叫作「基督教」的新宗教。在他們之前到來的冰島人都被軟禁，無法離開，

4. 北歐史詩（Sage），在冰島流傳，跟希臘的史詩一樣，傳奇與歷史混雜。

除非他們改信基督。不願意信新宗教的克雅丹和伯利也遇到了同樣的困難。中間經過一番折騰，他們跟其他在挪威的冰島人一樣，終於接受基督教並且受洗。「國王對克雅丹推崇備至，比對所有其他人更為器重。」「伯利也是好漢之中最英勇兇猛者，在所有頭領之中博得很高聲譽。」

不知道伯利是怎麼想的——他跟克雅丹一同長大，一樣出色，然而克雅丹永遠被人所愛。冰島最美的女人愛他，挪威國王的妹妹愛他，連自己也愛他。或者，自己這種愛裡面，還含有更複雜的情緒？因為他是這樣出色，就像自己想要成為的那個人。

當時，克雅丹跟伯利都想回國，但在國王的挽留下，克雅丹留了下來。包含著種種複雜情緒，伯利獲准啟程回國。在海上的日日夜夜裡，他面對著大海上的日出日落，似乎漸漸想清楚了一些事情。

回到冰島後，伯利向冰島人宣傳基督教，人們慢慢地接受了新的信仰，他也受到了歡迎。在人群中，他見到了熟悉的美麗的臉孔。

那是古德隆。她向他微笑，然後問起海上航行的事。伯利有一搭沒一搭地應著，他知道，她想問的，不過是那個人的事。他說：「他當上了國王的侍衛，而且比所有人更受到器重。我毫不懷疑他今後多少個冬天也不會再回到這個國度。」

古德隆怎會不瞭解克雅丹。她看似平淡地問伯利：「除了國王的器重以外，是不是還有其他原因。」伯利的腦海中，閃過了克雅丹臨行前跟他說的話：「不要向他人提起我跟國王妹妹的事。」他記得這句話，但是眼前，古德隆美麗的雙眸正凝視著自己。他張開口，聽到自己的聲音說：「在挪威，人們都在議論他和挪威公主的事情。」

　　古德隆面無表情，冷漠地說：「那真是個好消息。」騙得了誰呢？克雅丹已經不再是以前的克雅丹了。就連伯利，因為他在挪威的英勇事跡，以及帶回冰島的大量財富，也讓人們對他刮目相看。跟過去比起來，他更沉得住氣了。此時此刻，他才不會戳穿古德隆，他只是用一個漫長的夏天，不時地路過她家，跟她聊上一會兒。

　　古德隆還是那個烈性的冰島女子，在聽伯利說話的時候，她看著他的眼神，彷彿是在透過他看向另外一個人。他當然知道是怎麼回事，但自己似乎被這種眼神迷惑了，他直截了當地問：「你願意嫁給我嗎？」

　　作為一個曾經有過兩次婚姻的美人，古德隆心裡通透得很，她知道這個人不時跟自己偶遇，聊會天，是怎麼回事，她也不說破，只是想從他嘴裡知道更多關於那邊的事情。真不公平，如果她是個男子，她的世界也會更大，才不會待在這裡悶悶地聽著。不過，裝糊塗的時候要結束了，她冷冷地說：「你知道這不可能。只要克雅丹還在這世上，我就不可能跟其他男人結婚。」

　　但在克雅丹回來之前，伯利就是冰島最偉大的英雄。在古德隆父親的推波助瀾下，她被迫跟伯利結婚。就在這個時候，冰島已經皈依基督教的消息傳到了挪威，挪威國王終於釋放所有人質，批准船隻駛往冰島。克雅丹也在這些人當中——國王再喜歡他，也不願跟一介平民當親戚。克雅丹臨出發前，跟挪威公主道別。公主取出一頂冠冕遞給他：「沒想到這頂冠冕，最終要戴在平民女子的頭上。」她又說，「我要讓全冰島的女人看看，在挪威跟你朝夕相伴無話不談的女人，絕非平民百姓等閒之輩。」

　　就這樣，克雅丹回到了冰島。然而當他上岸後，他便聽說了一個消息——古德隆已經結婚了，丈夫正是自己的好友。

　　克雅丹表面上十分平靜。不久之後，他遇到一個漂亮的女孩子赫萊弗娜

（Hrefna）[5]，那女孩見到他的冠冕，開心地戴在頭上。克雅丹對自己說，她也挺合適的。後來，他娶了她當妻子。

整個故事複述到這裡，跟美國電影《燃情歲月》（Legends of the Fall）的前半部分還挺像的——自由奔放的浪子外出且音信全無，在家留守的女人迫於情勢嫁給了他的兄弟。浪子歸來，最後娶了一個天真的女孩兒。除了那個不愛自己丈夫的女人內心痛苦以外，所有人的生活都總歸是平靜的。雖然伯利嘗試跟克雅丹重拾舊好，而克雅丹懷恨在心拒絕了，但這些遺憾，也並不阻礙他們的平和生活。

不過，別以為只有電影才有轉折，十二世紀寫就的冰島薩迦也不例外。更何況，這個故事中的古德隆，不是那部美國電影裡那個溫順的女人。她身邊的男人，也全都是血性的維京人。

在一次有許多人參加的宴會上，克雅丹指著自己身旁的高椅說：「讓我的妻子過來，只有她才能坐在我身旁。」這話激起了高傲的古德隆強烈的妒意與不滿。克雅丹身旁的位子，從來都是她的！她是冰島第一美人，怎容得下那個小女孩坐了自己的位置！宴會開始後，古德隆讓克雅丹妻子給她看看那頂冠冕。她拿起那頂冠冕時，只是打量了一下，沒有說它好，也沒有說它不好。

後來發生的一件事，成為了悲劇的起源——克雅丹的一把寶劍，和這頂冠冕，都不見了，而昔日戀人古德隆是最大的嫌疑人。克雅丹平靜外表下的舊恨重新翻滾上來，他帶上人馬將好 Gay 友和舊情人鎖在房子內整整三天。

這件事以後，冰美人再也按捺不住內心嫉恨，她不斷慫恿伯利殺死克雅丹。

5. 譯自《冰島文化叢書：薩迦選集》，香港：商務印書館，2000 年。

伯利不願意殺死自己的好友，古德隆便一直冷嘲熱諷。最後，伯利終於被說動了，他帶上武器去找克雅丹。克雅丹見到伯利來殺自己，說了一番諷刺他是懦夫的話，手上停止反抗，伯利「依然揮劍向前，朝克雅丹刺出了致命一劍」。最後，克雅丹躺在伯利的大腿上離世，伯利懊悔不已。

但知道克雅丹死訊的古德隆卻不是這樣想的。她笑著對自己的丈夫說，沒想到我才織了一會兒布，你就將他殺啦。然後她還不忘諷刺一番：「我記得克雅丹在挪威的那一年，你的地位遠遠高於他。可是回到了冰島，他卻把你踩在腳底下，如今才出了這口惡氣。不過最使我心裡痛快不過的事情，要算是赫萊弗娜那個小賤人今晚休想再能含笑入夢。」

伯利明白，她從來沒愛過自己。到了這個時候，她想著的，只是讓克雅丹家那個「小賤人」再也得不到他。是的，這個漂亮聰明絕頂卻又虛榮自私的女人，她得不到的東西，別人也別想得到。她這樣狡猾，在自己面前也將內心的難過掩飾了過去——或者說，她連自己也騙了過去。

伯利還沒想明白，就被克雅丹族中前來復仇的人殺死了，只留下一個遺腹子。

他不知道的是，在很多很多年前，還是小女孩的冰美人就做了四個奇怪的夢。解夢人告訴她，那預示著她的四段婚姻。一如預言所說，身為她第三任丈夫的伯利被殺死，後來，她又嫁給了第四任丈夫。

當她老了，她跟伯利所生的兒子問她，一生中最愛的男人是誰？古德隆想了想，說：「我傷害最深的，正是我最愛的（To him I was worst whom I loved best）。」

這些北歐烈女啊，愛與恨都燃燒得比別人更為猛烈。阿薩將所恨的男人殺

了，古德隆將所愛的男人殺了。居達沒有親手殺過任何人，但整個挪威因她成為戰場。但奇怪的是，在這幾個女人中，性子越是毒辣的，男人就越愛。即使在極端的愛與極端的恨中，她們也保有強大的自我。

是的，誰不愛強者呢？

足夠強大的男人，才懂得欣賞另一個女人的強大。

如何正確地當國王的情婦

大衛・卡麥隆（David Cameron）又被吐槽了。

過去的 2015 年是英國大選年，首相卡麥隆平日裡被指責「為權貴服務」，不接近底層民眾。為了贏得大選，爭取連任，他嘗試大打親民牌，卻沒想到再次被吐槽「上等人做派」──在一段新聞裡，他因為用刀叉吃熱狗，而廣受詬病，被認為是他「作風不平易近人」的例證。線民議論紛紛：「什麼樣的怪物才會用刀叉吃熱狗啊！」「我是不會投一個用刀叉吃熱狗的人一票的！」

卡麥隆則堅持，這是因為自己打小受到的教育影響，而他是不會特意改變的。「我去了一個非常棒的學校，我有一個非常優越的成長環境和非常慈愛、傑出的父母，我不會試圖隱藏這一切，我不會改變我的口音或者說話的方式。」

慢著，那麼後面他被人拍到坐廉航出遊的照片是怎麼回事？人們又開始指責他「作秀」。真是左右做人難啊。

誰叫你祖上就是貴族呢？

這位被吐槽「上等人」的首相，正是英國國王威廉四世和他的情婦桃樂絲・喬丹[6]的直系後裔。跟所有非婚生子女一樣，這對戀人的後裔是沒有英國王室繼

承權的。

他的這位直系祖先威廉四世，跟後世的溫莎公爵一樣，不愛江山愛美人。

唯一不同的是，威廉最後既得到了江山，又得到了美人——只是最後將她拋棄了。

1791 年，還是王子的威廉跟愛爾蘭喜劇女演員桃樂絲·喬丹戀愛。在此之前二十年，新出臺的《王室婚姻法》規定，各王子的婚姻必須得到君主的同意，否則婚姻無效。而這位威廉王子十分倔強，在這段婚姻得不到父親喬治三世同意的情況下，堅持與心愛的女人同居近二十年，並先後生下十個孩子——卡麥隆就是他們的後人。桃樂絲絲毫沒有受到政治的影響，而且在某些場合，她還會以女伴的身份陪同威廉王子出現。

我想這個時候的她，應該是快樂的。呵，這個男人，寧願背棄自己君父的意願，也要與自己在一起，而且他如此寵愛自己，與自己出雙入對。在自己出現的場合，當然有人指指點點——「看！那是王子的情婦！」

但是，沒關係，那個年代，「情婦」並不是現今這樣帶有貶義的詞。很多家族都以將自己的女兒送到王室的床上為榮。

而他這樣一個男人愛著自己，多麼滿足一個女人的虛榮心啊！

如果這件事一直繼續下去的話，他們會變成一段愛情佳話，後世的溫莎公爵夫婦的風頭也會被搶走不少，但事情出現了轉折：一心一意坐擁美人的威廉王子，由於他的兄長沒有繼承人，他成為了下一任王位繼承人，而王位繼承人，

---

6. 桃樂絲·喬丹（Dorothea Jordan，1761—1816 年），英國女演員，英國國王威廉四世繼位前的情婦，兩人育有十個兒女。

必須擁有合法婚生的下任繼承人。

1811 年，奔著王位而去的威廉王子，與美人脫離了關係。

只有當江山無用，權力旁落的時候，美人才值得被選擇——這就是為什麼千百年來，「不愛江山愛美人」的故事，只發生在二十世紀的溫莎公爵身上。英國議會制君主立憲政體的歷史雖久，可往上追溯到 1688 年的「光榮革命」和此後限制君主權力的《權利法案》身上。但是在十九世紀維多利亞女王在位時，「統而不治」的英國國王手中仍握有王權。可見當時威廉一心繫念的那個王座，權力的溫度仍在。

只可惜，桃樂絲生錯了時代。她的威廉，也不是現在全球民眾在電視機前看著他出生，看著他長大，看著他黯然喪母，看著他迎娶平民凱特，結婚生子的那個威廉。她的威廉，前路上有權力的星辰在召喚。威廉王子已經擁有美人二十年。遲暮了的美人，比不過江山，更比不過男人鐵下來的心。

他去意已決。

離開女人後的男人，變得狠心起來——他每年給予桃樂絲一定的津貼，但代價是不許她重返舞臺。與此同時，他將所有兒子的監護權撫養權全部收回。

三年後，當他們的其中一個女婿身負重債時，桃樂絲重返舞臺以幫助他償還重重債務，威廉四世知道後，立即取消了每年的津貼，並且將女兒們的撫養權也收回來。

中間的二十年恩愛，似乎都不曾存在過。

付出了青春和事業代價的桃樂絲，至此已一無所有。為了躲避債主，她

逃往法國，最後在巴黎附近孤苦一人死於貧困之中。此時距離她被威廉四世拋棄，只有四年。無情最是帝王家。不知道她死前是否會後悔，後悔愛上過這樣一個男人。不知道，她死前是否曾經對背叛了自己的男人和兒女發出過詛咒。

威廉四世在位僅僅七年，而他跟他後來所娶妻子誕下的兒女，全部早夭。他唯一的王位繼承人只有他弟弟的女兒，一個叫維多利亞的小胖妞，脾氣暴躁，卻生性聰慧，在家庭教師的悉心教導下，她很快變成了富有教養的小女孩。她知道，有朝一日，她會繼承這個王國。當年，一個吉卜賽人曾經對她的父親愛德華預言說，他的獨生女會成為這個國家的女王。

小胖妞的爸爸愛德華與哥哥威廉相似，在沒有繼承王位可能性時，與聖洛倫斯夫人同居二十八載。但當他同樣嗅到了王座的味道後，立馬將對方拋棄，轉而迎娶德國王室出身的公主，以求能夠誕下王位繼承人。

他賭贏了，他的女兒成為了女王。但他本人卻在五十幾歲時因打獵感染風寒而死，留下尚在襁褓中的未來女王。這個跟他兄長一樣拋棄情婦的男人，連權力的門檻都沒摸到。

1837 年，威廉四世離世。維多利亞即位女王，成為英國在位時間最長的君主，一手締造了「日不落帝國」，使「維多利亞時代」成為榮光的代名詞。她如此光芒四射，完全掩蓋住威廉四世的存在。後世，已經很少人再提起威廉四世了，他成為最容易被忽視和遺忘的英國君主之一。

從維多利亞女王時代中期開始，國家進一步向君主立憲制過渡，王權正式退出政治決策層。在歐洲史上，曾經一度與教權爭高下的王權，就此衰落。

一個多世紀後，在威廉四世與桃樂絲的後人中，出現了一位英國首相。

小辛 's Note：

舞臺上的倩麗身影，一開始總是會折服於男人迸發的那點荷爾蒙。隨著這點激情，慢慢延展到五年、十年、甚至二十年，甚至留下了骨血後，再成熟的女人也開始相信：兩人之間是有愛情的。

愛情當然在。

前提是，永遠不要站在男人事業的對立面上。

歐洲史上，最為成功的國王情婦，當屬英王亨利八世的安妮．博林和法王路易十五的蓬巴杜夫人（Madame de Pompadour）了。前者扳倒了公主出身、擁有鄰國西班牙和羅馬教會支持的原配，一躍成為王后；後者左右了法國文學藝術時尚的發展，其影響力之深遠，在女性歷史上無出其右者。

這並非因為她們的魅力比桃樂絲大，只是因為她們恰好捉住了男人最重要的東西——喔，不是性。

能夠提供性的女人，隨時可以被其他女人替代，比如，亨利八世前赴後繼的妻子們；比如，路易十五更年輕更貌美的情婦們。安妮．博林知道，國王需要一個兒子，面對年近更年期的王后，她掩不住「吾可取而代之」的野心。蓬巴杜夫人心知，再美的紅顏也會衰老，也經不起男人新鮮感的消退，她要為自己取得無可替代的資本。於是，跟其他一心只願討好國王的女孩子不同，她的聰明才智，讓耽於玩樂的國王放心讓她參與政治。在她不再是路易十五的情人後，她仍然擁有布歇（Francois Boucher）、法蘭西斯．杜拉斯（Francois Hubert Drouais）、讓．馬克．納蒂埃（Jean Marc Nattier）、查理斯．安德魯（Charles Andre van Loo）為她繪製的畫像，有伏爾泰（Voltaire）在書中對她的盛讚，有狄德羅[7]因她之資助而出版的《百科全書》，有今日法國總統居住之愛麗舍宮。她

雖然沒有像安妮・博林那樣當上王后，但是她卻沒有像對方那樣被砍頭。路易十五滿懷感慨地在雨中目送她的棺木遠去。她們示範了「當國王情婦的正確姿勢」，即使被砍頭的安妮・博林，也留下了鼎鼎大名的伊莉莎白一世。只可憐了桃樂絲。伊人已逝，還能說什麼呢？老爸老媽那句話是對的：永遠不要為了男人，放棄自己的人生。

---

7. 狄德羅（Denis Diderot，1713—1784 年），法國啟蒙思想家、唯物主義哲學家、作家，百科全書派的代表人物。

那些年，我們一起追的靜香

　　動畫電影《Stand By Me 哆啦 A 夢》上映後，有評論指責電影如何導向不佳：為什麼娶妻如靜香才是幸福？娶了顏值低的胖妹就不是幸福了？

　　也許……因為……大雄是小孩子？

　　成年人才講政治正確，小孩子只注重感覺。

　　世界文明再向前進步，我們的基因裡，還是喜歡長得好看的人。我們的人類祖先冒著生命危險贏得一場場戰役，才得到了最壯麗的江山和最美麗的女人，這些基因，都寫在了我們的骨肉裡。當人類日漸長大，自然漸漸會學會欣賞一個人靈魂的美妙，但卻也沒法改變一個小男孩對顏佳膚白、個性溫柔女孩子的偏好。從我們還是嬰兒開始，我們就會對漂亮的阿姨笑，對長得不那麼好看的人扭過頭去。

　　最讓胖妹氣結的是，靜香偏偏還貌美、善良、溫柔、成績好、運動佳，簡直是女性版的小杉同學，而後者怎麼樣都應該是抱得美人歸的那位，無論如何，都不該是大雄。

　　但偏偏大雄開了外掛，有作弊器哆啦 A 夢，最終娶得了靜香。在電影裡落

羅塞蒂《特洛伊的海倫》
在歐洲史上的第一大美女
海倫的爭奪，引起開戰十
年的特洛伊戰爭。

寞的成人小杉同學，即使失落了靜香，也還有其他佳人。只有胖妹，能夠做的，
只是繼續追尋自己的夢想了。

誰說動畫不是現實的人生？政治正確和女權主義解救不了胖妹。除了韓劇、
日劇，沒有一個女人能夠靠善良征服男人──要不，就努力讓自己美麗起來；
要不，就努力讓自己變得聰明。

歷史上的真假女神──靜香、胖妹，給出了同樣的答案。

歐洲史上最著名的美人，莫過於海倫（Helen of Troy）了，她的人生堪稱瑪
麗蘇的範本。擁有驚世容顏的她，在少女時代已經以美貌揚名地中海世界，光
是她的追求者，在歷史和傳說中留下姓名的，就有四十五位之多，還都是達官
貴人、國王王子。最後，她成為了斯巴達的王后。

如果只是這樣，她還不能稱為歷史上最著名的女主角──好歹，必須讓男
人為她而戰，不是嗎？

於是就有了來自特洛伊的帕里斯（Paris）王子。他到斯巴達做客，順便愛上
了這裡的女主人，順便在開了外掛的情況下（女神的 明）誘走了她，將她帶回
了特洛伊城。

沒有男人能夠容忍這樣的恥辱，尤其當這個被搶走的女人是海倫。

國王發誓要報仇，希臘各路英雄也都忿忿不平，於是組成了希臘聯軍，聯
手攻打特洛伊。這場戰爭一打就是十年，不僅出動了各路英雄，就連奧林匹斯
山上的諸神也被驚動了──希臘諸神向來跟人類相似得很，也愛湊熱鬧，也愛
分陣營。有的加入了希臘聯軍陣營，有的更傾向於支持特洛伊。

這場戰爭雖然因為海倫而起，但其實在《荷馬史詩》裡面，提到她本人的

地方並不多。十年了，那些為她而戰的英雄，大多也沒見過她的真面目。

最後，希臘聯軍採用了「木馬計」潛入特洛伊城中，打開城門，裡應外合。最終，帕里斯王子被殺，海倫回到了丈夫的懷抱。

戰爭結束了，城池被毀了，美人也老了。

對於一個美人來說，海倫的結局堪稱完美──也愛過了，也轟轟烈烈過了，最後回歸到平靜。無論她愛不愛她丈夫，她丈夫總是愛她的。

與她相比，其他著名美人就沒這樣的幸運了，比如傳說中亞瑟王的桂妮維亞王后，比如埃及豔后克裡奧佩特拉（Cleopatra VII）。前者成為修女，在修道院中終老一生，與至愛永生不見；後者死於毒蛇的口下。

可惜，只要是真人，總有被扒皮的一天。埃及豔后的豔名傳播了這麼多年，卻被二十世紀發掘出土的硬幣一下破功。硬幣上的豔后頭像，額頭短、下顎凸、大鼻子，無論如何稱不上是美人。而其他歷史證據進一步讓她難堪：豔后不光顏值不高，還矮矮胖胖──靜香一下子變成了胖妹。我相信，埃及豔后跟凱薩也許是政治合作夥伴的關係，但是安東尼對她的癡迷，就似乎顯得難以解釋兼重口味了。

不過，誰讓他也不是帥哥呢。硬幣翻過來，安東尼的頭像赫然在目──突眼、粗脖、鷹鉤鼻。（但是，作品裡的安東尼都是「帥哥」呀！）

這段歷史上著名的愛情悲劇，一下子讓人失去了遐想。原來，豔后依靠的不是靜香一樣的美貌，而是胖妹式的智慧。

還是虛構的桂妮維亞、虛構的海倫更幸運──她們只要負責美麗即可。爭權奪利的事情，讓男人操心去吧。

傳說中，亞瑟王手下的圓桌騎士裡，最有名氣的人之一叫作蘭斯洛特（Lancelot）。早期，他以溫文有禮而聞名，亞瑟王十分信賴他，讓他擔任自己王后桂妮維亞（Guinevere）的守護騎士。後期，蘭斯洛特以跟自己守護的王后傳出緋聞，以及跟亞瑟王搶女人而聞名。

王后桂妮維亞跟蘭斯洛特的戀情被亞瑟王得知後，亞瑟王派人暗殺他們，蘭斯洛特成功逃脫，桂妮維亞就沒那樣幸運了——亞瑟王決定將心愛的女人判處火刑——是的，我得不到的人，你也別想得到！在熊熊火光中，亞瑟王突然意識到，他真正愛的人，其實是蘭斯洛特……（不對，這是葉小辛的意識流！不是傳說！）

推倒重來——

傳說是這麼講的，蘭斯洛特知道了火刑的消息後，趕緊去救美人，兩人逃往法國去。但是在騎士精神與榮譽的影響下，蘭斯洛特猶豫再三，還是將桂妮維亞歸還給了亞瑟王。

但到了這個時候，已經不是女人的問題了，這關乎男人的面子。更何況，在此前的戰鬥中，蘭斯洛特還殺掉了亞瑟王手下的重要人物。在他的外甥兼私生子莫德雷德慫恿下，亞瑟王親征法國，要滅掉蘭斯洛特。在亞瑟王前往法國的時候，留在國內的莫德雷德意圖搶奪王位，並要娶桂妮維亞為妻。

事實上，亞瑟王的傳說有很多版本，在關於這個故事的最早期威爾士三聯詩裡面，亞瑟王娶了三個王后。而不同版本的分歧，到了故事的這裡，再度出現——有的版本說，桂妮維亞答應了他的求婚，甚至還為他生下兩個兒子；有的版本則說她為了躲避，逃到了倫敦塔中。

無論是哪一個版本，亞瑟王聽到消息後迅速趕回，打敗了莫德雷德，但是

他也因為傷勢過重而身亡。桂妮維亞在與心愛的蘭斯洛特見了最後一面後,便遁入修道院中,孤獨終老。

也許還真應了《哆啦 A 夢》電影評論的那句話——娶了靜香就是幸福嗎?連亞瑟王和凱薩都 Hold 不住的女神,或者只供尋常男子想想就好。也許平凡又聰明的胖妹,才是普通男人的真正歸宿。

就怕普通男人一回頭,胖妹們早已修煉成靜香,自信大膽上路——胖妹也是有自己夢想,有自己男神的呀!誰要你們這些男人追不到女神才回頭,真以為都像《夏洛特煩惱》裡的馬冬梅那樣,放棄一切,只為守候你嗎?

美少年之戀

　　唉，美貌真是最脆弱的東西。

　　羅馬帝國的皇帝哈德良（Hadrian），身後除了「五賢帝」之一的美名，還在英國留下了長城，在雅典留下了拱門和圖書館，在羅馬留下了別墅（甚至在日本電影《羅馬浴場》裡還留下了身影）。

　　哪兒哪兒都是他，但是他最愛的美少年，早已春夢了無痕。

　　在小說《哈德良回憶錄》（Memoirs of Hadrian）中，作者瑪格麗特・尤瑟納爾（Marguerite Yourcenar）模擬哈德良的口吻，細細回憶著他最鍾愛的希臘美少年安提諾烏斯（Antinous）的一切：「他總是異乎尋常地沉默寡言：他像一隻動物或一個家神那樣跟隨著我。他具有一隻小狗那樣的活潑而懶散的無限能力，既野性又自信。」

　　誰都不知道安提諾烏斯是怎麼樣的，但我們每個人心中的美少年，都有相似的特點：美好的肉體，美好的靈魂。我們不知道我們是先愛上他們的肉體，再愛靈魂，或者相反。但他們以美貌提點我們，這世界真美麗。

　　那真是羅馬帝國最美好的時代。「從西塞羅到馬可・奧勒留這段時期，曾

出現一個獨特的時刻：彼時，眾神已滅，基督未顯，唯人獨存。」

哈德良會老，只有他最愛的美少年，肉身不壞。安提諾烏斯十幾歲時被哈德良發現，從此一生跟隨——是可惜或是可樂？一生對他而言，實在是短。二十一歲那年，這個美少年在埃及人紀念他們的神奧西裡斯之死那天，於埃及尼羅河溺水而亡。千年來，人們對他的死紛紛猜測：有說自殺；也有說愛搞占卜巫術的哈德良，需要有人以身獻祭，安提諾烏斯因此主動獻身。

本人不負責任猜測的原因是：哈德良在安提諾烏斯眼中，是愛；但在其他人眼裡，是權力。十幾歲的安提諾烏斯對其他人沒有威脅，但二十歲的安提諾烏斯卻不一樣，他離權力太近，轉身就能貼上死神的臉。

無論是哪一種，這位偉大羅馬君主對美少年的愛，竟然發展出一門宗教。他模仿亞歷山大大帝對愛人的追悼方式，下令將安提諾烏斯封為神，並在他溺水的地方修建了一座城市，以他的名字命名，以他作為城市守護神。在帝國各地，建起了無數供奉安提諾烏斯的神殿，安放了無數他的俊美雕像——其中有不少是跟君主本人雕像並肩的。他還喜歡聽別人編造的故事，人們對他說，安提諾烏斯已經成為漫天星辰中最亮那顆星了。

耶路撒冷的猶太人反感這位新的神明，更痛恨他背後的同性戀意味，於是毀掉安提諾烏斯的神殿，拆毀他的裸體雕像，將他斥為邪神。加上哈德良禁止猶太教徒舉行割禮和閱讀猶太律法的行為，讓猶太人憤恨不已，他們在猶地亞[8]山間建造地下建築群，藏匿武器，意欲發動大規模叛亂。

猶太戰爭一觸即發。猶太人宣佈脫離羅馬帝國，殺害了數十萬名希臘人和

8. 又稱「耶路撒冷山地」「哈利勒山地」。巴勒斯坦中部山區，頂部作南北走向，寬 15—25 公里，長 80 餘公里，海拔 750 米以上。

羅馬公民。哈德良震怒，迅速調動最強大的兵力鎮壓，六十萬（有說八十萬）
猶太人被羅馬軍團屠殺——男人不是被釘在十字架上，就是扔到鬥獸場餵野獸，
女人和孩子則被賣為奴隸。這場平叛持續了整整五年，最後以哈德良下令拆除
耶路撒冷的猶太神殿、拆除耶路撒冷城牆、猶太人不得再度進入他們的聖城為
終結。耶路撒冷城被徹底破壞，田地荒蕪，遍地廢墟，猶太人從此漂泊。

　　這個世上最有勢力的男人，為他最愛的美少年修建了一座人間的城，又移
平了一座上帝的城；築起了萬千神殿，又抹去了無數生靈。歷史是最狗血的編劇，
在這段傾國傾城的歷史跟前，特洛伊海倫的那段史詩蒼白乏力極了。可惜我們
只是普通人，不是羅馬皇帝。安提諾烏斯已經是神了，我們還是將他還給哈德
良吧。因為，我們有塞巴斯蒂安。你一定見過他，在無數名畫上。他是那個宗

羅馬軍團屠殺猶太人的方式，不是釘死在十字架上，而是將他們趕到鬥獸場中餵野獸。

教極端保守年代，每個迷戀男性美好肉體的人心中的意淫與幻想的物件。塞巴斯蒂安，古羅馬近衛隊隊長。在君士坦丁大帝之前，基督教在歐洲處於被迫害的局面，早期教徒中有不少殉教者，塞巴斯蒂安就是其中一個。

當時是羅馬皇帝戴克里先[9]統治後期，他在帝國內開展了一次大規模的基督徒迫害行動，要求基督徒士兵離開軍隊，教會財產充公，教義書籍燒毀。後期，他採取了更為強硬的措施——要麼放棄信仰，要麼死。

塞巴斯蒂安[10]正是在這次迫害中，被人發現了他教徒的身份，因此被下令

綁到一棵樹上，以亂箭射死。

在這次教難中，有一位皇帝手下的官員偷偷幫助基督教徒避難，但因為被告發，他被殘忍虐待，最終活埋致死。他的遺孀繼續他的做法，偷偷幫助基督教徒。這個女人去埋葬塞巴斯蒂安屍體時，發現他還沒死，於是將他帶回家，為他療傷。康復後的塞巴斯蒂安，站在臺階上高談皇帝戴克里先對待基督徒的暴政。

這一次，他死於亂棍之下，屍體被拋到下水道。

——這段故事看完了，好像也沒發現跟美少年有什麼關係嘛。

9. 戴克里先（全名蓋尤斯・奧勒留・瓦萊利烏斯・戴克里先，拉丁語：Gaius Aurelius Valerius Diocletianus，250—312 年），原名為狄奧克萊斯（Diocles），羅馬帝國皇帝，於 284 年 11 月 20 日至 305 年 5 月 1 日在位。他結束了羅馬帝國的第三世紀危機（235—284 年），建立了四帝共治制，使其成為羅馬帝國後期的主要政體。他的改革使羅馬帝國對各境內地區的統治得以存續，最起碼在東部地區持續了數個世紀。

10. 塞巴斯蒂安（Sebastian），在三世紀基督教迫害時期，被羅馬皇帝殺害。在文藝作品上，他被描繪成捆住後用亂箭射穿的形象。後來當皇帝得知他還沒有死時，用棍棒將其打死。而另外一種故事則是：塞巴斯蒂安外貌非常俊美，皇帝愛上了這個近衛隊長，甚至希望贈以一半江山來得到塞巴斯蒂安的愛。但是塞巴斯蒂安是一個虔誠的基督徒，寧可被亂箭射死也不肯從命。最終以殉教結束了自己三十多歲的生命。據說，這便是 1 月 20 日聖塞巴斯蒂安節的由來。

　　當然有關係了。在以宗教為藝術主題的中世紀，除了基督外，塞巴斯蒂安是極為罕有能夠半裸出現在人前的男性形象。這個將肉體、痛苦、神聖全部融合一起的主題，跟春藥一樣刺激著無數畫家，在文藝復興時期大為盛行，佩魯吉諾、波提切利、提香、貝利尼都描繪過他。儘管在早期基督教史上，他還是個中年羅馬士兵的形象，但是十四世紀黑死病席捲歐洲，人們開始向這位「在箭傷中痊癒」的聖人祈禱，對他的崇拜盛行起來。到了十四世紀末，這個中年男子已經搖身一變，成為藝術史上最誘人、男女通吃的美少年了。

　　在性壓抑的年代，塞巴斯蒂安是所有人的綺麗幻想。畫作上，殉教者的美好肉體，讓少見多怪的貴族少女臉紅心跳，也有男子進入教堂，捂住胸口疑惑著：為什麼我會忍不住一看再看？身邊的老婆，突然也變得面目可憎起來。真相一下子被自己攻破，無知的過去再也追不回來了。教會當然也是心知肚明，於是在他們推動下，又湧現了其他跟塞巴斯蒂安題材相關的畫作──受傷的美少年，被那位善良寡婦救起並悉心照顧。

　　可是，恕我膚淺，有塞巴斯蒂安的肉體在，誰還會在意畫上的其他人呢？專注控制人類欲望上千年的教會，替梵蒂岡所有男性雕塑和繪畫的特殊部位添上葉子，也還是沒法蒙住人們好奇的雙眼。

　　塞巴斯蒂安，這個名字和它所代表的軀體，早在文藝復興時期已成為同性戀的潛臺詞，直到進入現代後的人們將這層紙捅破。王爾德因同性戀在英國獲罪，流亡法國時他採用「塞巴斯蒂安‧馬莫」（Sebastian Melmoth）作化名。1929 年，德國作家湯瑪斯‧曼[11]在接受諾貝爾文學獎時致辭：「痛苦中的優雅──這是塞巴斯蒂安所代表的英雄主義。」

---

11. 湯瑪斯‧曼（Thomas Mann，1875—1955 年），德國作家，代表作有《布登勃洛克一家》《魔山》《死在威尼斯》等。《死在威尼斯》是他的同性戀題材作品，他本人及他很多兒女都是同性戀者。

早在十七年前，湯瑪斯·曼已經讓自己書中的主人公，在瘟疫彌漫的威尼斯，因癡迷追隨於一個美少年而不捨離開，最後死在了威尼斯。

儘管葉芝[12] 在詩中寫道：「凡美麗的，終必漂走如急湍。」但我仍執著地認為，只有蝴蝶一樣的美少年，像芭比娃娃一樣，永遠不老，永遠不死，供世間俗人如哈德良，如你我，念念不忘。

愛上先知的少女

　　儘管我在書中暴露了自己花癡的真面目，但我還是要衷心地說：在這所有人物裡，我最愛的是莎樂美（Salome）。為了寫她，我將自己昔日寫過的論文都翻出來了。

　　——忘了解釋，我說的是王爾德版的莎樂美。天真的情欲，禁忌的愛戀，萌芽的感官，對極了我的胃口。

　　儘管她的前世，不過是《聖經》中一個面目模糊、連名字都不曾出現的女子。

　　遠在羅馬的奧古斯都（拉丁文 Augustus）任命希律王（Herod）為加利利和佩里亞的王，他坐在王位上，一坐就三十年。如果不是為了一個人，這個王位會鞏固下去，他甚至最終能繼承他父親的偌大國土。

　　那個人，自然是個女人，而且是個美人。那個叫希羅底（Herodias）的女人，原本是希律王兄長的妻子，她的美貌迷惑了希律，希律想娶她為妻，為此跟自己妻子離了婚，將自己嫂子娶回家。「聖施洗」約翰（John the Baptist）對這樁罪惡的婚姻進行譴責，認為他們是姦夫淫婦。希羅底是個容不下別人指摘的人，她對約翰恨之入骨。「約翰曾對希律說：『你娶你兄弟的妻子是不合理的。』」於是希羅底懷恨他，想要殺他，只是不能；因為希律知道約翰是義人，是聖人，

所以敬畏他，保護他，聽他講論，就多照著行事，並且樂意聽他。」[13] 這個女人不斷煽動希律王，最終將這個「討人厭」的約翰投入監獄了——在這監牢裡關押著的，不光有約翰，還有被希律王拋棄的妻子。

後來，希律舉行了一場生日宴會，出席的除了希羅底，還有她跟前夫生下的女兒。這個女孩子，在《聖經》中沒有名字，像工具一樣跳舞，取悅希律。

「有一天，恰巧是希律的生日，希律擺設筵席，請了大臣和千夫長，和加利利首領。希羅底的女兒進來跳舞，使希律和同席的人都歡喜。王就對女子說：『你隨意向我求什麼，我必給你。』……她就出去對她母親說：『我可以求什麼呢？』她母親說：『施洗者約翰的頭。』」[14]

希律王無法在眾臣面前食言，只得將約翰殺死。

故事終結於約翰的死。約翰的頭被人從地牢裡提上來，放到盤子裡，給了那個少女，少女再拿去給她母親。這一段本該駭人血腥，卻被處理得波瀾不驚。少女像機器人，執行使命，然後消失。

這就是一切。莎樂美的前身，在《聖經》中驚鴻一瞥，無情無愛，只跳了一段舞，便拿下了聖人的頭顱。除了端著盤子上的人頭，她跟約翰再無接觸。

後世藝術卻不願放過她。「施洗者」約翰殉教的一幕太過單調，須讓他的頭顱放在盤子上，由那個女子拿著，才足夠觸目驚心。於是，文藝復興時期大幅大幅的「施洗者」約翰作品裡，跳舞的少女身著西方服飾，神情淡漠地或跳舞，或提著約翰的頭顱，那時候的她，還只是個冷漠的少女。那時期的畫作，大多

---

13. 引自《聖經·馬可福音》。而不殺約翰的理由，則有所不同：「希律就想要殺他，只是怕百姓，因為他們以約翰為先知。」

14. 引自《聖經·馬可福音》。

取名為「莎樂美和施洗者約翰」，約翰是主角，莎樂美是配角。

她跟王爾德的莎樂美之間，還隔著一個時代的轉化。

經歷過文藝復興、宗教改革和啟蒙運動的歐羅巴世界，基督教道德觀對世俗的約束漸漸鬆散，莎樂美慢慢變回她自己——她不是母親的政治工具、殺人助手，也不是西方女子，她是有血有肉的莎樂美，一個近東少女。

1876 年，法國畫家古斯塔夫・摩羅（Gustave Moreau）以莎樂美為主題，畫了《幽靈》和《莎樂美的舞蹈》。約翰不再是主角，莎樂美，才是吸引眾人目光的那位。這些畫作當時引起了轟動。

真正讓她成為聞名全球的妖女的，是那個將男人和女人同樣看得透徹的男人——王爾德。

王爾德筆下的「施洗者」約翰，是個「宛如一尊瘦瘦的象牙雕塑」「頭髮比漆黑的長夜還要黑」的年輕人。跟希律王比起來，他無疑更年輕迷人。只是，他是先知，他接近於神。

王爾德筆下的莎樂美，愛上了這個充滿神性的男人。

「他就像是一尊潔白的象牙雕像。他身上映著銀色的光輝，我確信他與月光一般貞潔，如同銀色之箭。他的肉體必定如象牙一般冰冷。」喃喃自語著的莎樂美，無可救藥，在這象牙般的冰冷肉體上碰了壁。

她不是深宮中的單純少女，什麼都不懂。不，她對自己的魅力清楚得很。她留意到希律王注視自己的目光：「為何陛下總是用那對鼠輩的眼睛看著我？我母親的丈夫如此奇怪地看著我，我不知道那是什麼意思——說實話，我心裡其實很明白。」

　　她也善於利用自己的女性優勢，那個迷戀她的敘利亞士兵，目光總離不開她。她對這位士兵求助時，特意說：「你會替我辦這事的。你知道你會的⋯⋯納拉波特。你要是辦了，明天我的轎子經過那大橋時，我會透過面紗望著你，我會看著你，納拉波特，我會對你微笑。」

　　她這樣美麗，劇中所有男人都被她迷倒——除了她所愛的那人。

　　因為，他是先知啊。

　　但大逆不道的我們，總愛看這些禁欲禁得要死、近乎於神的男人與自己的本性做鬥爭。在莎樂美好奇地張望著牢中的約翰時，他大叫：「退開！巴比倫之女！不准靠近主所選擇的人。你的母親將不義染滿了大地，她的罪孽已經傳到神的耳裡。」

　　他從來沒有直呼她的名字，只是以「巴比倫之女」「索多瑪之女」來稱呼她，斥責她為「世間最邪惡的女人」。

　　當然要狠狠地罵她，聲音越大，越顯示對她的不屑，和鄙視。聲音再大一點，再響一點，很快就連自己內心深處那點聲音，都聽不到了。最後，他索性切斷了與莎樂美的交流，將自己像孩童一樣緊緊包圍起來，投入神的懷抱，「我只聽主的聲音。」莎樂美多麼委屈，多麼無辜。

　　原本她也跟世間其他少女一樣天真稚嫩呀！在戲劇一開始，她煞有介事地評價天上的月亮：「我確信她是位處女，她有處女的美麗。是的，她是位處女，她從未受到玷污。她從未像其他的女神那樣委身於男人。」

　　然後，她遇見了約翰。儘管他身困地牢，她卻愛上了他，對他產生了欲望。情欲一起，她便再也不是原來那個天真貞潔的莎樂美了。她天真地向約翰發問，問上帝之子是誰，是否也像他如此漂亮。少女體內的欲望萌生，她毫無顧忌地

牟侯的《顯現》刻畫了莎樂美表達出殺害約翰的願望
後的心情，幻覺中約翰的頭在折磨著她的心，強烈的
衰情卻已經鑄成的大錯，幾乎使她站立不住。

說出「約翰，我渴望你的身體！」他的身體，就是猶太山中的雪，阿拉伯皇后花園裡的玫瑰，落日的餘暉，海面上月亮的呼吸……

這些都算得了什麼呢？

在這塵世間，莎樂美只渴求約翰的身體。

在保守與性壓抑的英國維多利亞時代，王爾德安排《聖經》裡的莎樂美，在他的舞臺上驚世駭俗地用法語說：「讓我撫摸你的身體。」世間再也沒有比這更禁忌、更絕望的愛戀了。莎樂美能夠從其他女人那裡搶到任何男人，但她無法跟上帝爭奪。上帝對女性的責難，就是男性對女性的責難，女性承受這些責難，慢慢演變成了女人的宗教責任——我們是有罪的。有罪而有不潔之身的莎樂美，能夠奪取的，只有心愛之人的性命。舞蹈跳完了，她向希律王要求約翰的頭顱。她捧著心愛男人的頭顱，說：

「我現在要吻你。我要用我的牙齒，如同咬著水果一般地吻你。」即使是莎樂美的七層紗之舞，也不能比她這番戀屍的行為更感官了，但她看著盤子上那顆漂亮的頭顱，陷入了絕望——「啊，我現在要吻你……但為何你不看著我，約翰？你那雙令人膽寒的眼睛，充滿憤怒與輕蔑的雙眼，現在卻緊閉著。你為何要閉著眼睛呢？睜開眼睛吧！揚起你的眼眸，約翰！為何你不看著我？難道你怕我嗎，約翰，所以你才不敢看著我？」最後，她絕望地低吟著：「如果你看到了我，你將會愛上我。」

古代中東的夜空下，萬籟俱寂，我們只聽到這個少女心碎的聲音。在此之前，沒有誰像她那樣大膽，竟敢愛上近乎神的男人。也沒有誰像她那樣絕望——她再美，再善良，再努力，也無法得到上帝的先知，耶穌的鋪路人。

她站在那裡，捧著約翰的腦袋，終於吻上了他的唇。那是什麼樣的滋味？

這個少女癡癡地說：「你唇上的味道相當苦，難道是血的滋味嗎？……或許那是愛情的滋味……他們說愛情的滋味相當苦……」

是的。他們說，愛情的滋味相當苦。

女性厭惡者

　　日光沒入大海之前，阿裡阿德涅（Ariadne）登上船艦，最後回頭看了自己的故國克里特一眼。

　　別了，米諾斯！別了，父親！

　　風從海的另一邊刮過來，一陣緊過一陣。她抬起頭來看向前頭的雅典王子忒修斯（Theseus）。此刻他正忙著跟水手們商討著什麼，臉上一副認真的神情，她心頭湧上一陣甜蜜的喜悅。

　　儘管妹妹對自己說，以前一個叫作美狄亞的女子也曾做過背叛父親和祖國的事，最後還不是被心上人拋棄了，但阿裡阿德涅樂觀地想，自己不會遇到這種厄運。

　　離開米諾斯，需要很大的決心與勇氣，她很高興自己終於邁開這一步。這個克里特島上最強大的國家，後世的人們以父親的名字為其命名，稱為米諾斯王國。

　　父親不是普通人，他的母親是腓尼基國王的女兒歐羅巴，父親則是天神宙斯。有一天，歐羅巴獨自一人在外散步，突然見到面前有一頭漂亮的公牛，這

古賽珀·卡薩利《歐羅巴被劫》。
化身為牛的宙斯背著美麗的歐羅
巴，一鼓作氣橫渡愛琴海，逃到了
克里特島。

頭牛居然善解人意地在她跟前跪下，請求她騎上來。歐羅巴好奇心大起，騎了上去。一跨上牛背，公牛突然飛到空中，她嚇壞了。這時候公牛告訴她，自己是宙斯，然後將她帶到克里特島去。她在那裡生下了宙斯的兒子，那就是阿裡阿德涅的父王米諾斯。

只可惜，後來父王權力膨脹，引起了天神宙斯的不滿，令他生下了一頭半人半牛的怪物。父王將他養在迷宮中，並且勒令雅典每隔七年就要向他們進貢十四名少男少女，作為怪物的祭品。這一年，作為祭品前往米諾斯迷宮的，是漂亮的雅典王子忒修斯。在米諾斯王宮中第一眼見到他起，阿裡阿德涅一顆少女的心就怦怦亂跳，她不要他死！她偷偷將一團線和一把劍給了他。憑藉她的幫助，他殺死了那個怪物，逃出迷宮，帶上阿裡阿德涅一起走。因為妹妹淮德拉[15]年紀還小，不願離開自己，於是阿裡阿德涅只能帶上她一塊兒私奔。

夜空出現了星星，阿裡阿德涅覺得有點困。她懷著憧憬，漸漸入睡。

後世的荷馬也許不知道那天晚上星空下，具體發生了什麼，但他知道後面發生了什麼。他在史詩《奧德賽》中，借著奧德賽的口說出這番話：

「我還見到了費德拉、普羅克裡斯（Procris）和，心懷狡詐的米諾斯的女兒，美貌的阿裡阿德涅。後者跟隨忒修斯離開克里特島到達聖城雅典，但忒修斯還未得到她的溫存，就永遠失了她。」

別把忒修斯說成受害者好嗎？伊阿宋也曾陪伴美狄亞有過一段好時光，如果他真的愛她，又怎會遺棄她？據說，那天晚上，忒修斯夢到了雅典娜女神，根據指示遺棄了她。流傳更廣的說法是：他夢到了酒神狄俄尼索斯（Dionysus），在羅馬神話中又叫巴克斯（Bacchus），酒神告訴他，自己喜歡阿裡阿德涅，想

15. 淮德拉（Phaedra），希臘神話中的人物，米諾斯（Minos）與帕西法厄（Pasiphae）之女，忒修斯之妻。

讓她當自己的妻子。如果他不放棄她，就將有災禍降臨他們頭上。

第二天清晨，阿裡阿德涅緩緩睜開雙眼，映入眼中的是克里特島以外的天空。她慢慢坐起來，卻發現自己不在船上，遠處茫茫一片的只有海水。她孤身一人在孤島上，而他們的船隻早已經不知去向。

她明白過來：自己被遺棄了！

這時候，酒神出現在這個島上，發現（其實是假裝發現）了無依無靠的阿裡阿德涅。她成為了他的女人，為他生下了孩子。

在這個美麗的女孩子孤身無助留在荒島時，俊美的酒神突然現身眼前的場景，想想也是夠瑪麗蘇的，難怪後世無數畫家以這個場景為題材，樂此不疲。

說起來，忒修斯也是個識時務者——縱是再英俊勇猛，一個凡人又怎麼能跟神搶女人呢？後來的他，在情路上也不順利。

在他成為雅典國王後，他曾經到過亞馬遜，喜歡上了那個叫希波呂忒（Hippolyta）的亞馬遜女王。不知道是對自己的魅力沒有信心，還是跟阿裡阿德涅的事情讓他對感情不尊重起來，反正他沒有老老實實地追求女王，而是耍了個心眼。他邀請女王到自己的船上，女王一上船，他立馬命令水手解纜啟程回國。回到雅典後，他強行跟女王結婚，女王生下一個漂亮的男孩，叫作希波呂托斯（Hippolytus）——這才是此文名義上的男主角。

女王雖然是被騙到雅典的，但她跟所有斯德哥爾摩綜合征患者一樣，愛上了這個「拐騙犯」。後來的亞馬遜女王咽不下這口氣，大舉進攻雅典時，這位前女王（這時應該叫王后了）還陪著老公一起作戰，後來戰死在自己族人的武器下。

　　希臘男人沒有美女或者美少年好像就不能活似的。喪妻的忒修斯也不例外，這一次，迷惑他心的是——淮德拉。

　　這個名字熟悉嗎？熟悉就對了。因為她是被他拋棄到孤島上的阿裡阿德涅的妹妹，當年曾經跟隨他們一起私奔，成年後又回到了自己國家。現在，忒修斯聽人傳說她的美貌，他還記得阿裡阿德涅的美，不知道當年那個小女孩，是否也長成了像姐姐一樣的美人呢？

　　當時，米諾斯的國王已經不是阿裡阿德涅的父親，而是她的哥哥。忒修斯派人向國王提親，國王應允，忒修斯去迎娶淮德拉。他發現，她的確成長為像姐姐一樣的美人，兩人婚後生下了兩個孩子。

　　一切都很好。

　　但這顯然不是希臘史詩的風格。

　　淮德拉畢竟不是愛戀他的阿裡阿德涅，這時候的忒修斯也不再是當日在米諾斯迷宮中殺死怪物的少年英雄。他已經開始衰老，身材走形，而他與前妻所生的兒子希波呂托斯卻年輕俊美，淮德拉的心被他吸引了。

　　在歐洲史上，有許多年輕男子像希波呂托斯一樣，跟自己的繼母傳出了男歡女愛的故事。但希波呂托斯不一樣——他是個極度厭惡女人的男子。

　　我想，他應該是歷史（姑且叫「歷史」，儘管史詩中的傳說成分比歷史成分要重得多）上記載的最早的一個女性厭惡者（misogynist）[16]了。

---

16. 這個詞的詞根恰好源自希臘語，mis 源自希臘語的 misein，恨的意思；gyne 是希臘語的女性之意。女性厭惡有多種表現形式，可以是性別歧視、貶低女性，針對女性的暴力，或者是對女性的性物化。希波呂托斯這種屬於極端的性別歧視，歐裡庇德斯劇中的他則還有貶低女性的意味。

十六世紀，一位叫約翰·黎利（John Lyly）的英國作家在所寫的《優浮綺斯》（Euphues: The Anatomy of Wit）中，有這樣一段出自典型女性厭惡者之口的文字：

「她如果貞潔，必定拘謹；如果輕佻，必定淫蕩；如是嚴肅的婆娘，誰肯愛她？如此放浪的潑婦，誰願娶她？如是侍奉灶神的處女，她們是誓不嫁人的；如是追隨愛神的信徒，她們勢必是荒淫的。如果我愛一個美貌的，勢必引起嫉妒；如果我愛一個貌醜的，會要使我瘋狂；如果生育頻繁，則負擔有增無減；如果不能生育，則我的罪孽愈發深重；如果賢淑，我會擔心她早死；如果不淑，我會厭惡她的長壽。」

他們不是同性戀。而就希波呂托斯而言，在那個宗教道德約束還沒誕生的年代，他顯然也不是出於什麼禁欲主義。在我心目中，這個漂亮的少年長著一張性冷淡的臉。在歐里庇德斯的劇作《希波呂托斯》中，他安排這美麗少年在聽到淮德拉喜歡自己的消息後，說出這番話：「女人是大的災禍，就是那生她和養育她的父親，拿出一份嫁妝打發她去，算是弄掉了一個災禍。」

「我厭惡女人永不會停止，即使有人說我老是說這話，因為她們也正是那麼的壞。且叫誰出來證明她們是貞淑的，否則只可讓我永久地踐踏著她們了。」

歐里庇德斯本人就是個女性厭惡者。這種歧視女性的文化在古希臘並不少見，即便是知識份子如赫西俄德、歐里庇德斯、亞里斯多德也逃不過。當年就有人指出這是一種社會病。跟我一樣專注歷史情愛八卦的古希臘歷史學家阿忒那奧斯（Athenaeus）就寫道：「當有人告訴你說歐里庇德斯是很討厭女人的，也許是吧——在他的悲劇裡；但在床上，他可熱愛女人了。」

還是放下歐里庇德斯這部戲劇（個人認為在他的戲劇中，這篇也算不上佳作），看看傳說是怎麼講的吧：傳說，希波呂托斯不僅表達了對繼母的厭惡，而且聽到她說要與他共同分享王位時，更是直接跑到王宮外，打算在外面一直

住到父王回來。

　　跟戲劇裡愛神為了懲罰希波呂托斯對女人的厭惡，而特意讓繼母愛上繼子的情節不一樣，傳說中的淮德拉似乎更像個同時熱愛美男與權力的野心家。她知道，一旦國王回來，希波呂托斯就會將一切告訴父親。

　　於是她在自縊前留下遺書，聲稱希波呂托斯意圖玷污自己，要求丈夫處決希波呂托斯。

　　無論希波呂托斯怎樣辯解，忒修斯依然不相信，但他也不願處死自己的兒子，於是將他逐出國土。希波呂托斯後來摔下馬車身亡，而淮德拉的乳母將真相告訴忒修斯，他這才知道兒子是無辜的。（這父親竟然粗心得連兒子討厭女人都不知道啊。）

　　過去看這個故事，只覺得又是一攤希臘史詩裡最為常見的狗血。直到後來聯想起君士坦丁大帝的家事時，才發現裡面的政治陰謀──宮廷中哪有真正的男歡女愛，都是利益。第一個接受基督教的羅馬皇帝君士坦丁，第二任妻子向他哭訴，聲稱他的長子侵犯了自己。也許君士坦丁受不了兒子給自己戴綠帽，又也許他只是妒忌長子軍績出眾、功高震主，反正他將自己的兒子殺了。直到他的生母，一個酒館侍女出身卻極度聰明的女子提醒他，這也許是他妻子的謊言。他這才調查清楚，最後將妻子以通姦罪處死。

　　無論君士坦丁的兒子與繼母有沒有通姦，但整件事的最大受益人，卻仍是繼母與君士坦丁的三個兒子──在兄長死後，他們終於能夠繼承父親的龐大帝國，分別統治西班牙、高盧和不列顛，亞洲和埃及，義大利與北非了。

　　比君士坦丁年代要早更多的淮德拉，也許早已經有此智慧。一開始，她是真愛希波呂托斯，但既然得不到，為何不一同毀滅，為自己兒子留下後路呢？

她從來就是個聰明的女人，當她還是小女孩的時候，就已經知道在不背叛父兄的前提下，跟著姐姐投奔更好的生活。姐姐被拋棄了，她仍能平安地回到故國，最後又成為忒修斯的王后。那英俊少年希波呂托斯，是她人生中唯一走錯的一步棋。

她的魅力是沒有錯的，計謀也沒有錯，但她畢竟不是神，再聰明的腦袋也算計不出，這個少年竟是個女性厭惡者。自縊前，她也許悲哀地想著：姐姐雖然天真單純，但她的人生更幸福吧？畢竟愛上她並且要娶她的，是一位神祇。

Chapter 6

情 慾 愛 恨 背 後 的 歐 洲 簡 史

先看八卦，再讀歐洲史

　　小時候開學前發課本，我都會首先將歷史書啃掉。當然，我會將經濟農業科技軍事內容全部略過，只看裡面有什麼人，做過什麼事。（到了現在依然偏食嚴重。）

　　你看，人類對「故事」的胃口，多麼大呀！

　　為什麼我們學中國史會比較容易？因為從小到大，即使不識字的老頭老太，也會搖著扇子跟我們講曹操劉備的故事，我們都知道秦皇漢武，或是趙飛燕楊貴妃的八卦。在故宮遊覽時，會有人指認韋小寶在哪裡協助康熙殺鰲拜，或是乾隆朝的小燕子如何智鬥容嬤嬤。即使那都不是正史，但也不妨礙我們翻開書，在見到康熙和乾隆時眼前一亮。

　　不瞭解這些八卦，直接看歐洲史，那麼威廉就只是「威廉」，亨利就只是「亨利」。（最可惡的是，威廉亨利愛德華路易還有一二三四五六七世！）但是對歐洲人來說，威廉不光是戴安娜她兒子，或凱特她老公，還可以是征服者，也可以是負心漢。對法國人和英國人來說，貞德是聖女，或是魔女。

　　理查三世是孩子們床前故事裡那個壞叔叔，幾百年後還有人為他翻案，美國人會坐飛機到英國看他遲來的葬禮。溫莎公爵不光是浪漫的代名詞，還是英

女王的伯父。英國人拍起同性戀題材電影來，會在片頭引用一些王爾德的話，跟我們惡作劇杜甫沒兩樣。

如果我們像歐洲人那樣，瞭解這些人的典故，看歐洲史當然會順當得多，不再遙遠。

歐洲史跟中國史不一樣，沒有官方修史。同一歷史事件往往有不同版本（在這本書裡，我會採用本人較感興趣的版本。另外，由於「哥哥」與「弟弟」不分，「姐姐」與「妹妹」不分，一個角色是另一個角色的兄弟姐妹，往往會有不同說法）。

即使被人尊為「歷史之父」的希羅多德[1]，書裡也充斥著各種讓人覺得「什麼玩意兒」的狗血事。後世還有嚴肅史學家斥他是「謊言之父」。嘿嘿嘿——我們現在所知道的世界，難道就都是真相？賽場上，人們眼皮底下一個球怎樣判罰，都爭議不斷。更何況是已經沒有見證人的歷史呢。

我個人認為，沒有官方修史，讓歐洲史從源頭就蘊含了思想獨立與自由的可能性。反觀湯瑪斯·莫爾[2]深受都鐸君主亨利八世寵信的政界中人，就在他的史書中將都鐸王朝的敵人刻畫成喪盡天良、殺害侄子的殘暴篡位者。莎士比亞的《理查三世》將這個「印象」傳播得更遠更廣。可信嗎？且看你如何站隊了。

歷史真相是時間的女兒，她會羞澀地躲在幕布後。但歷史大流程卻像懷孕，遮都遮不住。

---

1. 希羅多德（Herodotus，約西元前 480 —前 425 年），古希臘作家、歷史學家，他把旅行中的所聞所見，以及第一波斯帝國的歷史記錄下來，著成《歷史》一書，成為西方文學史上第　部完整流傳下來的散文作品，希羅多德也因此被尊稱為「歷史之父」。

2. 湯瑪斯·莫爾（Thomas More，1478— 1535 年），歐洲早期空想社會主義學說的創始人，以其名著《烏托邦》而名垂史冊。他寫的《國王理查三世本紀》，成為莎士比亞創作《理查三世》的藍本。他前期深受亨利八世的寵信，後因為反對國王離婚及宗教問題分歧而被處死。

　　我們沿著歐洲史上的癡男怨女，在希臘史詩、羅馬帝國、中世紀城堡、文藝復興宮廷、法國大革命街頭巷尾，一路走了三千多年的路程。古希臘羅馬文化傳承、基督教興起和傳播、日爾曼人、中世紀封建制度、文藝復興的發源、大航海時代、宗教改革、法國革命和拿破崙、兩次世界大戰……與我們一一擦肩而過。當我們把在這本書中看到的面孔，一張一張拼湊起來時，才發現——這就是歐洲史。

　　在那些故事裡，他們是主角，歷史是配角。來到這一章，他們退至配角，歷史成了主角。

　　不過，我還是通過人物這些「配角」，來講講這位「主角」的事吧。

希臘：八卦歷史的源頭

希臘半島是歐洲文明的搖籃，而歐洲文明是西方文明的源頭。

「歷史之父」希羅多德就是希臘人，他將遊歷路上聽聞的故事記錄下來，成就了《Histories》一書。這個詞，從此就用來指代過去發生的事情，即「歷史」。

不過，歷史之父其實跟我等小民一樣，也是個八卦之人。各路趣聞聽下來，他都不忘用筆記錄在自己書裡，有如狗仔隊附體。比如坎道列斯[3]覺得自己的妻子太美麗了，於是跟自己最寵信的侍衛說：「我老說她多麼美，你是不會相信的吧。你想個什麼辦法，看看她的裸體，如何？」——皇皇巨著裡，淨充斥著這些狗血又好玩的故事。

歷史之父也許沒想到，後世會將「歷史」發展為正兒八經的一個詞，恨不得金漆塑身，供上神壇。

翻開史書，提到古希臘文明必提的「克里特文明」和「邁錫尼文明」，其實古希臘人自己沒什麼印象。只有年代在更後面的吟游詩人荷馬[4]，在他的史詩

3. 坎道列斯（Candaules），古代呂底亞王國國王，約於西元前 735—前 718 年在位。希羅多德記載，坎道列斯聲稱自己妻子美麗無比，非得讓他的僕人看她的裸體，僕人被迫偷窺時被發現了。

4. 荷馬（Homer，約前九世紀—前八世紀），相傳為古希臘的遊吟詩人，生於小亞細亞，失明，創作了史詩《伊利亞特》和《奧德賽》。

《伊利亞特》和《奧德賽》裡面有所記述——在他的記述中，那是一個人和神共同生活、並肩作戰的年代。

根據考古學家的發掘，大概在西元前 2000 年左右，印歐人種的一個分支踏上了希臘這片土地。這批人來了以後，為當地帶來了動亂，只有克里特島（Crete）躲過一劫，發展出了繁華的文明，變成一個強盛的奴隸制君主國。據說這個王國最強大的國王叫作米諾斯[5]，所以考古學家就叫這個王國為米諾斯王國。

根據希臘「歷史」的邏輯，這麼偉大的國王，怎麼可能是普通人嘛。所以，他就真的不是普通人。他是人神相戀的產物，父親是著名的宇宙第一花花公子宙斯。（詳見〈女性厭惡者〉）

而考古學家站出來說，那大概是青銅時代中期。到了青銅時代末期，邁錫尼宮殿出現了，我們所知的大美人海倫也上線了，這時期最重要的歷史事件是——她被搶走了。在〈女性厭惡者〉中出現的雅典王子（另一說法是國王）忒修斯，年輕時經歷過米諾斯時代，年老時也搶過海倫（大美人周圍的安保真鬆懈）。只是當時的海倫還沒結婚，這件事也沒引起什麼戰爭。從忒修斯一人見過米諾斯國王與海倫這件事上看，似乎米諾斯王國與特洛伊戰爭隔的時間並不久遠。不過考古學家的勤勞成果顯示，米諾斯首批宮殿被毀與特洛伊戰爭之間，大概隔了五百年。

不過中國歷來有「洞中方一日，世上已千年」的時間觀。既然奧林匹斯山上的希臘眾神也摻和進來，甚至在特洛伊戰爭中各自站隊，這些時間差也算不

---

5. 米諾斯（Minos）是克里特之王，宙斯與歐羅巴之子。米諾斯文明又被稱作克里特文明。

6. 他出任雅典城邦的第一任執政官，制定法律，進行改革，史稱「梭倫改革」。

7. 伯里克斯（Pericles，約西元前 495—前 429），古希臘奴隸主民主政治的傑出代表者，古代世界著名的政治家之一。

上什麼。（詳見〈那些年，我們一起追的靜香〉）

　　後來，希臘人慢慢發展出了城邦，城邦製成為了他們的政治制度。城邦與城邦之間，總是戰火不斷。他們在打架間歇，也不忘擴大貿易，開開奧運會。那個叫荷馬的詩人順便將前面米諾斯、海倫這些男男女女發生的事記錄下來。一個叫希羅多德的男人四處遊歷，搜集八卦，又一本正經地記錄下來。一個叫梭倫[6]的男人在雅典推行改革，後來又輪到伯里克里斯[7]推行民主改革，而隔壁的斯巴達卻爆發了奴隸起義。

圖為亞歷山大和他的軍隊，浩浩蕩蕩進入巴比倫城的情景。

在發生這些事的同時，別忘了，他們還在打仗。先是雅典人將波斯人趕出了愛琴海，後來又跟斯巴達開打，在這些「鬥毆」中，最著名的是伯羅奔尼薩斯戰爭[8]。這場戰爭剛開始的時候，斯巴達的使節說了這樣一句話：「這一天將是給希臘人帶來巨大不幸的開始。」

不幸言中。

死神在希臘的土地和海洋上跳舞，瘟疫、饑荒糾纏著此前耽於享受生活的希臘人。希臘盛產的美少年一個又一個死於瘟疫或饑荒，雅典表面依舊繁榮，內裡已經空虛動盪。

戲劇作家歐里庇德斯[9]正是這個時代的人。《美狄亞》（詳見〈被拋棄的女人〉）這個悲劇中，美狄亞冷漠無情的臉，直接逼問著每個人的神經。死亡，死亡！人性，人性！希臘人在戰爭中已見得太多太多，此刻坐在廣闊的露天劇場內，他們在劇中人極端的喜怒哀樂中，開始重新思考。

他們也許想到了《美狄亞》中的那句話——

「神明總是做出許多料想不到的事情。凡是我們所期望的往往不能實現，而我們所期望不到的，神明卻有辦法。」

在那一系列戰爭中，雅典、斯巴達、底比斯都在心裡想著，他們才是神明心中命定的那個吧。儘管戰爭讓他們筋疲力盡，但他們依然抱有希望。

但誰想得到，希臘諸神竟將勝利的蘋果，放在了希臘邊陲之國馬其頓的頭上呢？

在希臘城邦鬥得你死我活魚死網破的時候，那個原本落後的馬其頓王國（位於巴爾幹半島），被那個叫作腓力二世（Philip II of Macedon）的男人統一。統

一後的強大王國，對希臘諸城邦造成了威脅。雅典人高聲呼喚：要小心這個男人！要小心這個男人！

小心也沒用。

神明在天上洗著手中的牌，手指一點，未來世界的新主角已經選好。小夥子，就你吧！腓力二世的兒子亞歷山大，快要登上舞臺了。

亞歷山大是我的童年偶像。我還是個小學低年級生的時候，從那套厚厚的《世界五千年》上，第一次看到他的故事。跟凱薩、拿破崙等人比起來，他的故事對一個小學生而言要有意思得多。比如他小時候馴服烈馬的故事，比如他年幼時就對父親腓力二世說，「要是所有地方你都征服了，那我還要幹嗎呢？」

年輕的亞歷山大一路東征，覆滅波斯帝國，最遠抵達了印度。隨著鐵蹄一路咯噔咯噔，東方被迫向希臘文化敞開了她的胸懷。就像亞歷山大和他的下屬迎娶了東方妻子，擁有波斯情人一樣，（詳見近東被捲入到希臘文化中。〈征服者的東方情人〉）

---

8. 伯羅奔尼薩斯戰爭（Peloponnesian War），是以雅典和斯巴達為首的兩個聯盟之間的一場戰爭。這場戰爭從前 431 年一直持續到前 404 年，期間雙方曾幾度停戰，最終斯巴達獲得勝利。這場戰爭結束了雅典的經典時代，也結束了希臘的民主時代，給繁榮的古希臘帶來了前所未有的破壞，導致戰後希臘奴隸制城邦的危機，整個希臘開始由盛轉衰。

9. 歐里庇得斯（Euripides，約西元前 480—前 406 年），希臘悲劇大師，他一生共創作了九十多部作品，保留至今的有十八部，代表作有《美狄亞》。

10. 歐幾里得（Euclid，西元前 330—前 275 年），古希臘數學家。他被稱為「幾何之父」，最著名的著作《幾何原本》是歐洲數學的基礎，影響至今。

11. 伊比鳩魯（Epicurus，西元前 341—前 270 年），古希臘哲學家、無神論者，伊壁鳩魯學派的創始人。他的學說的主要宗旨就是要達以不受干擾的寧靜狀態，並要學會享樂。

12. 阿基米德（Archimedes，西元前 287—前 212 年），古希臘百科式科學家、數學家、物理學家、力學家。你肯定聽過他的這句名言——「給我一個支點，我就能撐起整個地球。」

　　人們將這個時代，稱為「希臘化時代」。我們從小學中學開始已經耳熟能詳的那些希臘名字──歐幾里得 [10]、伊比鳩魯 [11]、阿基米德等 [12]，都屬於這個時代夜空中的群星。

　　那是人類歷史上，第一個群星閃爍的時代。星光熠熠，映照著羅馬人的道路。

　　羅馬人很快要來了。Get ready。

羅馬狼的前世今生

王政時代到共和國：失貞美人的痛

我第一次抵達羅馬時正是傍晚時分。飛機上走下來，兩個男人在我跟前走著，其中一個突然彎下身來，誇張地親吻著羅馬機場停機坪的土地，另外那人笑著給他拍照。

當時，我突然強烈地意識到：我在羅馬！跟世界各國沒有不一樣，羅馬最早期的歷史是狗血故事、傳說跟史實的混合物。最早居住在義大利地區的民族，是埃特魯裡亞人（Etruscans）。本來，埃特魯裡亞人在羅馬還是好好的，直到──一個叫作盧克蕾蒂亞（Lucretia）的羅馬美人自殺。才不是我要故弄玄虛，刻意回到男歡女愛這個主題。但羅馬歷史進程突然轉向，從帝國走向共和國，正是跟此事有關。

當時，埃特魯裡亞國王的一個兒子迷戀盧克蕾蒂亞的美貌，非常想得到她。但是盧克蕾蒂亞已經結婚，斷然拒絕。那位王子不死心，某天趁著盧克蕾蒂亞丈夫出門，偷偷進入她的房間，試圖引誘她。

盧克蕾蒂亞是貞潔賢良的女子，嚴詞拒絕。王子於是拿出匕首，當場割斷她貼身女僕的咽喉，然後以暴力強迫她就範。

　　當這一切結束後，盧克蕾蒂亞將發生的事告訴父親和丈夫。跟東方社會女性地位低下，被強暴女子甚至是「污垢之身」的鄙陋思想不同，她的父親和丈夫安慰這個可憐的女人，告訴她說，無助的她不會背負任何汙名。

　　這位羅馬美人生於大家庭，她的父親是羅馬貴族，兄弟和丈夫都是高級將領，她本人亦個性剛烈。她聽完父兄丈夫的話，只是平靜地說，這事不能成為先例，然後就當眾拔劍自殺。她的死震動了羅馬，全城譁然。她的親戚領導了一場兵變，將埃特魯裡亞國王逐出羅馬，羅馬就此從一個王國變成了共和國。

　　這位美人的親戚——這場兵變的領導，就是羅馬史上著名的政治家布魯圖斯（Lucius Junius Brutus）。他是羅馬共和國的創建者，也是共和國的第一位執政官（有兩位執政官，另一位執政官是美人的丈夫）。

　　也許你聽過布魯圖斯這個名字，但覺得時間有點對不上。那是因為你聽說的是另一個布魯圖斯——多年後刺殺凱薩的那傢伙。而「兇手」，正是現在這一位的後人。又也許你是在藝術課上聽到這個名字的。我猜，會不會是這一幅畫——《扈從給布魯圖斯帶回他兒子的屍體》（The Lictors Bring to Brutus the Bodies of His Sons）。

　　這幅畫說的是這樣一件事：當時，布魯圖斯的兒子想要推翻共和，恢復君主制。在兒子跟國家之間，布魯圖斯選擇了後者，下令將兒子處死。畫面上，扈從正將布魯圖斯兒子屍體抬回去，女人們的痛苦呼喊與布魯圖斯形成了鮮明對比。

　　建立在美人鮮血上的共和國，似乎生來就熱愛鮮血的味道。羅馬人在義大利不斷擴張，並開啟了海外征服時代。我們現在非常熟悉的「漢尼拔」[13]這個名字，在那部美國電影面世之前，一直指古代迦太基那位統帥。他曾立下誓言：終生與羅馬為敵。當時，羅馬在第一次布匿戰爭中，打敗了迦太基，獲得了西

西里。相隔數年的第二次布匿戰爭中,漢尼拔帶領的軍隊對羅馬人造成了威脅,

羅馬人不得不避開跟他正面作戰。

是否所有的絕世英雄或美人,都沒有好下場?後來漢尼拔成為最高執政官,推行的政策觸怒了貴族,他們跟羅馬勾結在一起,漢尼拔不得不逃出迦太基。羅馬人才不會讓他有翻身的機會,一路追蹤,一代英雄漢尼拔無路可逃,在異國自殺。

迦太基再度被羅馬軍大敗,羅馬就此統治了西地中海。在後面的第三次布匿戰爭中,迦太基被毀滅。

時間推進近百年,此時已是共和國晚期,HBO 美劇《羅馬》正從此處啟幕——凱薩完成對高盧的征服,返回羅馬時,得知自己的女兒難產而死的消息。他的女兒,正是龐培的妻子……

那是共和國史上,「前三頭」時期,每個名字都如雷貫耳:龐培[14]、克拉蘇[15]、凱撒[16]。隨著克拉蘇戰死,隨著凱薩龐培結束翁婿關係,三頭同盟不再平衡。戰事一觸即發。

---

13. 漢尼拔(Hannibal Barca,西元前 247—前 183 年),北非古國迦太基名將,軍事家,是歐洲歷史上最偉大的四大軍事統帥之一(其他三人分別是亞歷山大、凱薩和拿破崙),自小接受嚴格和艱苦的軍事鍛煉。

14. 龐培(Gnaeus Pompeius Magnus,西元前 106—前 48 年),羅馬共和國末期著名的軍事家和政治家。跟那個時代的人一樣,他善於利用聯姻來達到政治目的。比如為了跟凱薩結盟,年近五十歲的龐培娶了凱薩十四歲的女兒。

15. 克拉蘇(Marcus Crassus Dives,約西元前 115—前 53 年),古羅馬軍事家、政治家、商人。當時的羅馬社會鄙視商人,但他頭腦聰明生財有道。在與人交往方面也很有眼光,甚至還出錢資助跟自己太太有私情的凱薩。他雖聰明而富有,戰功卻不如其他兩巨頭,最後也因急於立功而死在戰場上。

16. 凱撒(Gaius Julius Caesar),即凱撒大帝,羅馬共和國末期傑出的軍事統帥、政治家,以其卓越的才能成為羅馬帝國的奠基者。

　　羅馬法律規定，將領不得帶軍渡過盧比孔河，否則視為背叛羅馬。曾經出版過《高盧戰記》的著名作家凱薩先生，繼「我來了，我看到了，我征服了」後，再次擲地有聲：「渡河之後，將是人世間的悲劇；不渡河，則是我自身的毀滅。」

　　凱薩來了，凱薩看到了，凱薩征服了。擊敗龐培後，他成為獨裁官。

　　在凱薩追擊龐培到埃及時，他順便也管管埃及王位之爭——當時，埃及托勒密王朝兩姐弟正在爭奪王位。這個王室雖然統治著埃及，但卻是希臘人，他

阿爾瑪・泰德《安東尼和克里奧佩特拉的相遇》。

們的祖先是當年亞歷山大東征時的部下托勒密。

於是，歐洲史上最香豔的一幕誕生——埃及豔后克裡奧佩特拉赤裸身體，裹著毯子，被人抬到凱薩房中。她成為了凱薩的情婦，與她爭權奪利的弟弟很快戰敗。後來，她還為凱薩生下一個兒子。

埃及豔后一時鋒芒畢露，只可惜凱薩遇刺。

但她不是一般人，很快又得到了羅馬第一人安東尼的心。安東尼神魂顛倒。羅馬人跟中國人一樣，對「紅顏禍水」很是敏感，憤怒抗議：「羅馬已經成為埃及的一個行省了！」埃及豔后成為除了漢尼拔以外，對羅馬威 脅最大的人。安東尼支持率一路走低，最後被政敵屋大維 [17] 擊敗。

傳說，豔后被俘後，還嘗試使用老辦法——勾引屋大維。只要還有男人愛她，她就永遠不倒！但屋大維沒理她，她絕望了。最後以毒蛇咬身的方式自殺。多年內戰結束。Game over。咦，說了這麼久，那之前提到的希臘人去哪兒了？哦哦哦，忘了告訴你們，羅馬人在跟迦太基打第二次和第三次布匿戰爭時，已經順手征服了希臘。

羅馬帝國：皇帝們

我們這些後世的人，經常會看到評論說「羅馬帝國多麼荒淫」「皇帝們殺人如麻個性乖張」，這種看法有點像「為什麼英國這麼多女王」一類的問題。不是英女王太多，也不是變態羅馬皇帝太多，只是他／她們太有存在感了。

17. 屋大維（Gaius Octavias Thurinus，西元前 63—前 14 年），羅馬帝國的開國君主，統治羅馬長達四十年，是世界歷史上最為重要的人物之一（也是葉小辛的男神）。他是凱薩的甥孫，被凱薩指定為第一繼承人並收為養子。凱薩遇刺後登上政治舞臺。他所樹立的元首制實質上是一種隱蔽的君主制，屋大維統治羅馬是羅馬帝國的開始。

別提英女王了，我們還是從羅馬共和國後期，屋大維打敗安東尼說起吧。

要怎麼評價屋大維這個人呢？如果我說，他將多年後中國袁世凱想做的事情做成了（此處有爭議），還備受民眾讚譽（此處無爭議），是不是會好理解一點？不過，歷史當然要複雜得多。

屋大維（他現在改名叫奧古斯都了，後面還是叫他的新名字）將軍隊變成了一個有顯著地位的常設機構，他自己是「城邦首席公民」。後來，奧古斯都的這一身份「首席公民」（princeps），就演變成了「君主」（prince）。

當年，凱薩征服了高盧，進攻了不列顛；現在，奧古斯都的征程是西歐的星辰和北歐的大海。

希臘羅馬文明沿著奧古斯都點燃的戰火，一直燒到更深處的歐洲大陸。現在我們到歐洲各國遊玩，都會看到羅馬帝國留下的遺址。其實，很多現代歐洲城市，就是在這些羅馬軍隊的宿營地上發展起來的。

奧古斯都成功地建立了一個王朝。

如果你聽說過《羅馬帝國豔情史》這部電影的話（我表示真的沒看過），那麼你就對羅馬帝國的第一個王朝有了部分了（ㄨㄟˋ）解（ㄏㄨㄟˋˋ）。嗯，電影名字直譯就是「卡裡古拉」（Caligula），也就是電影中那位殘暴帝王之名。

至於〈美少年之戀〉裡的癡情皇帝哈德良，就屬於比這稍晚的五賢帝時期，他本人正是帝國的五賢帝之一。

哈德良後來將帝位傳給了他的養子安敦尼（Antoninus）——據說，安敦尼也是哈德良的同性戀人。所以後世有人認為，美少年安提諾烏斯如果不死，哈德良有可能傳位於他。這也正是他必須要死的原因啊。

　　不過別以為哈德良心裡只有美少年，他可沒少幹正經事。他所屬的五賢帝時期，歐洲邊疆得到了防衛和鞏固，是帝國的黃金時代。如愛德華·吉本（Edward Gibbon）在《羅馬帝國衰亡史》[18]（History of the Decline and Fall of the Roman Empire）中所說，這是一段「超過八十年的幸福時光」「人們帶著得體的敬意，保持著一幅自由憲法的景象」。

　　後來，帝國陷入了內戰和蠻族入侵的泥沼。在短短半個世紀中，有二十二個皇帝即位，經濟嚴重衰退，直到在〈美少年之戀〉裡出現過的羅馬皇帝戴克里先[19]在三世紀末結束了這一混亂。

　　但像我們這些非歷史系出身的人記住他的名字，往往因為他對基督教徒的迫害。具體點說——對於像我這樣的花癡來說，是對美少年塞巴斯蒂安的迫害。（儘管在戴克里先的年代，塞巴斯蒂安還不是個美少年。）

　　等等！基督教是在什麼時候出現的？葉小辛你完全沒說啊？

　　不好意思，如果作為基督教介紹的話，交代背景的篇幅實在有點長啊。

　　回過頭去看，其實在奧古斯都執政時期，耶穌誕生了。奧古斯都死後，第二個皇帝提比略（Tiberius）執政時期，耶穌被宣判了死刑。

　　奧古斯都（屋大維），雖然沒有出現在男歡女愛歐洲史那些八卦的正文裡，但這位大咖卻一直在給這些人當背景板。在埃及豔后和安東尼的故事裡，他是兩人的對手；在莎樂美和施洗者約翰的故事裡，他是遠在羅馬的任命希律王家

18.《羅馬帝國衰亡史》是英國歷史學家愛德華·吉本的一部巨著，於 1776—1788 年出版。記述了羅馬帝國早期直至東羅馬帝國滅亡的歷史。當年愛德華在羅馬遊歷時，在廢墟之間感慨萬分，決定窮畢生之力來寫羅馬帝國之史。

19. 戴克里先（Gaius Aurelius Diocletianus，250—312 年），建立了四帝共治制，其改革使羅馬帝國對各境內地區的統治得以存續。

族的皇帝；在哈德良、戴克里先的故事裡，是他締造了羅馬帝國，才有後面這些皇帝或迷戀或殺害美少年的事；在但丁的《神曲》裡，但丁跟隨摯愛的羅馬詩人維吉爾的靈魂帶領他穿過地獄和煉獄，看看那通姦者與吃人者的下場，而維吉爾正是屋大維關係最密切的詩人，他多次向維吉爾索閱詩歌散稿……

但儘管奧古斯都和提比略跟耶穌是同時代人，他們卻根本不知道這位聖人的存在。當時的基督教，跟現在可不是一個等量級的。

早期基督教

在王爾德的劇中，約翰曾經讓莎樂美去找上帝之子，但莎樂美只是天真地問：「他是誰？他像你一樣漂亮嗎？」（詳見〈愛上先知的少女〉）

事實上，約翰跟上帝之子關係匪淺——約翰的母親跟聖母瑪利亞是表親。後來耶穌長大後曾經聽過約翰佈道，而約翰在約旦為耶穌施洗。

在那個時代，猶太人認為世紀末日來臨，彌賽亞（救世主）即將來到。他們一開始認為約翰是彌賽亞，後來認為耶穌是彌賽亞。當時的猶太人不滿羅馬律法，他們認為，在苦難達到最嚴重的時候，彌賽亞就會出現，他會摧毀羅馬軍團，帶領猶太人開創新時代。

這時候，耶穌說出了那句經典名言：「凱薩的歸凱薩，上帝的歸上帝。」他關心的不是世俗王國，而是精神王國。

但這個無意推翻羅馬帝國的耶穌，還是被判刑了。

直到耶穌被釘上十字架後，基督教仍只是屬於猶太人的一個宗教，但是使

屋大維沿途接受民眾的覲見的
情景。

徒保羅在猶太會堂裡宣傳耶穌，說他是神的兒子。由於這個主張，保羅本人被
逐出猶太會堂。他還宣稱，耶穌的教導不光可以傳給猶太人，而應傳給所有人
——基督教跟他的「母親」猶太教，就此分道揚鑣。

當時，羅馬帝國是多神的國家，而猶太教及基督教是典型的一神教，將這
些異教神靈視為邪靈，同時也不去禮拜皇帝。猶太教是猶太人的宗教，其影響
並不大，但基督教不一樣。

因此早期基督教一直受到羅馬帝國的打壓，像尼祿[20]、圖密善[21]都迫害過
基督徒，〈美少年之戀〉中的戴克里先則是羅馬帝國最後一位屠殺基督徒的皇
帝——儘管他的皇后和公主，都接受了洗禮。

帝國的末日

對於塞巴斯蒂安的粉絲（以及基督徒）來說，戴克里先當然是個討人厭的
名字。不過他本人其實是個很有想法的政治家。在他統治時，羅馬帝國版圖太
大，管理已經有點困難了，各個行省的長官又經常煽動叛亂。於是他實施政治
改革，將羅馬帝國逐漸劃分為四塊，而他本人是這種「四頭政治」體系中的最
高級別者。

當戴克里先在世時，這種「四頭政治」能夠維持下去。當他一離世，這個
體系馬上瓦解。

20. 尼祿（Nero Claudius Drusus Germanicus，37—68 年），羅馬帝國皇帝，歐洲史上有名的暴君。他有
各種駭人聽聞的八卦傳聞，比如殺母，比如火燒羅馬，比如閹割少年然後與之舉行婚禮，比如為了得到人妻
而強迫對方丈夫自殺。

21. 圖密善（Titus Flavius Domitianus，51—96 年），羅馬帝國皇帝。篤信多神教，迫害基督教徒。他的妻
子跟演員通姦，被他流放，後來又不甘寂寞地召回，一直沒離婚。但他也跟自己侄女傳出姦情。

君士坦丁大帝[22]的父親是帝國西半部的君主,他去世後,君士坦丁成為西半部的統治者,通過連場戰爭,最終成為了羅馬帝國唯一君主。

不過君士坦丁大帝的聞名,在於他做了一件影響世界的大事——宣佈基督教合法。傳聞說他在作戰前夕夢到了十字架,還有一行文字「有此符號者得勝」。後來他果然贏得勝利,從此以後他頒佈《米蘭赦令》,承認基督教的合法(請別相信有些歷史讀物語焉不詳地說「基督教被奉為國教」的說辭,人家只是從此合法了而已,要成為帝國國教,還早著呢)。史學家則認為,他是為了贏得廣大基督徒的支持。後來,患了重病的君士坦丁大帝也接受了洗禮。

基督教合法化之後三年,羅馬帝國首都遷到了君士坦丁堡。君士坦丁堡這個名字,就是「君士坦丁的城市」之意。

後來繼任的羅馬帝國皇帝狄奧多西一世[23]宣佈基督教為國教。在他死後,帝國分給他的兩個兒子掌管——帝國正式分裂為西羅馬帝國和東羅馬帝國。

末日餘暉已經投在西羅馬帝國的上空,歷史總在不斷地重複自己——就像曾經不斷湧現英雄與美少年的希臘,在羅馬人鐵蹄下不得不臣服一樣。現在,日爾曼人來了,盛產英雄(又名肌肉大叔)的羅馬顫抖了。

日爾曼人攻入西歐,西羅馬帝國最後一任皇帝羅慕路斯[24]被廢黜,西羅馬帝國滅亡。東羅馬帝國(後世史學家稱為拜占庭帝國)成為僅存的羅馬帝國,

---

22. 君士坦丁大帝(Constantinus I,272—337 年),是首位尊崇基督教的羅馬皇帝。

23. 狄奧多西一世(Theodusius I,約 346—395 年)是最後一位統治統一的羅馬帝國的君主。古希臘人辦下來的奧運會就是在他手上弄沒的——他宣佈基督教為國教,又認為古奧運會屬於異教徒活動,有違基督教教旨,就此廢除。

24. 羅慕路斯(Romulus Augustus,約 463—?),西羅馬帝國的最後一位皇帝。他的父親是羅馬軍隊統帥,廢黜前任羅馬皇帝後,將兒子立為皇帝。他只是父親的傀儡。

延續了上千年。儘管羅馬已經不是那個羅馬，但這些統治者都還自稱「我才是擁有純粹羅馬血統的！」

西羅馬帝國，已經成為被風吹走的沙石。那位還是少年的末代皇帝，擁有跟傳說中羅馬建城者一模一樣的名字，卻是截然相反的命運。一個開啟，一個落幕──歷史在這裡劃了一個圈。

至此，羅馬諸神俱泯滅寂然。

中世紀：歐洲各國的形成及教皇與皇帝的相愛相殺

　　就像手中的塔羅牌翻出了一張「死神」，它既代表著「死」，又意味著「生」。西羅馬帝國滅亡，基督教時代來臨，我們現在所熟悉的歐洲國家，開始孕育⋯⋯（許多年後，這些國家紛紛派出代表，在羅馬帝國的發源地羅馬，簽下條約。如今歐盟的前身，歐洲經濟共同體[25]就此誕生。）

　　日爾曼人在如今的法國、義大利、西班牙和不列顛的版圖上建立了許許多多王國，他們的風俗傳統成為了歐洲社會的基礎。現在國人說「為什麼歐洲童話裡的王子公主多到滿大街跑？因為他們的國王多得跟村長似的」雖是笑話，但也說明了當時存在諸國林立的狀況——汪達爾王國、勃艮第王國、西哥特王國、東哥特王國、倫巴第王國⋯⋯在這其中，最重要的是法蘭克王國。這個國家貢獻出了查理曼大帝[26]。

　　查理曼大帝的繼任者在《凡爾登條約》裡將法蘭克王國「三分天下」，大致成為今天德意志、法蘭西和義大利的雛形。（如果當時沒有這樣劃分，我們

25. 1957 年，法國、聯邦德國、義大利、荷蘭、比利時和盧森堡六國領導人在羅馬簽署了《歐洲經濟共同體條約》和《歐洲原子能共同體條約》。後來人們把這兩個條約統稱為《羅馬條約》。條約的簽署標誌著歐洲聯盟的前身——歐洲經濟共同體的誕生。

26. 查理曼大帝（Charlemagne，742—814 年）。法蘭克王國加洛林王朝國王。他建立了囊括西歐大部分地區的龐大帝國，在行政、司法、軍事制度、經濟生產和文化教育事業等方面都有傑出的建樹。

現在哪能動不動就「歐洲七國遊」。）

很多人聽過但搞不太明白的「神聖羅馬帝國」就是在這階段形成的。

這個帝國不神聖，也不羅馬，主要是分裂出來的東法蘭克王國的奧托一世[27]在位期間，接受了羅馬教皇加冕，成為「羅馬帝國皇帝」，後來又加上神聖一詞，稱為「神聖羅馬帝國」，全稱是「德意志民族神聖羅馬帝國」或「日爾曼民族神聖羅馬帝國」。

別忘了，東羅馬帝國還在，處於東方的他們，當時以「羅馬帝國的正統」自居。

自居也沒用，羅馬教會不承認啊。在〈皇冠換來的愛情〉中，殘忍廢黜自己兒子的伊琳娜女皇，就從來不被羅馬教會放在眼中。當年教會勢力之大，是處於現今世俗時代的我們難以想像的。

現在的西歐，是各國難民寧願徹夜徒步高速都要去的好地方，是大部分人的蜜月優選，當年卻只是個經濟落後、城鎮破落的地方，衛生條件還不如帝國時代的羅馬。國王們雖然掌握著政權，但教權掌握在教會手中。國王跟教皇，從中世紀一直到宗教改革前，都處在「相愛相殺」的模式。

正如我在〈帶本漫畫去義大利〉中所說的，波吉亞家族算是歐洲史上最受影視界甚至二次元界青睞的題材，但正因為影視影響力太大，人們往往會產生「當時的教會都很腐敗，教皇都很荒淫」的誤會。

沒錯沒錯，教會是有過比較荒唐的時候，比如「淫婦政治」（Pornocracy）

27. 奧托一世（Otto I，912—973 年），德意志國王（936—973 年在位），是神聖羅馬帝國的第一任皇帝。

時期[28]。不過早在十一世紀起，基督教會已經開始重塑自身，自我復興與改革。其中教皇格裡高利七世[29]重塑教皇權威，跟世俗權力形成了對峙——由國王處理世俗的事務，教皇處理精神的事務。

請想像自己是中世紀的西歐人。對你來說，死後上天堂還是地獄這件事，比自己的國王是哪個家族的、王后她生的是兒子還是女兒更重要，甚至比你家母牛產奶量還要緊。也就是說，你們對「基督教世界」的認知這樣重，相比之下，世俗國家的觀念要淡薄得多。

即使是這樣，因為教皇並不擁有土地（也就是實體的國家），所以教權還是沒法跟王權杠。不過王權也先別開心，在分封與私人佔有的基礎上，你們也並沒有強大到哪裡去嘛。這個時候，兩者還處在「相愛」階段。

後來，法蘭克的「矮子丕平」[30]（查理曼大帝他爸）替教皇解決了倫巴第人入侵的危機，還將羅馬周圍大片土地獻給教會，於是產生了教皇國，教皇成為教皇國的首領，進而擁有了領導者的地位。

這件事史稱「丕平獻土」，讓羅馬教會首次掌握了世俗權力。沒有這次獻土，就沒有〈帶本漫畫去義大利〉裡的波吉亞家族什麼事了。（十九世紀義大利統一後，教皇這片領土就剩下了現在梵蒂岡這一小塊兒了）

自教皇國誕生以來，教權開始縮小與王權的差距。以羅馬為例，八一九世

28. 十世紀初，當時教皇情婦瑪洛齊亞夫人控制了教會大權，她的兒子、孫子都是教皇，這段時期被稱為「淫婦政治」。
29. 格裡高利七世（Gregory VII，1020—1085 年），克呂尼改革派教宗，歷代教宗中最傑出的人物之一。為了實現天主教會擺脫神聖羅馬帝國的控制，他與神聖羅馬帝國皇帝亨利四世進行了畢生鬥爭。
30. 矮子丕平（Pepin the Short，714—768 年），法蘭克國王。他對歷史最深遠的影響在於創造了教皇國，為後來歷任教皇那麼「硬氣」創造了條件。

紀，教會勢力的增長讓羅馬這座帝國榮光不再的城市，再度成為權力中心。在各國不斷打來打去，部分王權一度衰落之時，教會卻默默地在一旁佔有越來越多的土地和各種資源。

由於經濟上有土地資源，文化上霸佔了教育資源，讓教權跟王權比起來，佔有更多優勢。而一些強勢的教皇，開始干預各國世俗事務。這個時候，國王跟教皇之間開始不斷產生衝突，最典型的事件莫不過於德皇亨利四世 v.s. 教皇格裡高利七世。

亨利四世本想擺脫教會控制，但教皇宣佈革除他教籍，亨利四世皇位岌岌可危。他最終不得不在雪地向教皇連跪三天求饒。[31]

在中世紀發生的十字軍東侵，則意味著教皇能夠召集到世俗力量（軍隊）去打一場宗教戰爭。教皇的領袖地位，再一次得到了證明。

這種相殺相愛的狀態，到後面出現了轉折：英法等強大的統一王權國家興起，西歐經濟文化發展，教權也就慢慢由盛轉衰，典型的事件是阿維農之囚——法王將羅馬教廷強行遷到法國阿維農，教皇處於法王控制下，教權不再凌駕在王權之上。

現在歐洲各地區的前世都可追溯到這個時期——

---

31. 兩人暫時和解後，鬥爭依然持續。後來教皇趁著亨利國內內亂，廢黜了他，加封其他人為神聖羅馬帝國皇帝。亨利那方反過來召集會議宣佈廢黜格裡高列，另外立教皇。後來亨利率軍越過阿爾卑斯山，圍困羅馬城。城破後，格裡高利不得不外逃避難，人心盡失，死於異鄉。

英格蘭

還記得羅馬時代，「當年大明湖畔」的不列顛行省嗎？那裡有以癡情皇帝哈德良命名的長城。從羅馬帝國滅亡後到十世紀，英格蘭到底發生了什麼？（蘇格蘭和愛爾蘭不屬於羅馬帝國範圍。）

亞瑟王朝（詳見〈那些年，我們一起追的靜香〉〈女巫〉）只是傳說，歷史還是一板一眼的──跟歐洲大陸一樣，小國林立呀。盎格魯·薩克遜人[32]建立了七個小王國，史稱「七國時代」，最後慢慢統一形成王國。從丹麥來的君主平靜地統治這片土地，直到他的繼位者懺悔者愛德華[33]死後，諾曼第那位私生子征服者威廉跨海而來，在威斯敏斯特加冕。（詳見〈蠻族也柔情〉）從此以後，英國再也沒有遭遇外族入侵。

現在我們理所當然地認為蘇格蘭、愛爾蘭跟英格蘭的關係肯定比英法緊密，但中世紀時可不是這樣。

征服者威廉的孫女瑪蒂爾達（對，跟她祖母同一個名字）的兒子，繼承了母系的英國王位和父系在法國的部分土地。後來當他又娶了個法國女人時，他說「我對法國的哪裡哪裡和哪裡也有統治權啊！」

在中世紀，英國跟法國才是真正的相愛相殺──英國的國王不斷娶法國公主，他們的公主又不斷嫁給法國土地的領主。（詳見〈「形婚」的王后〉）結婚生子以後，又是好一出爭奪家產的大戲。

---

32. 盎格魯·撒克遜人（Anglo-Saxon），通常指西元五世紀初到 1066 年諾曼征服之間，生活在大不列顛島東部和南部地區的文化習俗上相近的一些民族。

33. 懺悔者愛德華（Edward the Confessor，約 1001—1066 年），是英國的盎格魯·撒克遜王朝君主（1041 年至 1066 年在位），因為對基督教信仰無比地虔誠，被稱作「懺悔者」。他注重英法聯姻，也曾答應過讓征服者威廉繼承自己王位，就此引發了後面的王位繼承之戰。

法國

英法百年戰爭是怎麼打起來的？在英國部分，我們說過，這兩國是相愛相殺的狀態。英國國王整天聲稱「我對法國的哪裡哪裡和哪裡也有統治權啊！」，法國君主當然不爽，就開打了。

為什麼英國國王會聲稱對法國地區有統治權？因為在中世紀早期，法國還不是法國，歐洲七國遊裡，只要有法國的存在，還能變成歐洲十五國游十七國游二十國遊。當時法國不是統一的國家，由許多獨立省份組成。跟英國那位動不動扯女人辮子將她摔下馬來的「霸道總裁」征服者威廉不同，法國君主的領土跟勢力範圍極小，所以歷代君主都在努力地拓展版圖（然而英國人已經通過聯姻，輕鬆將好多法國領土收入囊中了）。

英法百年戰爭，就跟這個有關係。

當時法國的卡佩王朝絕嗣，腓力六世[34]即位後，英國國王愛德華三世[35]也嚷嚷自己有王位繼承權（別忘了，愛德華三世的祖上征服者威廉也做過類似的事——隔海過來搶王位），於是兩者開打。

這一打就斷斷續續打了百年，中間還發生過席捲歐洲的黑死病，雙方各自出了不少英雄人物，其中英國的亨利五世[36]一度大獲全勝，成為法王的王位繼

---

34. 腓力六世（Philippe VI），法國瓦盧瓦王朝的首位國王，卡佩王朝國王腓力三世的孫子。在位時與英國爆發了著名的「英法百年戰爭」，1347 年在彈盡糧絕中向英國國王愛德華三世投降。1350 年，腓力六世死後，法國陷於分崩離析和社會動盪的狀態之中。

35. 愛德華三世 （Edward III，1312—1377 年），英國國王。他就是《「形婚」的王后》裡，愛德華二世跟伊莎貝拉「形婚」生下的兒子。他任內最重要的事件就是英法百年戰爭。

36. 亨利五世（Henry V，1387—1422 年），英國國王，百年戰爭中大敗法國。縱是軍事奇才，無奈英年早逝，留下幼子，引發了玫瑰戰爭這場搶王位大戰。想瞭解更多亨利五世的事，推薦看落士比亞戲劇改編的英劇《空王冠》中《亨利五世》一輯，亨利五世由「抖森」湯姆‧希德勒斯頓（Tom Hiddleston）飾演。

承人，還娶了法國公主。

歷史這樣發展下去，今天的英國跟法國也許面目會不同。但亨利五世早死，只留下一個嬰兒。（順帶一提，他的法國老婆在他死後下嫁一個姓都鐸的男人，生下兩個兒子，其中大兒子的遺腹子創立了都鐸王朝。）

後來打著打著，法國領土又收復了，再打著打著，法國情況又不妙了——這時候，貞德橫空出世。後來貞德被英國人捉住，判為女巫燒死。（詳見〈連環殺手的美麗與哀愁〉）接下來的三十年中，法國人大反攻，節節取勝，最後收復全部領土，完成了統一，法國王室的中央集權大大增強。英格蘭也跟法國王位和統治權說 bye bye。

德國

前面提到的神聖羅馬帝國，德國歷史界稱之為「德意志第一帝國」。「德意志第二帝國」要到十九世紀才出現。而「德意志第三帝國」則是我們熟悉的納粹德國。

德國不愧是格林童話的故鄉。前面提到關於歐洲童話中遍地都是王子公主的笑話，如果用在德國身上，是最貼切不過了——在德國的土地上，分佈了數百個相互獨立的省、侯國、主教轄區、公爵領地和自由城市。如果說，法國君主跟英國君主比顯得不夠強大，那麼德國君主就要呵呵了——跟法國君主比，他們甚至連一個強大的領地都沒有，就別提以此為基礎開拓疆土了。

別看「二戰」時期義大利是德國的豬隊友，要是回頭再看中世紀，那時義大利北部城市的財富可讓這些德國人眼紅不已。他們長期將手伸到義大利，而身處義大利的羅馬教皇又擔心這些德國人勢力壯大會影響自己，於是又反過來

將手伸到德國內政中。

　　其實，羅馬帝國皇帝這個封號，本來就是教皇封給查理曼大帝的。為此，他還聲稱「位於拜占庭那個東羅馬帝國的皇帝是山寨，現在這位查理曼才是羅馬皇帝」。東羅馬帝國那位所謂的「山寨皇帝」，正是〈皇冠換來的愛情〉中的伊琳娜女皇。因為她奪了兒子皇位，還將他弄瞎囚禁，這一切剛好名正言順了。

　　後來德國出現了強權人物——腓特烈一世 [37]，他的名字是紅鬍子的意思（跟藍鬍子可不是同一個人）。紅鬍子為教皇平定了一場叛亂，教皇為他加冕，於是又在「羅馬帝國皇帝」前加上了「神聖」一詞。

　　後來教皇肯定後悔了——因為紅鬍子的野心不僅於此。他這輩子共向義大利發動了六次戰爭。當年，德皇亨利四世實力不濟，不得不跪在雪地裡向鞋匠家庭出身的教皇懇求原諒；現在，紅鬍子的鬍子一瞪，胸脯一拍：老子可不怕他們！

土耳其

　　西元 330 年，君士坦丁大帝遷都拜占庭（Byzantium），改稱君士坦丁堡，也就是今天土耳其的伊斯坦堡。395 年，羅馬帝國分裂成為東西兩大帝國，東羅馬帝國定都君士坦丁堡，史學界為了不跟那個羅馬帝國混淆，一般稱為拜占庭帝國。拜占庭帝國待機時間長達一千多年，從 395 年到 1453 年，版圖更一度囊

---

37. 腓特烈一世（Friedrich I），綽號巴巴羅薩（Barbarossa，即「紅鬍子」），約 1122—1190 年。德意志國王和神聖羅馬帝國皇帝。

括了巴爾幹半島、敘利亞、巴勒斯坦、小亞細亞、北非以及義大利半島和地中海的島嶼。

在伊斯蘭教勢力不斷擴張的時候，君士坦丁堡一直是基督教世界抵禦伊斯蘭世界的堡壘。但 1453 年，歷史改變了——奧斯曼帝國的蘇丹集結八萬精兵攜新武器攻城，與之對抗的是拜占庭的八千名基督徒士兵。君士坦丁堡被奧斯曼土耳其帝國攻陷，拜占庭帝國就此成為歷史名詞，取而代之的是強大的新興伊斯蘭政權，這也是當今土耳其共和國的前身。

愛爾蘭

我看過一本描述攝政時期的英國小說。講的是女主角一家已經破產，老爸老媽想讓她嫁給富人——這時候，英俊多金的男主角出場了。但問題是——他是愛爾蘭佬啊，英格蘭人瞧不起他，於是一系列輕喜劇出現了。

也是，羅馬佔領英格蘭的時候，愛爾蘭還只是一堆部落的聯合體，多麼原始。當英格蘭「進入」亞瑟王的時代後，愛爾蘭還是一堆部落在相互殘殺，這為英格蘭的入侵提供了機會——其中一個小國國王為了打擊對手，請求英格蘭支援，從此引狼入室。一開始，英格蘭只是佔領愛爾蘭東部沿海一帶，到了都鐸王朝時，英國開始全面控制愛爾蘭，亨利八世最後也成為了「愛爾蘭王」。

也是從亨利八世時開始，英國開始信仰新教，跟信仰天主教的愛爾蘭人發生衝突，愛爾蘭爆發反叛，但很快被鎮壓。

蘇格蘭

　　三世紀時，凱爾特人[38]中的一支——蘇格蘭人（這個國家就是這樣命名的，簡單粗暴直接）定居下來，建立了蘇格蘭這個國家。蘇格蘭歷史上有幾件事比較著名：

一、馬克白[39]謀殺鄧肯一世（Duncan I）篡奪王位（莎翁名著《馬克白》源於此，但千萬別把它當歷史！）

二、蘇格蘭抵抗運動（電影《勇敢的心》裡威廉‧華萊士就是抵抗運動的領導者，在電影裡他被虛構與〈「形婚」的王后〉中伊莎貝拉王后有一段情）

三、斯圖亞特[40]王朝統治蘇格蘭，他們的一個國王娶了亨利八世的姐姐。這次婚姻，造就了後來蘇格蘭女王瑪麗‧斯圖亞特[41]的悲劇，也讓她的兒子成為英格蘭與蘇格蘭的共同君主，是為大不列顛國王。

---

38. 凱爾特人（Celtics），發源於法國東部塞納河、羅亞爾河上游，德國西南部萊茵河、多瑙河上游地區。他們沒能形成一個統一的國家。隨著羅馬文明的興起，凱爾特文化開始走下坡路。

39. 馬克白（Macbeth，1005—1057 年），蘇格蘭王國的國王，在位十七年。鄧肯一世統治後期爭戰不斷，引起馬克白不滿。雙方交戰後，鄧肯一世被殺，馬克白繼位。莎翁中的馬克白是個篡權的野心家，鄧肯是個可憐的老人家，馬克白夫人更是以野心家女人的形象背黑鍋多年。但歷史上鄧肯死時才三十九歲，那年馬克白三十五歲。

40. 斯圖亞特後來成為第一個成功統治英倫三島上蘇格蘭王國、英格蘭王國和愛爾蘭王國的王室。

41. 瑪麗‧斯圖亞特（Mary Stuart，1542—1587 年），十六世紀蘇格蘭統治者，出生六天便繼承蘇格蘭王位，六歲時被秘密送往法國宮廷，1558 年同法國王子弗朗索瓦結婚。十六歲時頭頂法國王后、蘇格蘭女王的王冠，1561 年返回蘇格蘭親政。因信仰天主教而為蘇格蘭貴族和喀爾文教徒所不滿。1567 年遭廢黜後逃往英格蘭。被英格蘭女王、她的表親伊莉莎白一世軟禁。1587 年，年僅四十五歲的瑪麗‧斯圖亞特被伊莉莎白一世以謀反罪名押上斷頭臺。

北歐各國

查理曼大帝的孫子「三分歐洲」，雖然有助我們實現多國遊，但因為沒有一個國家有強有力的政權，海防邊塞更是不值一提，於是輕而易舉地讓維京人（也叫諾曼人，Norman）侵擾。這些擅長造船與航海的野蠻人，以劫掠為主要營生，一開始是為了搶東西，後來發展到拖兒帶女地定居下來。比如「二戰」史上著名的「諾曼第」，就是諾曼人定居的土地，法國國王將土地分封給他們，條件是「別再搗亂」，於是產生了諾曼第公國。（詳見〈蠻族也柔情〉）

中世紀時期，瑞典、挪威、丹麥、芬蘭等地區分別形成了自己的統一王國。（關於挪威統一的故事，詳見〈烈女〉）隨著維京人跟歐洲基督教地區接觸頻繁，加上傳教士的傳教活動，北歐傳統神祇信仰在維京人的領地上緩緩崩塌。

有意思的是，〈烈女〉中提到的冰島史詩「三角戀」裡，恰好也有提到男主角出國時遭遇的宗教信仰問題，正是那個時代轉型的反映。

東歐各國

斯拉夫人先後建立了基輔羅斯、波蘭王國、捷克王國、保加利亞王國等國家。其中基輔羅斯瓦解後，形成了十幾個「羅斯」公國，相互混戰，後來被日益強盛的莫斯科公國取代。這就是沙俄的前身。

波蘭王國形成得很晚，在〈姐妹之戰〉中提到過，當年波蘭女王嫁給立陶宛大公國大公，形成了波蘭立陶宛大公國。捷克是神聖羅馬帝國的一部分。

第一保加利亞王國被拜占庭佔領，後來建立了保加利亞王國，然後又被奧斯曼土耳其帝國所占。

文藝復興與宗教改革

文藝復興：另一種設定

　　關於文藝復興，你們知道得夠多的了。你們知道，當時義大利城邦經濟大發展啦，佛羅倫斯人發展了銀行業務啦，諸如此類。這些權貴富豪熱衷於復古風氣，處處以古希臘羅馬時代的文化與生活方式為榮，人文主義者吸收古典文化，而富人們則資助藝術家。世俗主義就在其中產生。那是人類群星閃耀的時代，那些星星的軌跡，無一不經過佛羅倫斯……

　　這些，你都知道。我還能說什麼呢？

　　如果你跟我一樣，恰好也會比較關注歷史題材的電影的話，就會發現，每個時代都有一個相對單一的設定。比如，希臘基本是「古典的」「民主的」，羅馬帝國往往是「荒淫的」，中世紀肯定是「黑暗的」「愚昧的」，於是與之相對應的文藝復興，就跟春日初生的小鹿一樣，暖光籠罩，空氣中都是顏料的味道。

　　電影很忙，在兩個小時內，要將人物性格故事發展一一推動，留給時代背景的空間少之又少，還是採用設定吧，而且最好是大家都熟悉的官方設定。於是，文藝復興的主題就是：人文和藝術。他們說，文藝復興時期的佛羅倫斯，

就是古希臘時代的雅典。

這種設定，其實也沒錯啊。

這個比喻，其實也挺對啊。

等等，希臘時代的雅典，我記得是戰火連綿的啊。那麼，佛羅倫斯難道⋯⋯

是的是的，讓我們聊一聊關於文藝復興的另一種歷史設定吧：金錢、權力與欲望。

文藝復興起源於義大利，而當時的義大利，只是一個地理概念，遠遠不是一個統一的國家。它的北部在名義上隸屬於神聖羅馬帝國，其實各城邦各玩各的；中部是教皇領地；南部的王國則慢慢併入法國、西班牙等家族統治下。義大利的統一是很久很久以後的事了，直到現在，義大利的北方人跟南方人依舊互相瞧不起。

〈通姦者上天堂，吃人者下地獄〉裡，那個可憐巴巴的吃人者烏戈利諾，正是皇帝、教皇、貴族和城市權力之爭的犧牲品。由於神聖羅馬帝國皇帝和教皇之間的爭鬥，整個義大利托斯卡納被分為兩個政治派別：支持教皇 v.s. 支持皇帝。

烏戈利諾屬於教皇派，因為鬥爭失敗，跟兒孫一起以叛國罪投入塔中。由於神聖羅馬帝國皇帝更換頻繁，也無暇顧及義大利的政治，義大利北部基本上是權力真空地帶。

但丁一直盼望盧森堡的皇帝亨利七世能夠完成義大利的統一大業，可惜亨利七世早逝，後來北部義大利就在混亂中分裂成許多擁有主權的城邦國家，統治者是城市的領主。

〈妹妹的腦殘粉〉跟〈帶本漫畫去義大利〉中的同一主角凱薩‧波吉亞，就誕生在四分五裂的義大利。當時，他也是被人寄予厚望，認為能夠統一義大利的人物。

亨利七世也好，凱薩‧波吉亞也罷，都沒能按照人們設想的劇本去走（也許上帝的劇本正是如此）。歷史上，像這種「如果某人沒死，歷史也許會……」的例子，還真不少，想想也挺悵然。但我個人的時間觀並不是線性的，所以又覺得，無論細枝末節怎樣繞圈，該發生的還是會發生，該相遇的還是會相遇。

不過那都是後面的事了。活在文藝復興時代的義大利人，當然都懷著「我就是天命之人」的信念，明爭暗鬥，玩弄權術，以期不斷擴大自己勢力。

富有而不和的義大利城邦，在法國、西班牙與神聖羅馬帝國的夾縫中，上演著權力角逐的遊戲，遊戲內容包括「大城邦控制小城市」「大城邦之間權力制衡」，遊戲環節包括美色、毒酒、暗劍、間諜、密謀等，遊戲地點就在這片弱肉強食的政治叢林中。後來，遊戲還出現了外援：佛羅倫斯與那不勒斯秘密謀劃瓜分米蘭，米蘭趕緊向法國拋媚眼，最後引狼入室，掀起了超過大半個世紀的義大利戰爭。（有學者認為，達‧文西筆下的蒙娜麗莎，正是那位引狼入室的米蘭王公的女兒。）

文藝復興不全是義大利的故事，當時英國和法國剛結束百年戰爭，法國中央集權鞏固；英國還要再打一打玫瑰戰爭（〈理查叔叔，放開我〉裡面理查三世與亨利七世的「世紀對決」，是玫瑰戰爭的落幕戰），才進入集權的都鐸王朝；西班牙進入「雙王時代」也由此開端（詳見〈私奔的女孩〉），歐洲形勢一片大好。這些國家的君主，殺伐決斷，令出必行。相比於被臣民所愛，他們更追求被民眾所懼。這些君主沒看過馬基雅維利的《君主論》，他們本人就是《君主論》的活範本。（可以參考〈好命豈獨灰姑娘〉中的亨利七世、〈私奔的女孩〉中的斐迪南二世。）

在強大國家政權與大航海時代的榮光中，英國喬叟[42]寫出了《坎特伯雷故事集》，尼德蘭的伊拉斯謨[43]寫出《愚人頌》；義大利馬基雅維利[44]寫出《君主論》；哥白尼發表了《天體運行論》；拉斐爾在佛羅倫斯看到了達‧文西和米開朗琪羅的創作；一個叫亞美利哥[45]的佛羅倫斯人用自己的名字命名了新發現的美洲。

倒是神聖羅馬帝國諸侯割據，中央無力，任由羅馬教廷圈錢，導致德國人跟教會矛盾尖銳，為後面的宗教改革埋下伏筆。而他們在文藝復興中，除了貢獻出帥哥型男畫家丟勒[46]之外，還貢獻了一位叫胡登[47]的人文主義者，他第一個喊出了「教皇不是上帝的代表」。

宗教改革的風暴，即將席捲整個基督教世界。

宗教改革及宗教戰爭

後世的我們既然只是旁觀者，那不妨像《神父的妻子》中，那些被困在修

42. 喬叟（Geoffrey Chaucer，1343—1400年），被公認為中世紀最偉大的英國詩人。最著名的作品是《坎特伯雷故事集》（The Canterbury Tales），講述一群朝聖者相互講故事，形式跟薄伽丘《十日談》相似。

43. 伊拉斯謨（Desiderius Erasmus，約1466—1536年），尼德蘭哲學家，十六世紀初歐洲人文主義運動主要代表人物。

44. 馬基雅維利（Niccolo Machiavelli，1469—1527年），義大利政治思想家和歷史學家，出生於佛羅倫斯。代表作《君主論》主要論述為君之道、君主應具備哪些條件和本領、應該如何奪取和鞏固政權等。他是近代政治思想的主要奠基人之一。現在人們用馬基雅維利主義形容人為達目的不擇手段。

45. 亞美利哥（Americus Vespucius，1454—1512年），義大利航海家。哥倫布的遠航讓人們以為他到達了亞洲，但卻奇異於沒有在大陸上看到亞洲的財富和文明。亞美利哥為了弄清這一總問題，參加了去大西洋西岸的航行。哥倫布至死仍以為自己抵達的是亞洲，亞美利哥則斷言這是一塊人類不曾發現的新大陸。

46. 丟勒（Albrecht Durer，1471—1528年），德國畫家、版畫家及木版畫設計家，北部文藝復興的代表人物。

47. 胡登（Ulrich Von Hutten，1488—1523年），德國的人文主義者，他比馬丁‧路德更早指出教皇不是上帝的代表。

道院的小姑娘一樣，好奇張望這一切。

　　假設你是一個貴族女孩兒，從小被虔誠的父母送到修道院中學習。即使隔著修道院的窗戶，你也能感受到外面的世界在發生天翻地覆的變化：文藝復興的人文主義，讓人們開始對某些宗教問題產生了疑問。而印刷術的流行，也讓更多人能夠接觸到《聖經》。各地諸侯勢力增強，他們漸漸不滿：憑什麼我要聽遠在羅馬的人指揮呀。

　　你也許跟其他貴族女孩兒一樣，也聽說過馬丁‧路德這個名字。但是這場被後來的人叫作「宗教改革」的運動，絕對不僅僅是他獨力對抗整個天主教會的故事。

　　在他之前，天主教會自身問題深重。在他出現之時，天主教會、羅馬帝國皇帝跟本國諸侯盤根錯節，將他的個人命運與整個基督教的命運一轉再轉。在他出現之後的數十年內，新教傳遍了整個德意志北部、斯堪的納維亞、英格蘭、蘇格蘭，還有尼德蘭、法國和瑞士的部分地區。

　　作為一個普通的女孩，你驚訝於一個人的力量竟然可以這樣大。但如果你有機會跟多年後的歷史學家面對面，他們會告訴你，那不過因為路德新教傾向保守，才見容於當時的社會。但作為那個年代的人，你很驚訝：他們已經夠大膽了呀！

　　但歷史學家還在說：還有一個原因啦，就是路德本人也不介意德意志諸侯掌控新教教會。畢竟相比世俗，他更關心天國的事。

　　當時的神聖羅馬帝國皇帝查理五世[48]，坐擁最廣闊的國土——西班牙、尼

---

48. 查理五世（Charles V，1500—1558 年），〈美人有疾〉中的瘋女胡安娜的兒子。他打造了第一個「日不落帝國」，聲稱「在朕的領土上，太陽永不落下」。後來西班牙衰落，而「日不落帝國」一詞在英國維多利亞時代成為了英國的別稱。

德蘭、義大利南部，以及哈布斯堡家族[49]的奧地利，千頭萬緒，顧不上這邊，於是最後他承認了路德宗，允許每個諸侯自行決定自己領土上的宗教信仰。

後來，你也像路德的妻子一樣，從修道院逃出來，還嫁了人。你像凱薩琳一樣能幹，照顧家裡人的起居飲食，但也不忘從丈夫那兒吸收最新的資訊：聽說，叫作約翰‧喀爾文[50]的男人，對日內瓦的教會進行改革，喀爾文宗迅速成為新教中最矚目的一股力量。在他治理下，日內瓦的教會提倡簡樸的生活、公共的齋戒。像錦衣華服、香煙撲克、歌樂舞蹈、召妓賣淫等等，都是被絕對禁止的。

作為女性，你也發現婦女的地位有所不同了：天主教徒將婚姻視為神聖的結合，步入殿堂的婚姻不能解除。新教則認為，婚姻是一種契約。沒有新教改革，就沒有我們今天的婚姻觀念。

喀爾文對「天職」倫理觀的看法，使得新教更為入世。簡單來說，他認為人們應該積極踏實地工作，這樣才能取悅上帝。這種積極進取的觀念，讓喀爾文宗成為推動社會發展的一股活力。

在沒有雞血和雞湯供應的年代，喀爾文為我們樹立了「成功者之道」的典範：克制、自律、勤奮、進取。能夠做到這些的人，不是新教徒，就是摩羯座吧。

喀爾文宗在法國被稱為胡格諾派（Huguenot）。法國的胡格諾派跟天主教派衝突，造成了三十年的宗教戰爭。〈美人有疾〉中瑪戈王后婚禮之夜的大屠殺，就由此而起。

49. 哈布斯堡家族（Habsburg）是歐洲歷史上最為重要、影響力最大、統治地域最廣的王室家族。2014年的網路神劇《白衣校花與大長腿》的開頭這樣介紹男主角——「他擁有最古老的哈布斯堡家族貴族血統，這個家族的成員曾出任過神聖羅馬帝國皇帝、波希米亞皇帝、奧地利皇帝、西班牙國王、墨西哥皇帝……」

50. 約翰‧喀爾文（JohnCalvin，1509—1564年），法國著名的宗教改革家、神學家，基督教新教的重要派別喀爾文教派（在法國稱胡格諾派）創始人。

　　英國的宗教改革跟這些國家都不一樣，是國王亨利八世為了要個兒子，想要跟來自西班牙的王后凱薩琳離婚（〈被嫌棄的公主的一生〉中，其中一位被嫌棄的西班牙公主），教皇看在凱薩琳王后的外甥查理五世（正是前文那位一開始不同意馬丁·路德改宗，後來讓步妥協的神聖羅馬帝國皇帝）份上，不批准他離婚。後來，亨利搞大了安妮·博林（〈如何正確地當國王的情婦〉的聰明情婦）的肚子，為了不讓肚裡的「兒子」一出生就變成私生子，亨利只有七八個月的時間搞離婚，跟教皇繼續耗是不可能的了，於是他跟羅馬教會決裂，成為了英國國教的最高首腦。

　　最有意思的是，這位「教主」當年在馬丁·路德質疑天主教會時，堅定不移地站在教皇那邊，甚至還寫了本小冊子反駁馬丁·路德。教皇大歎「自己人啊自己人」，誰想到有朝一日會反目呢。

　　但安妮·博林沒生下兒子，後來被處死。亨利八世的第三任妻子才終於為都鐸王室成功添丁，生下兒子愛德華。這位信仰新教的年少君主天生體弱，圍繞他選擇配偶和繼承人這件事情，格雷家的女兒成了犧牲品。（詳見〈格雷家的女兒〉）在他死後，隨著兩位異母姐姐瑪麗與伊莉莎白登上政治舞臺，天主教與新教在英國的鬥爭仍在繼續。

大航海、大王、大國

大航海時代

何鴻燊、李嘉欣、梁洛施……他們跟大航海時代有什麼關係?

後面兩位美人是在澳門的土生葡人,前者的原配也是土生葡人。從明朝後期開始,澳門被葡萄牙「租借」,直至 1999 年中國恢復行使主權為止,澳門一共經歷了四百多年的葡治時代。在這期間,許多葡萄牙人定居澳門,他們的後代被稱為土生葡人。這些定居的葡萄牙人多數是男性,找不到足夠的葡萄牙女性結婚,因此這些土生葡人的母系大多是中國人。

在地理大發現之後,最先開始進行海外殖民的是葡萄牙和西班牙這兩個國家。當時,這兩個位於伊比利亞半島的國家,憑藉海外殖民地的財富,一時風頭無兩。直到他們的風光,被後來者「海上馬車夫」荷蘭與「日不落帝國」英國追趕上。

按照慣例,還是從我們男歡女愛的主角說起吧。

想像一下,當西班牙伊莎貝拉女王從自己脖子上摘下項鍊,將手指上的戒指褪下,命人將這些首飾都賣掉,用以資助哥倫布出海,這場景是多麼動人。

戒指上的寶石熠熠生光，這光為人類歷史劃出了光影明暗。在此之前，人類沒有完整的世界史，在此之後，地球圓了，世界平了。（詳見〈私奔的女孩〉）

不知道這些軼事是否屬實。就像「哥倫布堅稱地球是圓的」這種現在很多人相信的說法，從十九世紀才開始傳出來。但沒關係，我們都喜歡榮耀、宏大、偉岸的東西。大航海時代，正滿足每一個人的夢想。除了這段歷史的注腳——美洲原住民。哥倫布在航海日記中寫道，當地的印第安人（這名字是他們取的，因為他們認為這裡是印度）爭相向他們獻上禮品。他說，他們友好單純，便於奴役。如果這些原住民的神明看得懂哥倫布的文字，便會知道這番話是多麼不祥。美洲的原住民還沒意識到危險的逼近。他們，即將被他們的「神祇」背叛並殺害。

西班牙人抵達美洲後，墨西哥的原住民阿茲特克人[51] 將這些擁有雪白皮膚，身披閃亮鎧甲，騎著高大的神秘生物（南北美洲當時都沒有馬）的白種人，視為天神。跟北美的印第安人一樣，他們向這些天神獻上黃金，這讓他們的「神祇」胃口大開，也為他們帶來了滅頂之災。

這不是榮耀的大航海時代唯一的痛。後來，殖民者在新世界開始發展農業和礦產——黑奴貿易就此開始。

這個時候，痛是別人的，榮耀是葡萄牙和西班牙的。歷史繼續這樣發展下去，伊莎貝拉女王本可取代英女王伊莉莎白一世，成為這個地球上最多粉絲的女王。

但女王是個虔誠的天主教徒，她在這個宗教改革的年代，跟丈夫一起建立

---

51. 阿茲特克人（Aztec）是墨西哥人數最多的一支印第安人。阿茲特克文明是古代阿茲特克人所創造的印第安文明，是美洲古代三大文明之一，常用活人獻祭，後來為西班牙人所滅。

了宗教裁判所，審判異端。保守的宗教政策，加上大量人才流失，在實力不斷攀上高峰的西班牙，已經埋下了後來衰敗的種子。

大王、大國的時代

文藝復興、宗教改革加上大航海時代，讓擺脫了教權枷鎖的國家，有了往外圈錢的機會，一個個跟麵包似的腫脹起來。這個時期，除了還在四分五裂的義大利和德國等，其他國家都把握住了機會，慢慢變身大國，君主們則隨之變成「大王」。

他們實在是太幸運了，要是跟中世紀的君主比較一下的話——〈「形婚」的王后〉裡，伊莎貝拉王后的丈夫可是堂堂國王，有個好 Gay 友也不算太過分吧。他居然被自己的臣民逼迫得要將好 Gay 友放逐。〈私奔的女孩〉裡，西班牙女王伊莎貝拉那位「壞國王」哥哥，竟然連妹妹的婚姻也不能直接說了算，還得觀望各方諸侯意願。〈被嫌棄的公主的一生〉裡，瑪蒂爾達公主的奪王位之戰中，主要精力用於爭取各方諸侯大臣站自己那隊。

〈連環殺手的美麗與哀愁〉中，在貞德出現前，法國在百年戰爭中已逼近亡國邊緣，諸侯利益各不一致。

誰讓這些人生在中世紀呢？

中世紀的君主絕非「號令天下，莫敢不從」的主兒，他們還要依靠各方諸侯，平衡各方力量。但是進入十五世紀末以來，資本主義迅速發展，資產階級興起，封建貴族逐漸日薄西山，專制君主制逐漸確立——話說當年我看教科書看到類似的話時，覺得太不直觀了。現在想想〈好命豈獨灰姑娘〉中的亨利七世，也就好理解了——從血緣上講，他自知自己的王位坐得不牢固，而各地也不時有

打著「塔中王子」旗號的人反叛。他為了加強王權，鎮壓貴族叛亂，並先後頒令解散大貴族的私兵，催毀貴族堡壘，還特別設立法庭，懲治叛亂貴族。他還大力發展工商業，充實英國財政。在中世紀，議會是控制君主權力的一個機構，但亨利七世完全不需要依靠議會開會，就能解決財政問題。

他本人也以節儉吝嗇而聞名，在英國國民心目中，他是個生性多疑、冷酷無情、貪得無厭的篡位者。

但我個人認為，作為一個從小流亡在外、活在危險中的人，這些行為實在太正常不過了。

在他之後，姓都鐸的幾位君主都遺傳了他的基因，都是心狠手辣的主兒。即便是年少體弱、總被史學家忽視的愛德華六世也不例外。（詳見〈格雷家的女兒〉）

而西班牙方面，斐迪南二世跟伊莎貝拉女王為人們提供了「如何嫁／娶得越來越好」的成功範本。通過婚姻，他們締結了一個強大王國，也是通過婚姻，他們的外孫查理五世，成為神聖羅馬帝國皇帝，治理著一個極度廣闊的龐大帝國。查理五世被馬丁‧路德的新教搞得焦頭爛額，無暇分身，後來他將帝國裡最麻煩的地方——奧地利的哈布斯堡領地、波西米亞（現在的捷克）和匈牙利給了他討厭的弟弟，又將強大富有的西班牙及其廣闊殖民地（義大利南部、尼德蘭和美洲）給了自己兒子腓力。腓力二世執政時期，西班牙國力達到頂峰。

這位腓力，正是在〈美人有疾〉的註腳中提到的英國瑪麗一世那位丈夫。他的一生，就是大航海時代的縮影：擴張、聯姻、征戰、海上霸權。在瑪麗一世死後，他轉而向妹妹伊莉莎白求婚，被童貞女王拒絕。後來，他又組建了西班牙無敵艦隊，向女王統治下的英格蘭發起遠征。

　　跟求婚失敗一樣，這次，腓力又遇上了挫折。西班牙大敗，從此海上威名不再。整個國家因為腓力二世的膨脹野心，導致軍費也急劇膨脹，曾經的大國就此衰落。伊莉莎白女王卻帶領英國進入了黃金時代。畫像上的她，比年輕時候更意氣風發。

　　但最典型的例子，還是莫過於法國。英法百年戰爭結束後，法國統一穩定，發展得很快，後來還「好了傷疤忘了痛」，入侵義大利，國內又因為天主教與新教之爭，掀起了宗教戰爭。不知道是不是打仗越打越好，最後在歐洲第一次大規模國際戰爭「三十年戰爭」[52]中，法國奪得了歐洲霸權，而德意志則分崩離析。法國中央集權加強，到了「太陽王」路易十四時，發展到了頂峰。

　　但是弊端也早在路易十四時期就顯現出來了，到了他的繼任國王路易十五時，王室驕奢淫欲昏庸無能的一面暴露得更徹底。不過路易十五的情婦蓬巴杜夫人倒是個厲害角色。

　　當時，許多巴黎的沙龍都由貴族女性組織，她們會動用手中的權力與財富，保護思想家不會遇到「麻煩」。如果不是蓬巴杜夫人，狄德羅的《百科全書》是不可能躲過國王的審查，流傳到公眾當中的。（但是受了恩惠的狄德羅，也並沒在自己的著作中提及女性生存狀況。）她在〈如何正確地當國王的情婦〉中，以正面例子出現，也跟伏爾泰、狄德羅等人過從甚密。

　　伏爾泰跟狄德羅這兩人，正是法國啟蒙運動的代表人物。這場運動，像文藝復興那樣，撼動整個歐洲。

---

52. 三十年戰爭是歷史上第一次全歐大戰。這場戰爭推動了歐洲近代民族國家的形成，是歐洲近代史的開始。

大革命、大時代、大人物

啟蒙運動

　　一位中世紀的妓女，如果不小心被人抓住，是會被判處死刑的。那個時候，婚外性行為是不被允許的，是罪惡的、非法的，教會或國家會對觸犯者進行懲罰。但是到了十八世紀，人們的觀念卻奇怪地發生了轉變：妓女也是受害者，不是罪惡之身。這種觀念，已經跟我們這些現代人很相似了。中間到底發生了什麼？

　　1600 年到 1800 年，人們的意識開始覺醒，他們認為自己對身體的支配是自由的。新思想衝擊下，他們認為只要自願，就不能通過強制力進行道德綁架。這些性觀念的轉變，是啟蒙運動的一部分，也是現代西方文明的一個縮影——平等、隱私與自由。

　　我偶爾會突發奇想：即使不是安妮・博林對亨利八世的嫣然一笑，即使伊莎貝拉沒有偷偷奔向斐迪南，該發生的也會發生。不是哥倫布，也會有其他人踏上新大陸。不是馬丁・路德，也會有其他人在教堂門口張貼對贖罪券的不滿。

　　該發生的一切，還是會沿著它們既定的宿命發生。就像多米諾骨牌一樣，即便沖著亨利八世微笑的是另一位少女，即使伊莎貝拉嫁給了哪個糟老頭……

那片大陸仍會在大洋的另一頭默然等待。

　　而由於地理大發現、印刷術流行、國家之間的對立、宗教改革、人文主義等原因，在十六、十七世紀掀起的科學大發展，是註定會產生的。不是伽利略，也會有人用望遠鏡觀望遠處的宇宙星辰；不是牛頓，也會有其他人從掉落的蘋果上洞悉引力的秘密；會有人寫出《自然史》，動物學與植物學會發展⋯⋯

　　於是，隨著中世紀的迷信被打破，後面的啟蒙運動也是註定會產生的吧。這個世界上，一定會有霍布斯[53]、約翰・洛克[54]、孟德斯鳩[55]、伏爾泰[56]、狄德羅[57]、盧梭[58]、康德[59]這些人的誕生。儘管在平行世界中的他們，也許叫張三李四王五。

　　但平行世界中的他們，也必定仍然會向歐洲輸出平等、人權、自由、進步、理性、科學等觀念，最終改變西方文明的圖景。

53. 霍布斯（Thomas Hobbes，1588—1679 年），歐洲啟蒙時期著名人物，代表作有《利維坦》《論人》《論社會》等。

54. 約翰・洛克（John Locke，1632— 1704 年），英國思想家、哲學家和著述家。約翰・洛克的思想對於後代政治哲學的發展產生巨大影響，被視為啟蒙時代最具影響力的思想家和自由主義者。他的著作深深影響了伏爾泰和盧梭，以及許多蘇格蘭啟蒙運動的思想家和美國開國元勳。他的理論被反映在美國的獨立宣言上。跟霍布斯一樣，他終身未婚。

55. 孟德斯鳩（Baron deMontesquieu，1689—1755 年），法國啟蒙時期思想家，西方國家學說和法學理論的奠基人。與伏爾泰、盧梭合稱「法蘭西啟蒙運動三劍俠」。代表作有《論法的精神》。

56. 伏爾泰（Voltaire，1694—1778 年），法國啟蒙思想家、文學家、哲學家。伏爾泰是十八世紀法國資產階級啟蒙運動的旗手，主張開明的君主政治，強調自由和平等。法國先賢祠裡還有他的雕像和墓碑。

57. 狄德羅（Denis Diderot，1713—1784 年），法國啟蒙思想家、唯物主義哲學家，作家，百科全書派的代表人物。

58. 盧梭（Jean-Jacques Rousseau，1712—1778 年），啟蒙時代法國思想家、哲學家、政治理論家。他的《社會契約論》深刻影響了啟蒙運動、法國大革命和現代政治、哲學和教育思想。

59. 康德（Immanuel Kant，1724—1804 年），德國古典哲學創始人，其學說深深影響近代西方哲學，並開啟了德國唯心主義和康得主義等諸多流派。

在啟蒙運動的年代，有兩個強權國家冒頭了，那就是普魯士和俄國。好玩的是，俄國的葉卡捷琳娜大帝[60]、奧地利的約瑟夫二世[61]和普魯士的腓特烈二世[62]都被稱為「啟蒙專制者」（Enlightened Absolutist）。他們對法國啟蒙思想深感興趣，也不怕這些思想會危及到他們的統治——因為這些啟蒙思想家都不是共和主義者，他們更傾向於君主制。當時大國紛紛崛起，君主們需要從這些思想中汲取經濟、教育等治國理念。

更讓這些君主感興趣的是——要執行這些理念，建立強國，就要損害某些東西。比如，一直在君主王權身邊礙手礙腳的貴族和教會。

在這些對啟蒙思想感興趣的君主當中，奧地利的約瑟夫二世，正是法國王后瑪麗・安托瓦內特的哥哥。後者在由啟蒙運動風行而間接引發的法國大革命中，被送上了斷頭臺。

法國大革命

要在這個部分將法國大革命講清楚，幾乎不可能（其他部分又何嘗不是？）。即使是教科書，也總是言簡意賅。從法國在海外殖民戰爭中的失利，跟啟蒙運動、三權分立觀點傳播說起，到了第三等級對特權等級的不滿，然後

---

60. 葉卡捷琳娜大帝（Catherine the Great，1729—1796年），俄國女皇。在俄國歷史上，只有兩個人有大帝稱號，一個是彼得大帝，一個就是葉卡捷琳娜女皇。她原為德意志公爵之女，嫁給俄皇彼得三世，後在宮廷政變中登上皇位。她大量資助哲學家和藝術家，其中還包括狄德羅。沙俄十九世紀的強勢，很大程度基於她的政績。不過相比於這些，後世貌似更關心她的風流豔事。

61. 約瑟夫二世（Joseph II, 1741—1790年），奧地利哈布斯堡 - 洛林王朝的神聖羅馬帝國皇帝。他是《配角的愛與恨——費森篇》中法國斷頭王后的哥哥。

62. 腓特烈二世（Friedrich II，1712—1786年），普魯士國王。統治時期，普魯士軍事大規模發展，領土擴張，文化藝術得到贊助，使普魯士在德意志取得霸權。

爆發：巴士底獄就此被攻佔。但革命黨人分裂與恐怖統治下，法國並沒有變得好起來，直到拿破崙出現。

即便肅殺如法國大革命，歷史上的軼事也多得很。除了瑪麗王后數不清的華服帽子，以及被史學家爭論的情人（詳見〈配角的愛與恨〉費森篇）外，還有路易十五那句「我死後，哪管洪水滔天」（After me，the flood）。但據說考證認為此話是跟啟蒙運動思想家來往密切的蓬巴杜夫人所言，也有人認為這個無主句可被解讀為「在我身後，洪水滔天」的神奇預言。就連君主制鼎盛時期，「太陽王」路易十四是否說過那句「朕即國家」（I am the state）也無定論。

另一個流傳最廣的軼事，是關於路易十六與斷頭臺。斷頭臺正是由他批准使用。他還參與了設計改進，解決了斬首機器刀口容易變卷的問題。而最終結束他性命的，也正是這一機器。

負責操作斷頭臺的，是當初也參與這個項目的法國第一劊子手。他是那段歷史的見證人、參與者、記錄者。

法國作家巴爾扎克在他的《交際花盛衰記》裡，有這麼一段：「雅克‧柯蘭一眼瞥見一個膀大腰圓的人，胳膊肘支在火爐上，又紅又長的臉倒也顯出某種高雅氣質。他認出這個人就是桑松。」

「桑松是這個姓氏中最後一名劊子手的父親，因為他兒子最近已被解職。他的父親處死了路易十六。」

文中這位劊子手的父親夏爾‧亨利‧桑松[63]，在法國大革命時期，嫻熟幹

---

63. 夏爾‧亨利‧桑松（Charles-Henri Sanson，1739—1806年），出身於法國劊子手家族，王室御用劊子手，政府官方劊子手。

淨地操縱鍘刀。在他手下掉落的人頭近三千個，可以組成一部法蘭西編年史了。

作為一直為王室服務的劊子手家族當家，桑松在他為斷頭臺的設計提出意見時，不會想到，有朝一日，這台機器會經由他的手，砍下路易十六的腦袋。不，即使在人們攻克巴士底獄、法國大革命爆發那天，在國民議會發表《人權與公民權宣言》的時候，在國王與王后急匆匆逃出巴黎最後被抓時，他也沒有想到，國王陛下會死在自己手下。

誰會想到呢？

跟他的前任路易十四、路易十五相比，這位國王要溫和開明得多，他甚至還掏錢支持美國獨立戰爭。（聽上去真的很開明，但稅費大增的民眾很不滿哪！）

雖然桑松猜不到結局，但是他好歹也是見證過開頭的。

他眼看著國王做了一個又一個錯誤的判斷，令原本支持君主立憲的革命黨人羅伯斯庇爾[64]，最終也改變了主意。當「如何處置國王」的問題被提出來後，羅伯斯庇爾說：「國王必須死，因為祖國需要生。」

羅伯斯庇爾是雅各賓派的人。當初在國民公會的選舉中，吉倫特派和雅各賓派成為了大贏家。法蘭西共和國建立，史稱法蘭西第一共和國。雅各賓派主張為推動革命發展，要處死路易十六，而吉倫特派則不同意處死他，以 免招來外國干涉。

---

64. 伯斯庇爾（Maximilien Robespierre，1758—1794 年），法國革命家，法國大革命時期重要的領袖人物，是雅各賓派的實際首腦之一。

安格爾《皇帝寶座上的拿破崙》。

但國民公會投票結果出來了：路易必須死。

身為王權支持者的貴族桑松，為昔日的「上司」執行了死刑。這位向來遲疑猶豫的國王，在臨刑前說：「人民啊，我是無辜的。我原諒殺死我的人，乞求上帝不要讓我的鮮血再次灑落到法蘭西……」

他的血灑出去了，但這個社會似乎並沒有變得好起來——雅各賓派推翻了吉倫特派，反法同盟進攻，法軍不斷敗退，接著又發生了王黨叛亂。後來，雅各賓派的代表人物馬拉[65]，又被一個女刺客夏綠蒂・科黛[66]刺殺。如同後來畫家雅克・路易・大衛名畫《馬拉之死》所繪，馬拉死在浴缸中，鮮血染紅了一缸水。

執行死刑的，依然是桑松。他看著這容顏文靜的姑娘，她在人前擲地有聲：「我殺一個人，是為了數十萬人的生命。」當桑松要將她的雙眼蒙上黑布時，她說：「我也是個有好奇心的人，難道我不能親眼看看斷頭臺的樣子嗎？」

在夏綠蒂之後被推上斷頭臺的，是瑪麗・安托瓦特內。瑪麗王后在斷頭臺上，跟桑松說的那句話流傳甚廣。據說她優雅地登上斷頭臺的臺階，毫無反抗，在不小心踩到桑松的腳後，她向他道歉：「先生，對不起。」

從「王家御用劊子手」到「人民的執行者」，轉變了身份的桑松，仍是一如既往，沉默地操縱著他的鍘刀，乾淨，俐落，一手提起，向眾人展示。他眼看著國王與王后死了，又看著國王和王后的敵人死了。斷頭臺上，人來人往。

---

65. 馬拉（Jean-Paul Marat，1743—1793 年），法國政治家，法國大革命時期民主派革命家。

66. 夏綠蒂・科黛（Charlotte Corday，1768—1793 年），是法國大革命時刺殺風雲人物馬拉的刺客。夏綠蒂・科黛出身於沒落貴族家庭，在修道院裡長大並接受教育。由於刺殺馬拉，她最終被送上斷頭臺。據說她死後，腦袋被馬拉的崇拜者用力扇耳光，人頭居然現出憤怒的神色。

他站在斷頭臺上，陸陸續續迎接過許多人，包括羅伯斯庇爾的敵人——比如吉倫特派的領導人，美麗睿智的羅蘭夫人。她臨刑前留下了著名的話，「自由，多少罪惡假汝之名而行」。比如將國王稱為「公豬」、把王后叫作「母猴」的「革命輿論代言人」埃貝爾（Hebert Jacques）。在關鍵時刻，這傢伙表現得遠不如「公豬」或「母猴」勇敢。行刑前，他是被人抬上斷頭臺的。比如跟羅伯斯庇爾同屬雅各賓派，但與他政見不一又享有高威望的「寬容派」丹東[67]。

桑松在日記中提到丹東的死——

來到廣場時，看到斷頭臺，他臉色變了，我看到他的眼睛濕潤了。「你沒有女人和孩子嗎？」我回答說有。「那好！想著他們。我現在重新變成了丈夫和父親。」

在桑松一一砍下這些人的腦袋後，國民公會反對羅伯斯庇爾恐怖統治的人組成了熱月黨，發動了熱月政變。羅伯斯庇爾被拘，關押在昔日囚禁瑪麗王后的牢房裡。隨後，他跟他那英俊的追隨者聖茹斯特[68]被推上了斷頭臺。

桑松想：鮮血應該流夠了吧？羅伯斯庇爾死後，法國的政局也的確穩定下來了，當局成立了督政府。但隨後王黨分子發生暴動，史稱葡月事件。督政府搞不定，不得不請雅各賓派「重出江湖」。但這時，一個不屬於任何黨派的軍人橫空出世，鎮定自若地鎮壓王黨人，平息了這場動亂。

隨後，那位軍人發動政變，帶兵進入五百人院，推翻了無能的督政府。這場政變被稱為霧月政變，法國大革命終於降下帷幕。

---

67. 丹東（Georges-Jacques Danton，1759—1794 年），法國政治家、雅各賓派的主要領導人之一。

68. 聖茹斯特（Saint-Just，1767—1794 年），法國大革命中湧現出的著名政治家。熱月政變中試圖為羅伯斯庇爾辯護，被投入監獄，後被處死。

這位軍人成立了臨時執政府，他任第一執政。不久的將來，全歐洲都將記住他的名字——拿破崙‧波拿巴。

後來，當拿破崙問桑松，怎麼能夠在殺了這麼多人後還能安然入睡，他回答：「如果皇帝、國王、獨裁者都能睡個好覺，為什麼我們行刑人不可以呢？」

拿破崙的帝國

法國畫家安格爾[69]為拿破崙畫了一幅《帝王寶座上的拿破崙》。畫上的拿破崙手執權杖，正襟危坐，宛若天神。後來在安格爾畫的《朱庇特與黛蒂》中，天神朱庇特的體態語言，竟與此前畫上的拿破崙一模一樣。

德國作家海涅[70]說：「拿破崙，他不是人們用來雕刻國王的那塊木頭，他是人們拿來做神的大理石。」

這個「神一般」的男人，日後他當上法蘭西第一人後，在會議場合碰到身為瑞典代表的費森（詳見〈配角的愛與恨〉費森篇），聲稱對方是王后的情人，不願與他同席。

不過最開始時，這個日後的「神」還只是個小人物。當他什麼人都不是的時候，他旁觀路易十六犯下的錯，聲稱「要是我的話，不會那樣做」。因為軍事上的才能，他受到雅各賓派的器重，破格提升。但是又因為這層關係，在熱月政變中他要接受調查。

69. 安格爾（Jean Auguste Dominique Ingres，1780—1867 年），法國畫家，法國新古典主義的旗手。代表作有《大宮女》《土耳其浴女》《泉》。（他就是那個喜歡畫女人洗澡的畫家。）

70. 海涅（Heinrich Heine，1797—1856 年），德國詩人和散文家。童年和少年時期經歷了拿破崙戰爭，從童年起就接受了法國資產階級革命思想的影響。

這無損他的光芒。他在義大利擊退了反法聯盟，聲名大噪。但法國的人也開始忌憚他的聲望。年輕的拿破崙趁勢提出遠征埃及，以此擴大法國在地中海周邊的貿易，甚至試圖構建古羅馬帝國般包圍地中海的版圖。

雖然拿破崙是陸地上的常勝將軍，但法國艦隊卻被英國海軍吃得死死的，地中海還是落入了多年對手英國的手中。即使拿破崙成了埃及霸主，他的部隊卻被困在埃及，這時軍中又有鼠疫蔓延，拿破崙只得離開埃及。

但拿破崙這次遠征埃及，在文化上有重要意義——當時跟隨他的除了精兵鐵騎，還有上百名科學家、工程師、藝術家等。這些法國學者收集了大量的埃及古文物，紙莎草書、木乃伊等。後來英軍勝出後，還威脅要法國人交出這些東西。後來雙方一番交涉的結果，你必定能猜到。否則今天我們怎麼能在大英博物館和盧浮宮都看到埃及古文物呢？

在他遠征時，反法聯盟、王黨分子的烏雲，籠罩在法國政壇上。法國人懷念起那個打仗很厲害的科西嘉人[71]。於是拿破崙發動了霧月政變，法國大革命就此結束。

更重要的是，當天晚上，他就下令起草《民法典》。這部法典很多條款由他親自參與討論並最終敲定。許多年後，當拿破崙成為日薄西山的英雄時，他時時回憶起的，不僅是戰場上的榮光，更有這部在歐洲史上具有重要意義的法典。

現在，再也沒有烏雲能夠遮擋拿破崙的光芒。他的名字，開始讓歐洲大陸為之顫抖。

---

71. 科西嘉島是僅次於西西里島、薩丁島和賽普勒斯島的地中海第四大島。原屬熱那亞，十八世紀獨立出來，後又屬於法國。這個島貢獻了兩位撼動世界的人——哥倫布和拿破崙。拿破崙的父親這位「島民」曾經對抗過法國人，誰料到以後他的兒子會成為法國皇帝呢？

接下來，拿破崙的人生履歷是這個樣子的──

對抗第二次反法同盟，勝。修改共和八年的憲法，改為終身執政。法蘭西共和國改為法蘭西帝國，拿破崙加冕稱帝。加冕為義大利國王，由繼子（王后約瑟芬跟前夫的兒子）代管。對抗第三次反法聯盟，勝。剝除奧地利的神聖羅馬帝國稱號。對抗第四次反法聯盟，勝。法蘭西第一帝國成為歐陸霸主，拿破崙分封自己兄弟為歐洲各國國王。

對抗第五次反法聯盟，出現統帥以來首場敗仗，後反敗為勝。

出於繼承人與政治等因素考慮，與約瑟芬王后離婚。迎娶奧地利公主，組成法奧同盟。拿破崙成一代霸主。

如果他就此停步，歐洲史將要重寫。但是他是拿破崙，他不會停步，在他稱霸整個歐洲大陸的路上，還有俄國。

在拿破崙出兵俄國數年後，海涅寫了一首名叫《近衛兵》的詩。詩中講述了兩個法國近衛兵，在法俄戰爭中被俘。當他們被釋放後，「他們聽到不幸消息：法國已經一敗塗地，大軍已被徹底打垮，皇帝被俘，陛下，皇帝！」

當年，儘管拿破崙率領的法軍一路取勝，但卻傷亡慘重。俄國人寧肯放火燒了莫斯科，也不願留給拿破崙任何東西。寒冬提前來臨，法軍不勝寒苦，加上戰線拖長，後勤供應跟不上，法國潰不成軍。隨後，俄國與普魯士締結第六次反法聯盟。聯盟在萊比錫戰役中擊敗拿破崙軍，佔領巴黎，拿破崙被迫簽訂《楓丹白露條約》，宣告退位，被流放到厄爾巴島。

陪伴他一同被流放的，還有他的母親、妹妹和隨行人員。（詳見〈妹妹的腦殘粉〉）在島上，昔日的歐洲霸主喜歡四處走動，瞭解老百姓的生活──無需心理學知識也能看出，他並未失去鬥志。此時，歐洲各國召開維也納會議，

戰勝國重新瓜分歐洲領土。

會議期間，拿破崙偷偷溜回法國，重新稱帝，第七次反法聯盟進攻巴黎。這一次，拿破崙在比利時的滑鐵盧村與英軍相遇。這個地點，因拿破崙的大敗而聞名世界。

這一次，拿破崙被放逐到大西洋中的聖赫勒拿島。他在這座孤島上，與非洲大陸遙遙相望，就此度過一個英雄的餘生。

1840 年，法國政府將拿破崙的靈柩從孤島運回巴黎，經過凱旋門，安葬到榮軍院。當時海涅在巴黎目睹了整個過程。當時觀看葬禮的已經是新一代，他們已經沒有父輩那樣對拿破崙的熾熱崇拜了。但觀看的人群依然在默默地流淚。

海涅寫道：

> 人們的神情有如幽靈，
> 沉浸於昔日的回憶——
> 帝國的神話之夢
> 又魔幻般地升起。
> 那一天，我哭了。
> 當我聽見久違的呼聲，
> 充滿敬愛的「皇帝萬歲」！
> 熱淚模糊了我的眼睛。

在這場葬禮八年後，一場革命的浪潮席捲了歐洲。拿破崙，已經是上一個時代的幽靈了。他永遠跟亞歷山大大帝、凱撒大帝在一起。

現代歐洲的前夜

風起雲湧的歐洲

〈配角的愛與恨〉卡嘉篇中現身的普希金與丹特士的一生，正好是他們背後那個時代的縮影。

1812 年拿破崙遠征俄國那年，丹特士在法國一個軍官家庭出生。他沒有經歷過法蘭西第一帝國的輝煌，從他出生起，他就在一個政局動盪的時代成長。在丹特士三歲那年，拿破崙遭遇滑鐵盧，宣佈退位，路易十六的弟弟回到法國，復辟了波旁王朝，稱為路易十八[72]。

路易十八吸取了哥哥的教訓，努力推行君主立憲制，但他的兒子遇刺，身為極端王黨代表的弟弟成為王儲。路易十八死前說過：「我的弟弟恐怕難以死在這張床上。」通常這種話被流傳至今，都是因為已經應驗。沒應驗的那些，早被遺忘了。在路易十八死後，他的弟弟即位了，人稱查理十世[73]。這一年，丹

---

72. 路易十八（1755—1824 年），法國國王，法國波旁王朝復辟後的第一個國王。路易十八是被送上斷頭臺的法國國王路易十六的弟弟。路易十七是路易十六的兒子，下落不明，傳聞死在獄中，後路易十八成為繼承人。

73. 查理十世（Charles X，1757—1836 年），法國波旁王朝末代國王，路易十五之孫。

特士十二歲。曾經在法國大革命和拿破崙執政期間逃亡在外的查理，永遠忘不了自己吃的那些苦，所以繼位後的他恨極了君主立憲制，恨極了自由思想。這段時期，少年丹特士被送到法國軍事學校學習，後來擔任了騎官，慢慢成長為不折不扣的極端王黨，查理十世的支持者。

1830 年，丹特士十八歲。這一年，無法容忍查理十世的法國人爆發了「七

1830 年七月查理十世頒布法令剝奪人民的投票權，引發「七月革命」。這是德拉克洛瓦所繪製的《自由領導人民》，描寫當時起義的情形。

月革命」，將查理趕走，建立了七月王朝[74]。丹特士拒絕為新政府效命，他退出軍隊，開始到海外生活。在普魯士停留後，他前往俄國，並即將在這個國家掀起風波。

俄國本來也不平靜。

早在九年前，俄國已經有貴族軍官策動起義，想推翻君主專制，建立君主立憲制或共和國。但剛繼位的沙皇尼古拉一世[75]是個鐵腕人物，他下令鎮壓，當場打死起義軍官兵和支持起義的平民上千人。起義領袖被處以極刑，數千人被處以重刑，上百人流放到西伯利亞。由於當時正是十二月，這次起義稱為「十二月黨人起義」。

普希金跟十二月黨人關係密切。在青年時代，他早已深受法國啟蒙思想影響，又結交了一些日後成為十二月黨人的軍官，詩人的內心種下了反對專制的種子。他寫下許多反農奴制、追求自由的詩篇，引起了沙皇的不安，將他調動，變相流放了他。

結束流放後的普希金認識了俄國宮廷第一美人娜塔麗婭。1830 年，他與娜塔麗婭訂婚。這一年，是他創作最豐盛的時期。也正是這一年，法國發生了前面提到的七月革命，丹特士離開了法國。兩個人的命運將發生交集。

他們所處的時代，正是歐洲風起雲湧的階段。在此之前，當法國正忙著一

---

74. 又稱奧爾良王朝。1830 年，資產階級對被剝奪選舉權大為不滿，發動七月革命，查理十世被迫退位。查理十世指定了繼承人，但繼承人沒有繼位。奧爾良公爵路易‧菲力浦依靠資產階級的支持登上王位。

75. 尼古拉一世（Nicholas I of Russia，1796—1855 年），俄羅斯帝國沙皇。他的長兄亞歷山大一世死後無子，而他二哥又娶了個女公爵，門第不當，他為妻子放棄了皇位。皇位空缺時，爆發了要求廢除農奴制和貴族特權的「十二月黨人起義」。剛繼位的尼古拉一世下令鎮壓。他是君主專制的堅定維護者，自然不喜普希金。

個接著一個將人送上斷頭臺時，英國也在悶聲搞革命——工業革命[76]。海外殖民、圈地運動、城市化發展，為他們製造了大好機會，從此以後，手工業過渡到工廠大機器生產。拿破崙帝國覆滅後，法國政治趨向平穩，也開始了工業革命。其他國家像德國、俄國也開始了各自的工業革命。當時德國尚未統一，其中最有實力的普魯士大力推行鐵血政策，鼓勵軍火生產，刺激重工業，為後來統一後的德國打下了雄厚的工業基礎。這些國家誕生了這樣一批人：他們越來越有錢，但手中卻沒權。

有些東西，正在悄悄發生變化，君主們也都看在眼裡。強勢如沙皇尼古拉一世者，便終其一生都在提防著貴族或民眾起義，推翻王權。

普希金離世後的第九年，1848 年 3 月 3 日，尼古拉一世的次子在日記中寫道：「正當爸爸舉行舞會之際，傳來巴黎的消息……人民攻打議會，並在路上修建街壘……」五天之後，沙皇發佈全國動員令：「西歐正在發生一些事件，它們的罪惡陰謀在於推翻合法政權。」

他所說的「罪惡陰謀」，指的是 1848 年歐洲革命。

儘管英國早就以不流血的方式建立了君主立憲制，完成了「光榮革命」，而法國人也一度將自己的國王王后送上了斷頭臺，又趕走了一個國王，但歐洲大部分國家依然處在君主專制下。但別忘了，這些國家的民眾已經不再是啥也不懂的人，他們有錢，有思想，有魄力。此時的歐洲就像火藥桶，一點就著。

首先點燃的是西西里島，而造成最大聲勢的，是那場驚動了俄國沙皇的法國二月革命。法國人高唱《馬賽曲》，衝進波旁宮，宣佈反對君主制，國王趕

---

76. 指第一次工業革命，開始於十八世紀六零年代。由於機器的發明及運用成為了這個時代的標誌，因此歷史學家稱這個時代為機器時代（the Age of Machines）。馬克思主義史家將它視為資本主義工業化的早期。

緊逃往英國。臨時政府建立了法蘭西第二共和國。這火一路燒到了德意志、奧地利、義大利、匈牙利等國，但君主們紛紛反撲，各國革命最終失敗。甚至就連趕走了國王、建立起法蘭西第二共和國的法國，也迎來了新的「君主」——他們選舉出來的新總統夏爾・路易・拿破崙・波拿巴[77]，是拿破崙的侄子。他當選後，發動政變，恢復帝國，自己稱帝，法蘭西第二帝國建立。

丹特士去哪了？他帶著老婆卡嘉回到法國，成為了法蘭西第二帝國的終身議員。

這場表面看上去什麼都沒改變的革命，卻在暗中掀起了德國、義大利統一運動最早的序幕。這兩個讓歐洲史變得複雜難搞的國家，終於要形成今天的面目了。

歐洲的現代化

對於很久很久以前的歷史，我們可以很嘴硬地說：我們沒有受到影響嘛！我又不是信徒，又不好戰，又不愛藝術，基督教、日爾曼文化、文藝復興和啟蒙運動跟我有什麼關係？

咳咳……其實影響是有的……（以下刪除一萬字……）

不過，從第二次工業革命[78]開始就不一樣了。這些歷史對我們的影響，想

---

77. 夏爾・路易・拿破崙・波拿巴（Charles Louis-Napoleon Bonaparte，1808—1873 年），又稱為拿破崙三世，法蘭西第二共和國總統，法蘭西第二帝國皇帝，為拿破崙一世之侄。他在 1848 年當選法蘭西第二共和國總統，1852 年稱帝，建立法蘭西第二帝國。1870 年他發動普法戰爭，在色當會戰中慘敗。

78. 十九世紀中期，第二次工業革命開始，人類進入了「電氣時代」。

否認都否認不了。因為我們在用這些東西啊！對於生產這些「東西」的企業來說，這段歷史實在太重要了！因為，第二次工業革命就是它們的發家史啊——

1842 年，德國人沃納・西門子（Werner Siemens）發明電鍍法。1846 年製成通信電纜。1866 年，研製出西門子電機。1879 年，展示了由他發明並建造的首個電氣鐵道。

1856 年，剛才那位西門子的弟弟威廉・西門子（William Siemens），取得蓄熱室爐的專利；1864 年將這一發明用於反射爐煉鋼，稱為西門子煉鋼爐。1885 年，德國人卡爾・本茨（Karl Benz）發明了由汽油驅動的內燃機。1876 年，美國人亞歷山大・貝爾（Alexander Bell）發明了電話，創立了電話公司，即 AT&T 公司前身。1908 年，美國人亨利・福特（Henry Ford）售出第一倆由他製造的 T 型車。

……喂，這不是歐洲史嗎？怎麼又混進來美國人的名字了？不好意思，我是覺得這一段歐洲史裡，或者增加一個參照物會更好。人們常說，歐洲的衰落、美國的崛起從「一戰」開始，但這段「企業發家史」告訴我們，美國可不是一天建成的。南北戰爭結束後，美國在第二次工業革命中飛速發展，已經跟歐洲國家一同躋身帝國主義了。

除了我們身邊的這些品牌外，還有許多現今為我們所熟知的人、事、物，都在這個階段出現。比如有段時間國人人手一冊的《舊制度與大革命》，是法國托克維爾[79]對那段歷史的思考；英國古典政治經濟學的代表人物亞當・

79. 阿曆克西・德・托克維爾（Alexis-Charles-Henri Clérel de Tocqueville，1805—1859 年），法國歷史學家、政治家。經歷過法蘭西第一帝國、波旁王朝、七月王朝、法蘭西第二共和國、法蘭西第二帝國「五朝」。1851 年路易・拿破崙・波拿巴建立第二帝國，托克維爾因反對他稱帝而被捕，獲釋後對政治日益失望，從政治舞臺上逐漸淡出，之後主要從事歷史研究。

斯密[80]、大衛・李嘉圖[81]等的觀點，影響至今——這些都是自由思潮的產物。
原來英國的托利黨和輝格黨，更名為保守黨[82]和自由黨[83]，開始輪流執政，直
至後來英國工黨[84]的出現。

　　不過如果歐洲史本身是一部長篇電視劇，那麼觀眾在這個階段最關注的，
應該是德意志與義大利統一這兩章了。就像男女主角分分合合磨磨嘰嘰，觀眾
都快放棄追這部萬年大劇了，劇情卻突然來到高潮，完美收官——

　　1861 年，普魯士的威廉一世[85]即位，啟用俾斯麥[86]為宰相，這位鐵血宰相
開始推行「自上而下」統一德國各邦的計畫。首先普魯士聯合奧地利，擊敗丹麥，
各自得到領土。合作成功後，普魯士又對老戰友奧地利宣戰，大勝。這場戰爭
的結果是——奧地利退出德意志邦聯，而緬因河以北的邦聯，則以普魯士為首
成立了北德意志邦聯。

　　當時奧地利王位上的君主，正是在《點燃「一戰」的愛情》中露過一面的
茜茜公主的丈夫弗蘭茨・約瑟夫[87]。匈牙利是奧匈帝國內第二大勢力，為了拉攏

---

80. 亞當・斯密（Adam Smith，1723—1790 年），經濟學的主要創立者。代表作是《國富論》。

81. 大衛・李嘉圖（David Ricardo，1772—1823 年），英國古典政治經濟學的主要代表之一，也是英國古
典政治經濟學的完成者。

82. 保守黨距今有三百多年的歷史。是英國兩大主要執政黨之一，曾經出過邱吉爾和柴契爾夫人等著名首相。
現任領袖是在〈如何正確地當國王的情婦〉中出現過的大衛・卡麥隆。

83. 前身是 1679 年成立的輝格黨，1839 年使用自由黨名稱。1886 年，自由黨分裂，其後分分合合。

84. 初稱勞工代表委員會，1906 年改稱工黨，曾經出過首相布雷爾。

85. 威廉一世（Wilhelm I，1797—1888 年），普魯士國王，德意志帝國第一任皇帝。

86. 俾斯麥（Otto Eduard Leopold von Bismarck，1815—1898 年），德意志帝國首任宰相，著名的「鐵血
宰相」。

87. 弗蘭茨・約瑟夫一世（Franz Josef I，1830—1916 年），十九世紀到二十世紀初中南歐的統治者。弗蘭
茨・約瑟夫皇帝以他「改組」奧匈帝國、將帝國拖入「一戰」（和他的老婆茜茜公主）而為世人熟知。

他們，約瑟夫皇帝只得跟匈牙利貴族一起坐在談判桌前。這場談判孕育了奧匈帝國，一個由奧地利與匈牙利雙方勢力共同主導的帝國。帝國皇儲是斐迪南大公，他娶了一個身份低下的女孩，於是才有了《點燃「一戰」的愛情》中的故事。

那德國南邊四邦怎麼辦？為了激發他們的民族感情，俾斯麥又發動了普法戰爭[88]。當時法國皇帝正是丹特士的「主子」，拿破崙三世。

戰事的結果，我們從法國作家都德[89]《最後一課》也能看到——法國戰敗，割讓了阿爾薩斯和洛林兩地，普魯士佔領後要求當地學校改教德語。文中以小孩子的角度，寫了「鋸木廠後邊草地上，普魯士士兵正在操練」，「窗外又傳來普魯士士兵的號聲——他們已經收操了」。

戰後，南德四邦與北德邦聯合併，成立了德意志帝國。統一後的德國，血管裡流淌著普魯士軍國主義的血液，成為歐洲最具有侵略性的國家。

那麼，義大利呢？當時義大利境內的撒丁王國是君主立憲國家，它與普魯士合作擊敗了奧地利，收復威尼斯，隨後通過鎮壓西西里起義、合併南義大利等，成立了義大利王國，國王由撒丁王國國王擔任。但這個時候的義大利，還沒完全統一。還記得中世紀和文藝復興時經常露臉的羅馬教皇國嗎？它現在還不屬於義大利。在教皇國境內，還有法軍駐紮。後來普法戰爭爆發，義軍趁著法國人無暇分身，趁機佔據羅馬。後來羅馬通過公民投票，併入了義大利，教皇避居於梵蒂岡。

---

88. 普法戰爭，1870—1871 年普魯士王國同法蘭西第二帝國之間的戰爭。這次戰爭使普魯士完成德意志統一，取代了法國在歐洲大陸的霸主地位。同時也促成了義大利統一。

89. 阿爾豐斯·都德（Alphonse Daudet，1840—1897 年），十九世紀法國著名的現實主義小說家。代表作《最後一課》《柏林之圍》。

　　這個時候的義大利，才成為我們現在看到的模樣。德國、義大利很高興，法國不開心，向英國、俄國求安慰，奧匈帝國很受傷，向德國求安慰。只需要一段「男歡女愛」的故事，世界大戰就要爆發。

世界大戰

第一次世界大戰

1926 年，胡適赴英國訪問。某天，他看到一個油漆工人一手扶著梯，一手提著桶，正在慢慢上牆。突然紀念鐘聲響起，那工人就這樣提著東西停在梯子中間，默默低頭。一分鐘過去後，他才重新開始上梯工作。

那一天，是第一次世界大戰的停戰紀念日。

多年前，英國維多利亞女王通過聯姻，將她的後代散佈在歐洲各王室中。但一場戰爭下來，德國、希臘、羅馬尼亞、奧匈帝國、俄國等都推翻了君主制。誰讓他們親屬之間打來打去呢。

因男歡女愛而起的塞拉耶佛事件只是導火線，而非戰爭原因。（詳見〈點燃「一戰」的愛情〉）普法戰爭、普奧戰爭、同盟國、協約國、爭奪殖民地、軍備競賽、巴爾幹戰爭……種種難題加身。因為皇儲遇刺，奧匈帝國惱羞成怒，對塞爾維亞宣戰，這相當於在俄國後院直接放一把火。當然，如果德國不參戰，奧匈帝國跟俄國的矛盾也只會是局部衝突。如果英國沒將腳踏進來，那麼即使德國參戰了，這也只是一場限於歐洲大陸的戰爭……

但歷史沒有如果，一切偶然都是必然。

沒有人為這場在 1914 年 8 月爆發的戰爭感到驚訝。這裡面既有當權者的問題，但民族主義情緒在民眾間也瀰漫著。戰線主要分為東線（俄國 v.s. 德奧）、西線（英法 v.s. 德）、南巴爾幹戰線（塞爾維亞 v.s. 奧匈）。西線戰況最為慘烈，著名戰役如馬恩河戰役、凡爾登戰役和索姆河戰役都在西線打。而東線上的俄國，於 1917 年爆發了十月革命，蘇俄政府退出戰爭。

但你一定聽說過「西線無戰事」這句話，這是一本小說的標題 [90]。

這部小說描寫了渴望在戰爭中建功立業的德國年輕人，在政府煽動下投身戰役，直到戰爭的殘酷將他們的美夢打碎。與他們作戰的，是同樣青春年少的英國、法國平民。他們迷茫，他們被戰爭摧毀。

這本書的結尾處寫道：「他陣亡了，在 1918 年的 10 月。那裡，整整一天都出奇安靜沉寂。就在當日的戰報新聞上，僅僅用一句話做了概述：西線無戰事。」

1918 年 11 月，由於美國參戰，加速了德國的潰敗，德國宣佈投降。

四年的戰爭過去後，歐洲已經不是那個歐洲了。幾乎每個法國、英國、德國跟俄國的家庭，都失去了親人。到這些國家的小鎮村莊走走，你會看到鏤刻著死者名字的紀念碑。

最可怕的是：這場戰爭沒有解決任何問題，更沒有帶來和平。德國戰敗，割地賠款；奧匈帝國分崩離析，分裂為現在的奧地利、匈牙利、捷克等國家；獲勝的英國、法國，付出了無數年輕人生命的代價。無論戰勝國還是戰敗國，

90.《西線無戰事》，德國作家雷馬克的小說，是描寫第一次世界大戰最著名和最有代表性的作品。

都元氣大傷。許多「一戰」中的倖存者，在「二戰」中付出了生命。

比如這個人——他是一名德國陸軍下士，在索姆河戰役中，英軍炮彈將跟他同一條戰壕裡的其他德國人幾乎全部炸死，但這人卻沒事兒地活了下來， 並且發動了另一場戰爭。這個倖存者叫希特勒[91]。

第二次世界大戰「一戰」爆發那年，法國女子可可‧香奈兒（Coco Chanel）開設了兩家服裝店，香奈兒品牌正式誕生。這時候的女人還只能穿裙裝，不能穿褲子。後來，她為女性推出了女裝褲子。「二戰」爆發時，香奈兒跟一名納粹軍官墜入愛河，這也成為她人生中最受爭議的一段。當她在 1954 年重返巴黎設計界後，她發現這個世界已經有所不同——戰爭已經改變了一切。

「一戰」後，英國經濟十分蕭條，雖然新興工業發展得快，但傳統工業衰落，讓英國失去了昔日霸主的地位。法國獲得最多賠償，經濟恢復得還挺快。變化最快、人心最浮動的，是戰敗國德國。人們攻入王宮，德皇威廉二世[92]倉皇出逃，當局組成臨時政府，後又成立威瑪共和國[93]。人心浮動的時期，右派活躍，連坐牢的人都在紛紛著書立說。比如，希特勒就坐在牢裡苦書《我的奮鬥》。這個蹩腳畫家、三流作者，利用德國人對政府不滿的心態，以他口吐蓮花的功力，終於在 1933 年當上了德國總理。

義大利也好不了多少——經濟落後，社會混亂，人心惶惶。墨索里尼[94]建

---

91. 阿道夫‧希特勒（Adolf Hitler，1889—1945 年），奧地利裔德國人，政治家、軍事家，德意志第三帝國元首、總理，納粹黨黨魁，第二次世界大戰的發動者。

92. 威廉二世（Wilhelm II，1859—1941 年），末代德意志皇帝和普魯士國王。

93. 威瑪共和國是指 1918 年至 1933 年期間採用共和憲政政體的德國，這一稱呼是後世歷史學家所用，不是政府的正式用名。

94. 貝尼托‧墨索里尼（Benito Mussolini，1883—1945 年），義大利法西斯黨黨魁、法西斯獨裁者，第二次世界大戰的元兇之一。不過他也做了件跟文藝有關的事—— 1932 年創辦了威尼斯國際電影節，影響至今。

立了世上第一支法西斯黨。三十九歲那年，毫無執政經驗的他，被餡餅砸中腦袋地當上了義大利王國首相。墨索里尼上臺後，對內開始法西斯專政，對外開始擴張侵略。這時候，他年僅十五歲的長女艾達跟家人一起，搬到了羅馬，跟父親一同生活。1930 年那年，她二十歲，跟義大利貴族齊阿諾結婚。

　　希特勒和墨索里尼分別登上權力高峰。世界很快要變得不好了。

　　1939 年 9 月 1 日，德軍突襲波蘭，英法對德宣戰，「二戰」爆發。次年，德軍佔領丹麥和挪威。英國、法國、比利時進行敦克爾克大撤退。同年，法國淪陷，巴爾幹和北非被入侵。1941 年，蘇德戰爭爆發，是年秋，莫斯科保衛戰獲勝。年底，日本偷襲珍珠港，美國捲入戰爭。1942—1943 年，史達林格勒戰役成為蘇德戰場轉捩點。1942 年夏，中途島戰役爆發。1943 年，北非德意軍隊投降。

　　也是在這一年，因為義大利經歷了太多軍事失敗，國王已經在會議上通過了對墨索里尼的不信任動議。而義大利法西斯內部也出現分裂，墨索里尼的女婿齊阿諾暗中反對自己岳父，後被處死。（詳見〈姑娘，請珍惜你的好感〉）墨索里尼被國王解職逮捕，義大利宣佈投降。後來還是他的德國盟友將他救了出來（「二戰」中，德國一直處在「順手解救義大利隊友」的狀態）。因為義大利一直戰事失利，義大利國王威信嚴重受損。

　　1944 年，美國英國盟軍在諾曼地登陸。許多年前，法國一個平民少女以 美貌捕捉了諾曼第公爵的心，生下的私生子渡海征服英格蘭，改變了歐洲的歷史。（詳見〈蠻族也柔情〉）這一次，諾曼第再次改變了歷史——歐洲的，也是世界的。

　　1945 年 2 月，雅爾達會議[95]召開。三個月後，德國投降。再三個月後，日本投降，第二次世界大戰結束。

　　1946 年，義大利投票廢棄了君主制，選擇共和。德國則在冷戰中被一分為二，分成了聯邦德國和民主德國，1961 年建立的柏林牆，直到 1990 年才拆除。

　　跟「一戰」相似，戰勝國的命運也並沒有太好。英國跟法西斯作戰時間太長，元氣大傷，要依靠美國來恢復經濟。法國在「二戰」中被德國攻陷，幾近亡國（但儘管如此，戴高樂[96]依然帶領法軍參加反法西斯戰爭，得到盟國的尊敬），戰後實力大不如前。環顧整個歐洲，只有曾經阻擋過拿破崙鐵蹄的昔日沙俄，如今蘇聯，成為歐陸的超級大國。

　　跟「一戰」相似，在歐洲以外，還有一個曾經跟它關係密切的國家，成為世界頭號大國，在冷戰中與蘇聯抗衡。那就是美國。

　　戰爭結束六年後，一對年輕漂亮姐妹從美國到巴黎遊玩。跟當時蓬勃興旺的美國比起來，彼時的法國像個已經衰老的紅顏。但是這個「母狼」伊莎貝拉王后、瑪戈王后、瑪麗王后、約瑟芬皇后曾經留下倩影的地方，對兩姐妹依然造成了巨大的衝擊。這對姐妹後來分別成為了波蘭貴族夫人與美國第一夫人；後來，美國第一夫人又成為了希臘船王的太太。（詳見〈姐妹之戰〉）

　　我該說，這是年輕的美國拜金者征服歐洲多金者的故事，還是說，這是個歐洲史已經徹底融入世界史的故事？正如伏爾泰在小說《天真漢》中所說：「歷史有如悲劇，要沒有情慾、罪惡、災難在其中掀風作浪，就會顯得毫無生氣、令人生厭。」再沒有比這句話更適合本書的了。

---

95. 雅爾達會議（Yalta Conference），1945 年，美、英、蘇三大國召開首腦會議，討論歐洲戰後重組問題。雅爾達三巨頭分別為羅斯福、邱吉爾和史達林。

96. 夏爾・戴高樂（Charles Marie de Gaulle，1890—1970 年），法國軍事家、政治家、外交家、作家，法蘭西第五共和國的創建者。法國人民尊稱他為「戴高樂將軍」。

國家圖書館出版品預行編目（CIP）資料

看不見的歐洲史 : 貴族.情慾.文化雜交 / 葉小辛著. --
初版. -- 臺北市 : 信實文化行銷, 2017.09

　　面；　公分. -- (What's look)

ISBN 978-986-94750-5-1(平裝)

1.文化史 2.歐洲

740.3　　　　　　　　　　　　106013708

高談文化
CULTUSPEAK PUBLISHING CO., LTD　華滋出版　拾筆客　九韵文化　信實文化

更多書籍介紹、活動訊息，請上網搜尋　拾筆客 🔍

What' s Look
看不見的歐洲史：貴族・情慾・文化雜交

作　　　　者：葉小辛
封 面 設 計：陳雅致
總　編　輯：許汝紘
編　　　　輯：孫中文
美 術 編 輯：陳芷柔
總　　　監：黃可家
行 銷 企 劃：郭廷溢
發　　　行：許麗雪
出　　　版：信實文化行銷有限公司
地　　　址：台北市松山區南京東路5段64號8樓之1
電　　　話：（02）2749-1282
傳　　　真：（02）3393-0564
網　　　址：www.cultuspeak.com
信　　　箱：service@cultuspeak.com

印　　　刷：威鯨科技有限公司
總　經　銷：高見文化行銷股份有限公司
專　　　線：0800-055-365
香港總經銷：聯合出版有限公司
專　　　線：+852-2503-2111

本書簡體中文版原書名《原來你是這樣的歐洲史》，正體中文版通過成都天鳶文化傳播
有限公司代理，經聯合讀創（北京）文化傳媒有限公司，授權予信實文化行銷有限公司
獨家發行。

2017 年 9 月 初版
定價：新台幣 480 元

加 LINE 好友傳遞好故事
  拾筆客 🔍